御成敗式目ハンドブック

日本史史料研究会［監修］
神野潔・佐藤雄基［編］

吉川弘文館

序

本書は、文学部・法学部に通い、日本中世史・法制史を学ぼうとする学生たちを主たる対象に、もちろん一般の読者も広く想定しつつ、「御成敗式目について学んでみたい」と考えたときに最初に読んでいただく「案内書」となることをイメージして、二人の編者と九人の執筆者とでまとめたものである。「ハンドブック」という書名も、この「案内書」というコンセプトにもとづいている。

「案内書」にもいろいろなかたちがあって良いであろうが、本書においては、内容を大きく総論と各論（第Ⅰ部〜第Ⅲ部）に分け、総論においては、御成敗式目という法の制定過程、条文構成、これまでどのような研究がされてきたかなど、全体像をとらえる三つの章を用意した。この総論は、編者の二人が繰り返し議論しながら、まとめたものである。一方、中堅・若手の五名の執筆者と編者の二人による各論では、各章の冒頭にその章で取り扱う条文の「読み下し」を掲載するなど、式目の平易な「コンメンタール」（法律等の条文を一条ずつ、あるいは重要な条文を取り上げて、順に、その意義や要件と効果などを解説した注釈書のこと）となることを意識した。式目はよく知られた法であるが、意外にも正面から扱った概説書・入門書は少なく、各規定の内容もよく知られているとは言い難い状況にある。そこで、各論の各章では主要条文を選び、どのような点に注目して研究がなされてきたのか、いわゆる研究史の紹介を意識しながら、その条文を解説するかたちを採用した。また、さらに発展的な理解に繋がるよう、総論・各論の中に四名のベテランの執筆者と編者佐藤によるコラムを入れてある。

いま「コンメンタール」と書いたが、その一方で、編者はもともと笠松宏至編『中世を考える　法と訴訟』（吉川弘文館、一九九二年）に憧れ、また意識するところから出発した。この書籍は、日本中世法社会史研究を牽引し、戦後の日本中世史学・法制史学に大きな足跡を残してきた笠松が編者となり、古澤直人・新田一郎など現在では学界を代表する中世史家・法制史家となった六名の著者が執筆したもので、各章は新しい着眼と自由な発想に溢れ、何度読み返しても新たな発見がある名著である。本書は、たしかに「案内書」であり「コンメンタール」であることを目指したものであるが、そのコンセプトを守りながらも、執筆者に自由に書いていただき、それぞれの着眼・発想を披露していただくことで、『法と訴訟』を貫いていた、いきいきとした世界観を少しでも継承したいと考えたのである。よって、各論の各章は、各規定をどう読むかだけでなく、訴訟のあり方、御家人たちの生活など、鎌倉時代において式目がどう「実践」されたかなどについても触れ、執筆者それぞれの説や見方も込められたものになっている。

同じテーマを扱いながら、章によって説明が異なっている場合もある。たとえば、総論第一章では、式目の「巻首」は制定当初からあったものだと考えているが、第Ⅰ部第三章では、「巻首」が制定当初にはなかったと考えて論を展開している。このような点を統一し、書籍全体で一つの考え方を示すという作り方もあるであろうが、敢えてそうしなかったのは、いま述べてきたように各執筆者の自由な着眼・発想を尊重したこと、そして、このような見解の違いを示すことこそが、これから日本中世史・法制史を学ぼうとする学生たちにとってむしろ必要なことだと考えたからである。つまりは、歴史というのは史料をどう読むかで見解が異なり、異なる見解同士のぶつかりあいが学問を発展させていくのであって、そのことを何より読者に（特にこれから勉強を始める学生たちに）伝えたいと考えている、ということである。

なお、巻末には式目五十一ヵ条の「現代語訳」を掲載した。各章とコラムとで扱った条文の多くについては各執筆者が、それ以外の条文については編者が作成したものである。言うまでもなく、解釈によってさまざまな「現代語訳」が生まれるので、ここではあくまでも一つの考えを示しただけにすぎない。加えて、式目は写本によって細かな字句の異同が多くあるために、貞永元年（一二三二）の成立時点における式目原文の文言がどのようなものであったのかが確定しておらず、学界でも大きな課題として残されている。根幹となる原文が未確定である以上、「現代語訳」も確定的なものにはできず、また、そもそも原文研究は「案内書」の範囲を明らかに超えている。そうしたことも含めて、実は歴史というものはまったく確定したものではなく、今後の研究によっていくらでも変わっていくものであるということを、もう一度強調しておきたい。巻末に載せた、いわば「仮」の「現代語訳」を手掛かりにして、ぜひ「読み下し」と本書の解説とを読み、さらには原文（佐藤進一・池内義資編『中世法制史料集　第一巻』岩波書店が参考になるだろう）の読解に取り組んでみていただけたら幸いである。

本書における式目と鎌倉幕府追加法とについては、いまあげた『中世法制史料集　第一巻』に依拠した。追加法は、「追加法〇〇」（〇〇には番号が入る）と表記されることが一般的なようにも思われるが、本書ではわかりやすく「追加法〇〇条」と表記してある。式目の「読み下し」は、本書のほかに石井進・石母田正・笠松宏至・勝俣鎮夫・佐藤進一校注『日本思想大系新装版　中世政治社会思想　上』（岩波書店）をご参照いただきたい。鎌倉幕府の歴史書である『吾妻鏡』については、『新訂増補国史大系〔普及版〕』（吉川弘文館）を用いた。本文中に「鎌倉遺文〇〇号」と記載がある場合は、鎌倉時代の古文書を網羅的に収録して編年順に並べた竹内理三編『鎌倉遺文』（東京堂出版）の文書番号を示したものである。

本書は「案内書」であり「コンメンタール」ではあるが、読者が本書のどこかの記述に疑問を持ち、それをテーマとして自ら史料を読み解いて研究し、最終的に本書の記述を修正してくださる日が来ることを、編者は願っている。

神野　潔

目次

第Ⅱ部 中世の人びとは何を争ったのか
——犯罪と財産相続

第Ⅲ部　どのように裁判を行ったのか——裁判手続と文書

附録

総論

御成敗式目とは何か

一　御成敗式目の制定過程とその目的

神野　潔

1　式目の制定過程

式目と穂積陳重

日本近代を代表する法学者・立法家であった穂積陳重《ほづみのぶしげ》*1は、式目の写本・版本・注釈書のコレクターとしても有名であった。それらは、穂積陳重の子重遠《しげとお》によって一九三〇年に東京帝国大学に寄贈され、現在は東京大学総合図書館に「穂積陳重文庫」として収められている。

陳重自身もその研究の中でしばしば式目を引用したし、自身のコレクションの目録として『読律書屋所蔵　御成敗式目目録』もまとめていた。式目研究の嚆矢《こうし》とされる植木直一郎の『御成敗式目研究』は、陳重から指導を受けた植木が、陳重のコレクションを研究に利用したものである（→総論第三章）。

陳重とそのコレクションは、現在に至るまでの式目研究の、（間接的な）基礎となったと言ってよいであろう。

さて、近代民法の制定に関わる議論・対立（いわゆる民法典論争）が深まっていた明治二十三年（一八九〇）に、陳重は自身最初の著書である『法典論』を刊行した。ここでは式目についても（極めてわずかではあるが）触れられているが、重要なのはそのことではない。大事なのは、この著作が法典編纂の目的と法典編纂の体裁とを大きな柱とし、法典編纂の手続や法典編纂に法律家がどう関わるかなどについても幅広く触れた、法典と法典編纂なるものを概括的にとらえる際の基礎的な姿勢を示した、画期的な作品であったということである。

この総論第一章では、式目研究の（間接的な）ルーツでもあり、法典研究の（直接的な）ルーツでもある陳重に導かれて、その著書『法典論』に倣いながら、式目という一つの法について、その編纂の目的と体裁とに特に注目して整理していきたい。

式目の制定過程――『吾妻鏡』の記述から

まず、十三世紀末〜十四世紀初頭に成立した鎌倉幕府の公式の歴史書である『吾妻鏡』*2を参照して、式目の制定過程を見ておくことにしよう。

『吾妻鏡』には、貞永元年（一二三二）五月十四日に式目の制定作業が始められたと記されている。ただし、執権北条泰時*3はそれよりも前から法の制定を計画していて、それについて内々に審議が行われていた。泰時の命で、法案の具体的な検討作業は太田康連が行い、さらに法橋円全《ほっきょうえんぜん》が執筆したという。評定衆の太田康連は、鎌倉幕府の創始者である源頼朝から信頼されて初代問注所執事を務めた三善康信の子で、法制についての知識が豊富な文士であり、後に自身も問注所執事を務めた。また、法橋円全は朝廷の外記《げき》であった中原師澄の子で（佐々木二〇〇八）、『吾妻鏡』の中には、先例調査・意見具申を行い、法令を含む文書作成・管理の専門家として登場する人物である（佐藤雄二〇二三b）。

五月十四日条には、続けて「これ関東諸人訴論の事、兼日《けんじつ》に定めらるる法幾ばくならざるの間、時においてこと両段に亘り、儀一揆せず。これによってその法を固め、濫訴の起るところを断たんがためなり」と記されている。この箇所を平易に意訳してみると、「御家人たちの訴訟について、これまで前もって定められた法が少なかったので、時によっては判断がいろいろになり判決もまとまらなかった。このために前もって法を確定して、濫訴が起きるのを防ぐことにしたのである」となるだろうか。この記述は、前もって成文法を用意しておくことが式目制定の重要な目的であったことを示している。

その後、式目が完成したという記述は、同年の八月十日条に見られる。ここには、「今日以後の訴論の是非は、固くこの法を守りて裁許せらるべきの由定めらるる」（「今後の訴訟の是非については、この法をきちんと守り、裁許されると定められた」）とあって、前もって作った法にもとづいて今後は裁判をすること、そして（近代法と同様に）式目も不遡及であることが示されている。この八月十日条には、式目を「これすなわち淡海公（藤原不比等――筆者註）の律令に比すべきか。かれは海内の亀鏡《きけい》、これは関東の鴻宝《こうほう》なり」と律令と並べて高く評価する記述もあり、『吾妻鏡』制定段階の（十三世紀後半の）

鎌倉幕府が、式目の制定に強い誇りを持っていたことも見てとれる。

　ところで、いま述べた不遡及の原則については、式目本文にその原則が記載されているわけではない。しかし、『吾妻鏡』の仁治二年（一二四一）六月二十八日条には、佐貫時信という御家人が、父時綱の後家が再婚したことを受けて、その所領の問題について式目二十四条の規定を用いて訴え（式目二十四条には、夫の所領を譲り受けた後家は、亡き夫の冥福を祈って暮らすべきであり、再婚するのであればその所領は亡き夫の子息に譲るべきと規定される。↓第Ⅱ部第二章）、鎌倉幕府の裁判の結果、後家の再婚は「式目以前」のことであるとして、式目を適用しないという判断がなされている。このことから、不遡及は原則としてある程度徹底されたものであったのだろうと推測できる。

　さて、『吾妻鏡』をさらに読み進めると、貞永元年九月十一日条に、執権北条泰時が「五十箇条」の「式条」に仮名の書状を添え、六波羅探題に送ったということが記される（↓総論第二章註1）。これで、『吾妻鏡』における式目の制定過程についての記述は終了であり、「鎌倉幕府の基本法」（石母田一九七二）の制定過程の記述としてはやや簡潔で少ないようにも思われるが、ともあれ、その概要についてはここから把握できたと言えるだろう（なお、同年の七月十日条に、評定衆が連署して起請文を作成した記事がある。これについては後述することにしたい）。

制定に関わった人物の検討

式目の制定過程を伝えているのは、もちろん『吾妻鏡』だけではない。むしろ『吾妻鏡』以外の史料に目を向けることで、制定の過程について異なった情報を得ることができる。そこで、他の史料を用いて、まずは制定に関わった人物について見ていくことにしよう。

式目の研究を進めるうえで、式目注釈書は重要であるが（→総論第三章）、その中でも特に古い注釈書として、六波羅探題の奉行人斎藤唯浄《さいとうゆいじょう》の手により永仁四年（一二九六）に成立した、「関東御式目」がある（→総論第三章）。ここには、式目制定者についての記載があり、清原教隆・法橋円全・矢野倫重《やのともしげ》・太田康連・佐藤業時・斎藤長定の六名に泰時が題目（事書）を与え、それぞれが自宅で草案作成を行って泰時に提出し、泰時がそれを取りまとめて五十一ヵ条にしたと記されている。

式目の各規定は「事書＋本文」でできており（→本章第二節）、「関東御式目」記載の編纂の仕方は、式目の体裁とも結びつくように思われる。また、そもそも「関東御式目」の記述は、『吾妻鏡』のそれよりも信頼できると考えてよさそうである（『吾妻鏡』の記事の信頼性については、これまで数多くの議論がなされてきた。ここでは例として［林二〇〇八］のみをあげておく）。とはいえ、ここで筆頭に名前があがっている清原教隆は、式目が制定された段階で鎌倉にいなかったことが判明しているので、「関東御式目」の記述のままに信じることはできないであろう。清原教隆は、仁治二年（一二四一）に鎌倉に下り、幕府有力者に学問を教えた儒者であったが、斎藤家と清原家とは親戚関係にあったことから、斎藤唯浄が親戚で著名な知識人の名を式目制定に関わった人物として加えた可能性もある。一方で、太田康連と法橋円全は『吾妻鏡』とも共通する名前であるから、この二名については起草に関わった可能性が高いと考えてよさそうである。

次に、式目の古写本の一つであり、康永二年（一三四三）に写されたと考えられる「平林本御成敗式目」を見てみよう。こちらには、執権泰時、連署時房と評定衆の合計十三名で題目を決め、評定衆の文士であった矢野倫重・斎藤長定・佐藤業時の三名に検討させたという記載がある。この三名の検討メンバーは、「関東御式目」に名があがっていた六名の中から、誤った記述であることが明確な清原教隆と、『吾妻鏡』にあげられていた太田康連・法橋円全を除いた三名である。複数の史料で名前があがっているこの三名も、起草に関わったと見てよいであろう。

そして、このように見ていくと、式目を編纂するにあたっては、検討の段階と分担とが複数あったのではないかとも考えられる。たとえば、太田康連と法橋円全が関わった段階と、矢野倫重・斎藤長定・佐藤業時が関わった段階との二段階である。植木直一郎も、『吾妻鏡』「関東御式目」「平林本御成敗式目」の記述を足し合わせるようなかたちで、十三人で題目を決め、矢野倫重・斎藤長定・佐藤業時に起草させ、そうしてできた草案を太田康連と法橋円全に確定させたのではないかとしている（植木一九三〇）。

このような考察は推測の域を出ないものかもしれないが、とはいえ本章であげた以上の史料から、さらに何かの情報を読み取ることも難しいのが現状である。結局、起草メンバーについては明確にはわからないが、高い実務能力（法に対する知識）を持つ評定衆の何人かが特に中心的になって、ある程度の段階・分担を設けて起草したのであろうと、ここでは理解しておきたい。

2　式目の体裁

式目の全体像と再び制定過程

式目の制定過程について、『吾妻鏡』以外の史料から制定の月日についても考えていきたいところであるが、その前に式目の体裁（式目という法の「かたち」）について見ておくことにしよう。この中で、制定の月日を考えることもできるからである。

式目は、漢文（日本語を漢文のかたちにして表記した、いわゆる「変体漢文」）で書かれている。式目の原本と考えられるようなものは現在残っておらず、後に書き写された多くの写本（写本のうち、中世に書き写されたことがわかっているものについては特に古写本と呼ぶ）が残っている状況であるが、その中には、鎌倉時代から南北朝期に書き写されて、原本にかなり近いのではないかといわれるものがあり、一方でそれらと比較してみると異なった記載が目立つようなものもある。

このような状況から、式目研究に大きな進展をもたらした『中世法制史料集　第一巻　鎌倉幕府法』（以下、『中世法制史料集』＊4）においては、前田育徳会尊経閣文庫所蔵「鶴岡本御成敗式目」を底本とし、式目の古写本十五種類、版木に彫って印刷した板本三種類、注釈書三種類を使って校合《こうごう》（古写本や古刊本を比較して文字の異動等を確認する作業）を行い、校本として（つまり式目の本文を「確定」することはしないで）提示した。

本章でも、この『中世法制史料集』の校本を中心にして、式目の全体像を見ていくことにしよう。式目はまず、「前々の成敗のことにおいては、理非を論ぜず、改沙汰することあたはず、自今以後に至りては、この状を守るべきなり」という巻首（前書）で始まっている（「改沙汰することあたはず」の箇所は、「改沙汰に及ばず」と写されている写本もある）。

この巻首には、『吾妻鏡』貞永元年八月十日条の記述と同様に、この法が今後効力をもつこと（つまり、前もって定めたものであることと、不遡及の原則を持つことと）が示されている。実は、この巻首を持たない写本もかなり多く、池内義資が式目の原本（それは問注所執事三善家〈町野家〉に保管されていたか）にこの巻首があったとする一方で（池内一九六二）、下村周太郎は、この巻首の不易法としての性質と、「小鹿島《おがしま》文書」延応元年（一二三九）十一月五日関東下知状についての考察から、巻首は後の追記である可能性を指摘している（→第Ⅰ部第三章）。筆者は、法を前もって定めるという点に式目制定の大きな目的を見出しており（→本章第三節）、よって、そのことを明記したこの巻首は、貞永元年八月十日に制定された段階から存在していたと見ておきたい。なお、「鶴岡本御成敗式目」は他の流布本と異なり、冒頭に起請文を載せている。筆者は実はこの点も非常に重要だと考えているのであるが、それについては後で述べることにしたい（→本章本節、佐藤雄二〇二三a）。

この巻首に続いて、「御成敗式目」という題号と、「五十一箇条　貞永元年八月　日」と条文数と制定年月日の記載があるが、巻首の前にこの題号等が記載される写本もあり、また、条文数と制定年月日の記載を欠く写本も多く、一定ではない。そしてその後に、五十一ヵ条の条文が順に並ぶ構成になっている。

五十一という数字については、聖徳太子の十七条憲法を意識した数字であるという紹介もあるが（上横手一九八五）、このような言説は朝廷法の起源とされる十七条憲法と武家法の古典である式目とが結びつくかたちで、中世後期に広まったものだとする指摘もある（佐藤雄二〇二三a）。そもそも、式目は追加の規定を奥（いちばん最後）に書き加えることがイメージされていたと考えられており（前川二〇〇八、↓本章第三節、↓総論第二章）、式目の持つその本来的な「かたち」を考えれば、もとの五十一という数字に大きな意味を見出すことは難しいであろう。

五十一条の条文の後に、「起請　御評定の間、理非決断の事」で書き出す起請文がついている古写本が多い（すでに述べたように、「鶴岡本」では冒頭に掲載されている）。この起請文は、貞永元年七月十日の日付を持ち、十一人の評定衆と執権・連署が署名している。『吾妻鏡』の七月十日条にも、政道に私心がないことを誓って起請文を作ったことが見えており、一般に、この起請文は（写本では式目の末尾に掲載されていることが多いが故に？）式目の完成をもって作られたと考えられてきた。たとえば、上横手雅敬は「貞永元年（一二三二）七月十日に制定、八月十日に公布されたものとみられる」としている（上横手一九八五）。

しかし、『吾妻鏡』七月十日条にも起請文そのものにも、式目が制定されたことを明確に示す記述がないことに、もっと注目するべきであろう。それに加えて、「鶴岡本」では冒頭に起請文が載り、この並び順は、式目制定の前に起請文が作成された可能性もあることを示唆している。そして、前に述べたとおり、式目を編纂するにあたっては、そのプロセスにある程度の段階・分担が設けられていたであろうことを考えると、起請文はまだ式目が完成する前、つまり編纂の段階・分担が変わる過程で作成されたと考える方が自然ではないだろうか。

整理すると、五月十四日から本格的に始められた式目編纂は、七月十日の段階で編纂の「第一フェーズ」が終了し、ここで評定衆が起請をしたうえで、内容を固める「第二フェーズ」に入ったと見ておくのがよいのではないだろうか。上横手のように七月十日を制定（完成）と見るのは、式目末尾に起請文が載せられているイメージに引っ張られているのではないかと思われる。

さて、さらにその後ろに、式目制定に関わって記された泰時の書状二通（両方とも、六波羅探題の弟北条重時宛）が載せられている。一通目は（貞永元年）八月八日の日付を持ち、二通目は（貞永元年）九月十一日の日付を持つが、古写本によって、書状二通が両方載るものと、八月八日付の一通しか載らないものとがある。八月八日付の方には、式目が完成したので一通送る旨が記載されており、この八月八日をもって式目編纂が終了した、とするのが良いであろう。『吾妻鏡』に載る八月十日に完成という記述と合わないが、『吾妻鏡』は、式目を受け取った側の記録をもとにして、八月十日としたのではないだろうか。なお、先に述べた上横手は、「八月十日に公布」として現行法的に公布という表現を使っていたが、これは適切ではない。

条文の「つくり」

現在伝わっている式目の「かたち」について確認したので、続けて、各条文の「つくり」を見ておきたい。

御成敗式目の各条文は必ず、「一　○○○○事」という事書が掲げられた後に、本文がつくスタイルになっている。ただし、事書の内容について本文が必ずしも正面から説明をしているわけではなく、また本文に複数の内容が含まれていることも多い。この点が式目研究を難しく（面白く）しているのであるが、詳細は条文全体の構成（式目の体系性）と合わせて総論第二章に譲ることにし、ここでは極めて簡単に把握するだけにしておきたい。以下に、第四条を一例として示した（先に述べたように本文は漢文であるが、ここでは読み下しを示した。また、傍点は筆者が付した）。

一　同じく守護人、事の由を申さず、罪科の跡を没収する事

右、重犯の輩出来《しゅったい》の時は、すべからく子細を申し、その左右に随ふべきの処、実否を決せず、軽重を糾《ただ》さず、ほしいままに罪科の跡と称して私に没収せしむるの条、理不尽の沙汰はなはだ自由の姦謀《かんぼう》なり。早くその旨を註進し、よろしく裁断を蒙らしむべし。なほもつて違犯《いほん》せば、罪科に処せらるべし。次に犯科人の田畠在家ならびに妻子資財の事、重科の輩においては守護所に召渡すといへども、田宅妻子雑具に至つては付け渡すに及ばず。兼ねてまた同類の事、たとひ白状に載するといへども、贓物《ぞうもつ》なくばさらに沙汰の限りにあらず。

事書は、この規定において問題としている事柄を書いたもので、それに対する本文の内容の前半をわかりやすく意訳すると、「重い犯罪を犯した犯罪者に対しては、丁寧に取り調べたうえでその結果を幕府に報告して指示に従うべきところ、これをせずに守護が好き勝手に犯罪者から没収した財産を自分のものにすることは認められない。必ず報告して指示に従うべきであり、違反する者は刑を科すことになる」というように、この問題に対する対処方法が書かれている。さらに、「次に」と続けて、「重い犯罪者であっても、その妻子の屋敷や家具については、共犯者を守護所に召し渡す際に没収してはならない。また、共犯者の場合には、自白があっても、証拠としての盗品が見つからなければ処罰しない」という内容が続くが（なお、本書の最後に式目の「現代語訳」を載せており、そこではもう少し丁寧にこの第四条の意味をとっているので、参照のこと）、事書に対応した本文は「次に」よりも前の部分だけであって、「次に」以降は異なる内容になっている。式目には、このように各条文の中に「次に」というわば段落替え（現行法でいえば、第一項・第二項であろうか）を示す言葉があり、さらに「次に」のもう一つ下の階層に「兼ねてまた」がある。一つの「事書」に対して、一つの原則が示されたり、一つの新たな規定を定めたりしているわけではないことに注意しておきたい（↓総論第二章）。

各条文のこのような「つくり」に注目すれば、式目を鎌倉幕府の「基本法」「基本法典」と説明するのは適当ではないことがわかるであろう。「基本法」あるいは「基本法典」という用語は、現行法の定義であれば、国政の中で特に重要な分野について、国の基本方針や原則を掲げ、基本的な制度や政策を明示するものであるが、式目はおよそそのような「つくり」を持っていない。

さて、この第四条は、式目の古写本の伝来の経緯を考えるうえでも、大きな意味を持っている。本文の最後に「贓物《ぞうもつ》」（他人の財産を侵害する犯罪によって得たもの。盗品）という文言が見られるが、この箇所が「財物《ざいもつ》」となっている古写本もある。植木直一郎は、第四条に「贓物」という言葉を使う古写本を武家系統に伝来した古写本（武家本）と考え（それに加えて、武家本では第十八条に「忠孝」という文言を用いる）、第四条の同じ箇所に「財物」という言葉を使う古写本を清原氏に伝来した清家本／公家本であると考えた。さらに、第十八条では「忠孝」ではなく「志孝」を用いるという特徴も指摘している（植木一九三〇）。

第四条の内容としては、ここの文言は「贓物」である方が意味が通ると思われるが（「財物」であれば、「証拠としての盗品が見つからなければ」と訳したところが「没収するべき財産がなければ」となるであろうか。文意としては不自然である）、興味深いことに「財物」としている古写本の系統である清原氏の「清原宣賢式目抄」においても、自らの家に伝わる本には「財物」とあるにも関わらず、ここを「贓物」とすると説明されている（佐藤雄二〇二三b）。

池内義資は、式目原本と古写本の伝来についての詳細な検討から、武家本の方が式目本来の姿に近いと考えているが（池内一九六二）、だからといって武家本がすべて正しいということではもちろんない。式目を学ぶうえで重要なのは、文言自体が確定しているわけではないということを（つまりその点で、現行法を解釈するのとは決定的に違うのだということを）理解しておくということである。

なお、佐藤雄基は、式目の文章が難しく、やや後の時代の幕府関係者は主語などを補いながら読んだことを指摘している（佐藤雄二〇二二）。この指摘は極めて重要であるが、しかし、これをもって「式目の文章はいわば悪文」（その背景には「泰時たちはまだ法文をつくるのに慣れていなかった」ことがある）とする立場を、筆者は取っていない。むしろ、人々のために「前もって定める」としながら、かえって見慣れない用語を用いて難解にしてしまうところにこそ、鎌倉幕府の文士たちの知性の表明があったし、式目自体を権威づけたのだと見ておきたい。

3　式目成立の背景と目的

承久の乱、新補地頭、評定衆

鎌倉幕府は、一一八〇年代の治承・寿永の内乱を経て成立した、鎌倉を本拠地とする日本史上初の武家政権である（平氏政権を最初の武家政権と考える見方もある）。当初は東国（三河・越中よりも東の地域）の地方政権であり、かつ天皇のもとで警察・軍事の機能を分掌された権門という色合いが濃い存在であったが、承久三年（一二二一）の承久の乱により、それまではあまり力が及んでいなかった畿内・西国に対しても大きな影響力を持つようになり、その政権のあり方自体を変質させていった。式目は、そのような中で制定された法であるという点がまず重要である。

承久の乱後、鎌倉幕府は西国に新たに地頭を設置し（新補地頭）、また六波羅探題を設置した。この時期のことを後の建武式目では、「承久の時に北条義時が天下を併呑《へいどん》した」と書いている（この記述にはその前の部分があって、そこには「文治の時に源頼朝が初めて鎌倉に武館を構え」とある。つまり、建武式目は、鎌倉幕府が二段階のステップを踏んで全国的な政権となったと理解しているのであって、この点は重要である）。

しかし、地方では新たに地頭となった御家人たちと荘園領主とのあいだで多くの紛争が生まれ、鎌倉幕府はこれに対応せざるを得ない状況であった。そもそも鎌倉幕府が置いた地頭というものは、謀叛人の所領を没収し、そのもともとの職を地頭職に切り替えるのが基本で、地頭の権利・義務についても元の職のそれを引き継ぐことになっていた。しかし、承久の乱後に畿内・西国に新たに置かれた多くの地頭は、もとの職の得分が少ないことに不満を持ち、認められている権利以外の何かで収益を得ようと違法な行為を行うことがあったのである。これを防ぐために貞応二年（一二二三）に定められたのが新補率法*5で、これは朝廷からの官宣旨で発せられ、さらにそれを受けるかたちで鎌倉幕府が規定を追加して、御家人たちに対して、新補率法よりもよい内容の慣習があれば、それにもとづくその職の権利を受け継ぎ、そうでない場合には新補率法に従うように選択させた（安田一九六一）。

しかし、このような基準が設けられても、荘園領主と地頭との対立関係は改善されなかった。地頭たちは、現地でルール違反をし続け（中には、次に紹介する北条泰時の書状に描かれるように、それがルール違反だと気づかずに行われたものもあったであろう）、これに対して荘園領主が鎌倉幕府に訴え出ていくという「本所―地頭御家人間相論」が繰り返された（古澤一九八五、なおこの段階では荘園領主と鎌倉幕府とは、いわば対等な立場にあったと考えられる）。そこで、鎌倉幕府は、御家人たちに前もってわからせておくための法の整備の必要性を、感じ始めていったのである。

そもそも承久の乱後の鎌倉幕府は、法と制度の整備に熱心であった。新補率法もその一つと言えるだろうし、嘉禄元年（一二二五）に執権北条泰時は、合議により幕府の重要な政務案件を審議・決裁する（「理非裁断」する）機関として評定衆を設けた。この直接的な理由は、元仁元年（一二二四）に北条義時が、翌嘉禄元年に北条政子が没して、二人の立場を継承した泰時は厳しい状況に置かれており、それを打開するところにあった。

評定衆が設けられ、泰時がその評定を主宰し、さらにはそこでの結論を鎌倉殿に報告する役割を担うようになったことで、それまで将軍の「御前」で行われていた「理非裁断」が執権の「御前（評定のこと）」に移ったと理解できる（五味一九九〇）。このことは、鎌倉幕府の統治構造が、将軍の人格と結びついた「人格的支配」から、執権などの第三者性が重視される「非人格的支配」に移行していく流れを示していると言えるだろう。評定衆は執権・連署とともに、貞永元年七月十日付の起請文にも署名しているが、（特に誰が式目編纂の中心となったかということは別として）式目が評定の場において裁可されたものだということ自体が重要であり、式目はこの「非人格的支配」の一つの表現であった。

貞永元年八月八日付北条泰時書状を読む

承久の乱後の、特に西国における本所と地頭との対立の中で、鎌倉幕府は（北条泰時は）前もって御家人たちに示しておくべき法の制定を目指すことになった。すでに見たとおり、『吾妻鏡』貞永元年五月十四日条にこのような式目制定の目的が示されていたが、目的を知り得る史料はこれだけでない。むしろ、北条泰時が残した二通の書状（六波羅探題の弟北条重時に宛てた、貞永元年八月八日付書状と、同年九月十一日付書状）が、より詳細にそれを伝えている。

漢字交じりの仮名書きで書かれたこの二通の書状は、原本は残存していないが、式目古写本の末尾に収められ（古写本によっては八月八日付のみの一通）、追加集の一部にも収められて、式目制定の趣旨を知る重要な書状として位置づけられてきた（おそらく同時代的にも、この書状はその役割を担っていたものと思われる）。

式目制定の目的を考える際には、この二通の書状は必ず引用されてきたと言ってよく、特に長又高夫、古澤直人、佐藤雄基によって丁寧な読解がなされている（長又二〇〇五、古澤二〇一九、佐藤雄二〇二三b）。ここでは、三人の優れた訳に依拠しつつ、以下にまず八月八日付書状の内容を（大きく）意訳して紹介し、式目制定の目的を理解することにしたい。

《意訳》貞永元年八月八日付北条泰時書状

人々からの訴えを裁く際には、同様の争点を持つ訴訟の場合でも、立場が強い者は自身の主張が認められ、立場の弱い者は主張をかえりみてもらえない状況であることから、できる限り細かいところまで注意して公平を心がけて審理していますが、そうだとしても、自然と訴訟当事者の立場の強い・弱いに従って判決に軽重などが生じてしまいかねないので、そうならないように、前もって「式条」を作りました。その「式条」の写しを一通、お送りいたします。裁判では、基本的に律令格式の規定にもとづいて判断をするべきなのでしょうが、田舎には律令の内容をある程度でも知っているような者は、千人・万人の中に一人さえもいない状況です。なので、犯せば罰せられるのが当然な盗みや夜討のような犯罪でさえも企てて、その身を破滅させてしまう御家人たちが多くいます。まして、法令の中身について理解のない者が、してはいけないことだということも知らないでやってしまっている現地での行為などを、(本所からの訴えを受けた鎌倉幕府の裁判において)律令格式の法文に従って判断するのであれば、当事者である御家人たちからすれば、鹿を捕まえるための落とし穴が掘ってある山の中に入って行って、知らずに穴に落ちてしまうようなものはないでしょうか。このような事情からか、大将殿(頼朝)の時代には、律令格式に従って裁判することはありませんでした。代々の将軍の時代にもそうしたことはなかったので、今日でもその先例を手本としてまねています。

つまり、従者が主人に対して忠義をなし、子は親に対して孝行をし、妻は夫に従うならば、心が曲がっているような人の訴えは退け、正直な言い分の訴えは認め、自然と人々が安心できることになると考えて、このように法を制定しましたが、京都のあたりではきっと、「知識のない東国の田舎者たちが書きまとめたものだ」とばかにして笑う人もいるだろうと気後れし、恥ずかしいのですが、とはいえ前もって法を定めておかなければ、訴訟当事者の立場の強い・弱いによって判決にも差が出てしまうので、このように法を制定したのです。関東御家人、守護所、地頭には広く知らせて、このたび法を制定した趣旨をよく理解させてください。まずは、この法を書き写して、守護所には個別に配布して、各国内の地頭御家人たちに言い含めてください。この法でもらしている（制定できていない）ことがあれば、追加して書き加えるつもりです。あなかしこ。

御家人たちは法を知らず、それゆえに違法な行為を繰り返してしまい、本所が鎌倉幕府に訴え出れば、御家人たちは敗訴することになる。これでは公平ではないので、御家人たちが前もってわかるように、従うべき法を定めた（その法は御家人たちのほとんどが知らない律令ではなく、改めて作ったものである）という筋道である。

古澤直人は、この書状の本当の読み手は、（弟の重時ではなく）朝廷の人々だとし、「『強き』人々（多くは御家人を訴える本所）に対し『弱き』御家人らを公平に扱うという宣言」だとするが（古澤二〇一九）、佐藤雄基は、式目を御家人たちに周知するように、としている点も重視して、武士の非法を統制するための「言い含める」法であることを強調する（佐藤雄二〇二三b）。

ただ、この二つの指摘は異なるベクトルをも持つものではなく、前もって作った法を守るように「言い含める」ことで、御家人たちは弱きものではなくなって公平に扱われるようになるのである。なお、実際に式目の条文を見ていくと、「本所―地頭御家人間相論」を想定しているわけではない規定も多く見られる。このことからも、書状が特に想定したのは、訴訟の場において対等に取り扱うということだけでなく、法と出会う機会の公平さ*6であったと考えてよいのではないだろうか。

貞永元年九月十一日付北条泰時書状を読む

続いて、九月十一日付書状の内容も見ていこう。八月八日付書状を受けて、朝廷/京都からクレームに近い反応が示されたのではないかと思われる。それを受けての二通目の書状というわけである。『吾妻鏡』貞永元年九月十一日条にある、執権北条泰時が式目に仮名の書状を添えて六波羅探題に送ったという内容と、この書状が対応している。

《意訳》貞永元年九月十一日付北条泰時書状

裁判に関わる問題について記した状を、「目録」と名付けるべきだったかもしれませんが、何より政治的な問題について記載したので、起草者が知的に「式条」という字を使いましたが、その名前は大げさだと考えましたので、「式目」と書きかえました。このことをご承知おきください。さて、この「式目」を作ったことについては、何をもととなる法としているのかと、京都/朝廷の人々はきっと非難されることでしょう。たしかに、参考にした原典というようなものはこれといってないのですが、ただ「道理《どうり》」にもとづいて考えられることを記しました。これまではこの

「式目」のように前もって法を定めておくということはなく、また訴訟の理非を二の次にして、訴訟当事者の立場の強い・弱いにもとづいて判断してしまったり、あるいはすでに判決を出したことを忘れて再度審議してしまうというようなこともありました。このようなことがあったので、前もって裁判の基準を定めて、人の身分の高い・低いに影響を受けることなく、偏りのない裁判をするために、まとめておくことにしたのです。この「式目」は、律令格式の規定と食い違うところが多少あります。たとえば、律令格式は、漢文に通じたものとして、漢字を見ているようなものです。漢字を知らず、かなだけを知っているものとしては、漢文と向き合っているときは、まるで目が見えなくなってしまったようなので、この「式目」は、ただかなだけを知っている者が世間に広くいるように、広く世間の人にわかってもらえるように、もっぱら武家の人への計らいのためばかりであるのです。ですから、「式目」によって、朝廷の裁判や律令の規定が変わるというようなことはまったくありません。律令格式の規定はとても立派なものですが、武士でも庶民でも、律令格式に通じたものは百人に一人、千人に一人もいないでしょう。そして、誰も律令格式の規定を知らないのに、訴訟の時になると突然、律令格式の規定によって訴訟の理非を判断するということになり、明法家《みようぼうか》が恣意的に律令格式の規定を引用して判断しているそうです。明法家の作る判決案は、恣意的で一定しないので、人々はみな迷惑しているということです。文字の読めない武士が前もって考えることができるように、また、裁判が時と場合によって判断が変わるというようなことがないように、この「式目」を定めたのです。京都／朝廷の人々の間で、もし非難の声が上がるようなことがあったなら、以上の趣旨を心得てご対応ください。恐惶謹言。

九月十一日付書状の内容には、表現が違っても、八月八日付書状の内容を繰り返している箇所が多い。訴訟の現状や律令に対する御家人たちの理解のなさ、前もって法を制定する必要性、などがそれに当たる。

一方で、九月十一日付書状に特徴的な内容としては、もともと「式条」としていたものを「式目」と改めたこと、「式目」の内容は（律令にもとづかず、また中国の法にも根拠があるわけではなく）道理にもとづいていること、これにより律令を中心とする公家法と式目とのあいだには上下の階層関係は存在せず「式目」の制定は朝廷や律令格式に影響を与えないこと（つまり異なる法圏を形成すること）などである（↓第Ⅰ部第二章）。

これまで多くの研究が、八月八日付書状と式目とを見た京都／朝廷の反応として、「式条」という名称に対する批判があったので、「式目」と変更したという経緯を指摘してきた。特に古澤直人は、この二通の書状と佐藤進一の「原式目論」とを結びつけて、式目がこの書状と連動して二段階で編纂されたことを論じているが（古澤二〇一九）、本章ではこの説を採らない（↓総論第二章）。

むしろここで気になるのは、八月八日付書状が基本的に式目の古写本に合わせて収められているのに対し、九月十一日付書状も収めているのは、「鶴岡本」「唯浄裏書」という古い武家系の古写本・注釈書に限定されているということである。このことは、八月八日付書状が式目の立法趣旨や経緯を周知させるために作成された、現代的に言えば「憲法前文」的な役割を担うものであったのに対して、九月十一日付書状にはそこまでの機能が期待されていなかった（あくまでも、八月八日付書状と式目そのものに向けられた、反対・批判への対応にとどまる）ことを示しているのかもしれない。

式目制定の趣旨という点では、九月十一日付書状は、現代の研究者にとっては八月八日付書状と同等に重要な研究対象であろう。しかし、ここでは、八月八日付書状と九月十一日付書状にはその機能面で大きな違いがあった可能性を指摘しておきたい。

【参考文献】

池内義資「御成敗式目原文の研究」（『御成敗式目の研究』平楽寺書店、一九七三年、初出一九六二年）

石母田正「解説」（石井進・石母田正・笠松宏至・勝俣鎮夫・佐藤進一校注『日本思想大系新装版　中世政治社会思想上』岩波書店、一九九四年、オンデマンド版二〇一六年、初出一九七二年）

植木直一郎『御成敗式目研究』（岩波書店、一九三〇年）

上横手雅敬「御成敗式目」（国史大辞典編集委員会編『国史大辞典 第5巻（けーこほ）』吉川弘文館、一九八五年）

笠松宏至「吾妻鏡と追加法と」（『日本中世法史論』東京大学出版会、一九七九年、初出一九六三年）

笠松宏至「中世法の特質」（『日本中世法史論』東京大学出版会、一九七九年、初出一九六三年）

笠松宏至『中世人との対話』（東京大学出版会、一九九七年）

五味文彦『吾妻鏡の方法―事実と神話にみる中世―』（吉川弘文館、一九九〇年、新訂版二〇一八年）

佐々木紀一「関東中原氏家伝と系図の展開について」（『米澤國語國文』三六、二〇〇八年）

佐藤進一『日本の中世国家』（岩波書店、一九八三年、文庫版二〇二〇年）
佐藤進一「鎌倉幕府政治の専制化について」（『日本中世史論集』岩波書店、一九九〇年、初出一九五五年）
佐藤雄基「御成敗式目の現代語訳はどうして難しいのか」（『立教史学』五、二〇二二年）
佐藤雄基「五十一という神話―十七条憲法と御成敗式目―」（『古文書研究』九五、二〇二三年a）
佐藤雄基『御成敗式目―鎌倉武士の法と生活―』（中央公論新社、二〇二三年b）
杉橋隆夫「御成敗式目成立の経緯・試論」（岸俊男教授退官記念会編『日本政治社会史研究』下、塙書房、一九八五年）
長又高夫「『御成敗式目』成立の背景―律令法との関係を中心に―」（『御成敗式目編纂の基礎的研究』汲古書院、二〇一七年、初出二〇〇八年）
長又高夫「『御成敗式目』編纂試論」（『御成敗式目編纂の基礎的研究』汲古書院、二〇一七年、初出二〇〇八年）
長又高夫「『御成敗式目』の立法趣旨とその条文排列をめぐって―古澤直人氏『御成敗式目の思想―二通の北条泰時書状の分析を中心に―』に寄せて―」（『国学院法学』五八―一、二〇二〇年）
新田一郎「『式目注釈書』三題」（石井進編『中世の法と政治』、吉川弘文館、一九九三年）
新田一郎「律令・式目―『法』テクスト注釈の非『法学』的展開―」（前田雅之編『中世の学芸と古典注釈』竹林舍、二〇一一年）
林譲「熊谷直実の出家と往生とに関する史料について―『吾妻鏡』史料批判の一事例―」（『東京大学史料編纂所紀要』一五、二〇〇八年）
古澤直人「鎌倉幕府法の成立―御成敗式目成立の歴史的位置―」（『鎌倉幕府と中世国家』校倉書房、一九九一年、初出一九八五年）
古澤直人「御成敗式目制定の思想―二通の北条泰時書状の分析を中心に―」（『中世初期の〈謀叛〉と平治の乱』吉川

弘文館、二〇一九年）
穂積陳重『法典論』（哲学書院、一八九〇年）
前川祐一郎「日本中世の幕府「追加法」生成と伝達の構造」（林信夫・新田一郎編『法が生まれるとき』創文社、二〇〇八年）
三浦周行「貞永式目」（『続法制史の研究』岩波書店、一九二五年、初出一九一九・一九二〇年）
三浦周行「日本人に法治国民の素質ありや」（『法制史の研究』岩波書店、一九一九年、初出一九一七年）
三浦周行『大日本時代史　鎌倉時代史』（早稲田大学出版部、一九〇七年）
安田元久『地頭及び地頭領主制の研究』（山川出版社、一九六一年）

【註】

＊1　**穂積陳重**（一八五六―一九二六）　宇和島藩士の家に生まれ、大学南校《なんこう》・開成学校で学んだ後、イギリス・ドイツへの留学を経て東大法学部（帝国大学法科大学）の教授となった。明治・大正時代を代表する法学者・立法家で、学者としては、いわゆる「歴史法学」の方法を用い、進化論の影響を受けた法理学・法制史の先駆者として、『法典論』、『隠居論』、『五人組制度論』、『法律進化論』など多数の著書を世に出している。ただ、次の世代の法制史学者であった中田薫や三浦周行から、その史料の扱いの「甘さ」を厳しく批判されることもあった。式目のコレクターとして知られるが、式目の各規定まで読み込むことができていたかは疑問もある。立法家としては、民法の制定などで多大な功績を残した。

＊2　**『吾妻鏡』**　治承四年（一一八〇）の源頼政挙兵から、文永三年（一二六六）に六代将軍宗尊親王が帰京するまでを編年体で記した、鎌倉幕府の公式な歴史書である。前半部（源氏将軍時代三代）と後半部（藤原将軍と宗尊

親王の時代）とに分けて成立したとする見解（①）と、そうとらえない説（②）とがあり、①説では前半が文永年間、後半が正応から嘉元年間の編纂と推測する。②説では、十四世紀初頭の成立と考えている。編纂者が『玉葉』や『明月記』など数多くの記録類を収集し、高野山や東大寺、御家人の家に伝来した古文書の写しの提供を受け、さらに鎌倉幕府の問注所などに残る記録文書を用いて編纂したと思われるが、その収集方法ははっきりとわかっていない。式目との関わりでは、吾妻鏡に収められた追加法の研究が重要である（笠松一九六一）。

＊3 **北条泰時**（一一八三—一二四二） 式目について考えていくために、その制定者である北条泰時についても理解を深めておきたい。泰時は、寿永二年（一一八三）に北条義時の長男として生まれ、承久三年（一二二一）の承久の乱では、叔父時房とともに軍勢を率いて入京し、乱後は六波羅探題（六波羅北方）となった。元仁元年（一二二四）、義時の死を受けて鎌倉に戻り執権となり、連署の設置、評定衆の設置などの改革を押し進め、特に式目の制定はその象徴といってよいものであった。泰時とその一連の政治を一つの理想とする見方は、『神皇正統記』など中世にすでに見られたが、近代法制史学の分野でも、［三浦一九〇七］が執権と評定衆の合議制を「共和政体」だとするなど、泰時とその政治は高い評価を受けてきた。その評価自体は的外れなものではないであろうが、とはいえ、鎌倉幕府法研究にその名を燦然と残す佐藤進一による泰時理解や執権政治理解など、実証的な研究を基礎にして提示された評価についても（たとえば［佐藤進一九五五］）、泰時に好意的な史学史の文脈とは無関係ではないであろうということを、冷静に見つめていく必要があるだろう。

＊4 **『中世法制史料集』** 日本中世の法制史料について、基本となるものを（かなり網羅的に）編集した史料集である。第一巻〜第六巻と別巻が刊行されたが、佐藤進一・池内義資編で昭和三十年（一九五五）に刊行された第一巻は、御成敗式目と追加法の研究とにおいて、決定的とも言ってよいほどの重要な役割を果たし、広く鎌倉期の研究者（法制史の研究者に限らず）が容易に幕府法にアクセスすることができるようになった。

＊5 **新補率法** 本書は式目の「ハンドブック」であり、その重要性を強調する書籍ではあるが、式目をあくまでも

鎌倉幕府の一連の法整備の中に位置づける視点も忘れてはいけない。承久の乱後の新補率法は、各荘園に対して一定のルールが導入されたという点で、鎌倉時代の社会の特質と変化を考えるうえで重要である。朝廷の官宣旨に書かれた内容の中心は、①田畠十一町のうち一町は地頭分とする、②一段ごとに加徴米（一定の年貢以外に徴収する米）五升の徴収を認めるというもので、さらに鎌倉幕府が独自に付け加えたルールとして、③山野河海からの収益は、折中の法により、地頭と荘園領主や国試で半々にする、④犯罪者への財産系による収益は、地頭が三分の一、荘園領主・国司が三分の二とする、という内容を持っていた。

＊6 **公平さ**　式目は、訴訟の際に当事者が公平である、ということの前提として、前もって法を知っているということが当事者にとって公平である、という発想を持っていたと筆者は見ている。この点は、近代法の世界と共通する部分がある。なお、中世法研究は、笠松宏至・新田一郎によって近代法との違い（近代法の諸概念で中世法を見ることの危険さ）が強調され、近年では佐藤雄基・木下竜馬もその立場を取っていると思われる。これは、石井良助などに代表されるかつての中世法研究が、あまりにも近代法の概念を持ち込みすぎていたことへの批判から起こったものであるが（本文でも示したような、式目の公布、などはその一例であろう）、一方で、①中世法は、近代法にも共通する法の普遍的な要素を考える素材にもなり得ること、②中世法の研究者がイメージする近代法とはそもそも何なのかということも、考え直していく必要があるだろう。

二　御成敗式目と鎌倉幕府法の構造

佐藤雄基

1　式目の条文配列

律令と比べると

御成敗式目は武家の基本法であると説明されるのが一般的である。しかし、養老律令《ようろうりつりょう》が律十巻十二編、令十巻三十編であったのに比べて、五十一ヵ条という数は少ない。式目を基本法であると説明してしまって現代の憲法のようなものと考えてしまうと誤解がある。後述するように、式目は必ずしも基本原則などを定めた法ではなく、制定当初の機能としては極めて個別的だったからである。

歴史的にみたとき、支配の根幹にある刑罰を定めた律が先行して発展し、官僚に対する行政上の規範を記した令《りょう》があり、それぞれ主題に即して、細かな篇目に分かれている。律は名例律《みょうれいりつ》、衛禁律《えごんりつ》、職《しき》制律《せいりつ》など、令は官位令《かんいりょう》、職員令《しきいんりょう》などである。名例律ではまず「八虐とは何か」のように基本的な概念が定義されているが、式目には本文中で概念の定義がなされることはない。

たとえば、式目制定の同年末に出された幕府法令をみると、「式目に載するところの御家人」とは何者かが問題になっていたらしく、下司《げし》に大番役を賦課するかどうかの方針が示されていた（追加法四七条）。大番役を勤めるのが御家人であるという認識がみえるが、式目や関連する幕府法においてきちんとした定義づけがなされている訳ではない。それらの幕府法令の分析によって、現代の研究者が「当時の幕府関係者は御家人とはどういう存在であると考えていたのか」を想定するにとどまる（御家人の範囲の揺れに関しては［高橋二〇〇八］）。

さらに、式目をはじめとする幕府法では、律と令のような区別は存在しない。刑罰や奉行人（官僚）の職務規範などが混然一体となっている。

三浦周行による区分

まず全体の構成の話を述べたい。近代法では条文配列が重視されている。最初に一般的総則規定をおき、つづけて具体的な規定を並べ、最後に補足的な事項をおくのが一般的である。つまり、条文配列によってその法の性格を読み取ることができるのである。そこで式目の研究においても条文配列が重視されてきた。最初に式目の条文配列に注目した三浦は、近代法的な概念を用いて式目を区分しようとした（三浦一九一九・一九二〇）。

行政法に関する規定……………一〜三条、十六条、三十八〜四十条、四十四〜四十六条
刑法に関する規定……………四条、九〜十五条、十七条、二十八条、三十二〜三十四条、四十三条、四十七条、五十条
訴訟法に関する規定……………六〜七条、十二条、十四条、二十九〜三十一条、三十五〜三十六条、四十九条、五十一条
物権法に関する規定……………五条、八条、十四条、十九条、三十七条、四十一〜四十三条、四十八条
債権法に関する規定……………十九条、四十二条、四十八条
親族法・相続法に関する規定…十八条、二十〜二十七条

そして条文配列について、以下のような試案を出した。

一〜二条……………神社、寺院の規定
三〜五条……………守護、地頭の職権を正当に履行せざりし場合につきての規定
六〜八条……………所領に関する規定
九〜十五条…………重き刑事上の犯罪に関する規定
十六〜十七条………承久の乱の没収地に関する規定
十八〜二十七条……御家人所領の譲与に関する規定

二十八～三十一条…訴訟法に関する規定

そして、三十一条までの条文の配列には規則性があるが、三十二条以下には規則性が見出せないと結論づけた。三浦はこれを式目制定者の能力（「立法者の組織的能力」）不足に由来すると論じている。

佐藤進一による区分

これに対して、佐藤進一は前半と後半とでは編纂方法が異なると論じた（佐藤進一一九六五）。特に前半の刑事法関係の条文の配列は、院政期の法書（律令注釈書）『法曹至要抄』に倣っていると指摘した。その前提に立つと、現在知られている式目の配列には錯簡があり、第九・十・十一条と十三・十五条のあいだに、第三十二・三十三・三十四条が本来置かれていたと考えられるとした。そのうえで、第三十五条までの前半部分を次のように区分した。

一・二条……………………神社、寺院
三～六条……………………幕府と朝廷・本所との関係
七・八条……………………裁判上の二大原則
九～十一、三十二～三十四、十二～十七条…刑事法
十八～二十七条…………………家族法

さらに佐藤は、規則性の見出せる前半部分（第三十五条まで）は制定当初の式目の姿を残す「原式目」部分であり、第三十六条以下の後半部分は後日（一二四〇年代後半頃）、式目に編入された追加法であり、それ故に規則性がないのである、と論じた。一方で、式目は成立当初から五十一ヵ条あったことが、現存する古文書から明らかである。そこで佐藤は、増補時に「原式目」五十一ヵ条を三十五箇条に圧縮して、第三十六条以降を増補したと考えた。このような式目の二段階成立説を「原式目」論といい、通説となっている（→第Ⅰ部第三章）＊1。

「原式目」論批判

しかし、河内祥輔によって、佐藤の「原式目」論の根拠となる『吾妻鏡』などの史料には、原式目論を想定しなければ整合的に理解できないものはないという批判が加えられた（河内一九八二）。さらに、後述するように、式目には「追加」が五十一ヵ条の奥に書き加えられるかたちで増補されており、「原式目」論において増補された時期と考えられている一二四〇年代後半よりも前の時期に、「追加」が書き加えられた式目が（追加をも「御式目」として）参照されていたことが分かっている（笠松一九九四、前川二〇〇八）。それらの「追加」と式目の増補編纂の関係を説明できない以上、原式目論は成立しないのではないかという疑問が提示されている（新田二〇〇六）。これらの指摘を踏まえて、筆者は

「原式目」論ないし二段階編纂説の「暗黙の前提」に、五十一ヵ条という数字に意味があるとする後世の言説があるとして、「原式目」論は成り立つ余地がないと論じた（佐藤雄二〇二三a）。

河内祥輔は、佐藤の「原式目」を批判する中で、前半部分は養老律令の篇目を意識したもので、後半部分は前半部分の付属規定または施行細則として位置づけた。しかし、北条泰時が「明法道目安」によって公家法を学んでいたように（『吾妻鏡』元仁元年十二月二日条）、鎌倉期の人びとは直接養老律令を参照することはなく、『法曹至要抄』のような法書を（孫引き的に）利用するのが一般的だったと思われる。したがって、養老律令の篇目に対応するという河内の仮説には従い難いが、第三十六条以降にも一定のまとまりがあるという河内の指摘は継承したい。

長又高夫による区分

近年、長又高夫は「原式目」への増補部分は後半部分だけではなく、前半部分にも存在していたとして、「原式目」論を再論している（長又二〇一七）[*2]。長又は、「原式目」の増補は後半だけではなく全体にわたっており、式目の後半部分についても一定のまとまりを見出している。この点は重要で、「原式目」論そのものの批判になっている。長又の想定する条文配列案は次のとおりである。

一、二条……………………………………祭祀・仏事に関する禁制
三～五条……………………………………守護・地頭に関する禁制

六〜八条……………………………………裁判上の原則
九〜十五条（三十二〜三十四条）…………刑事法に関する規範
十六〜二十七条……………………………所領相論に関する規範
二十八〜三十一条（三十五、三十六条）……幕府の裁判秩序を維持するための規範
三十七〜四十条……………………………幕府の身分秩序を維持するための規範
四十一〜四十三条…………………………財物に関する規範
四十四〜五十一条…………………………その他の規範

前半と後半部分とで質的な差異を見出してきた三浦・佐藤の議論は、刑事法や相続法などといった近代法的な枠組みで条文のまとまりをとらえすぎているきらいがある。あらためて内容に即して条文の配列を考えるべきだろう。全五十一ヵ条の内容の簡単な紹介もかねて、簡単に全体をみていこう。

2 五十一ヵ条の内容

社寺の修復

まず第一条、第二条は、「関東御分国」における神社・仏寺に関する規定である（→第Ⅰ部コラム②）。

冒頭に社寺の条文を置くのは、朝廷の新制（天皇・上皇の勅による臨時立法）に倣ったものである。新制は代替わりや災害など非常時において徳政の一環として出されていたが、寛喜の大飢饉の最中に制定された御成敗式目の新制的な性格を示すものである。

この「関東御分国」は一般には将軍の知行国を意味するが、ここでは石井進が指摘するように鎌倉幕府が特殊権限をもつ東国分を意味する（石井一九七〇）。時期による変動はあるが、およそ三河（愛知県東部）～信濃（長野県）～越中（富山県）より東である。そこでは朝廷ではなく幕府が社寺の修造という統治者の責任を担うという宣言であり、幕府は地頭に対して神主と協力して社寺を修造するように命じている。荘園現地における社寺の修復は、領主としての務めであると考えられていたため、第一条・第二条の規定は、地頭に対して社寺修復の責任と負担を押し付けるだけではなく、東国における地頭の領主支配を確立させるうえでも重要な意味をもったと考えられる。その点において、公家新制に倣った単に形式的な規定ではないことにも注意しておきたい。

なお、第一条冒頭の「神は人の敬いによって威を増し、人は神の徳によって運を添ふ」という文言は人口に膾炙し、現在でも神社によく掲げられていることは付言しておきたい。

幕府権力による「線引き」

第三条、第四条は守護、第五条は地頭に関する規定であるが、いずれも国衙《こくが》や荘園領主の支配領域を侵害しないことを第一にしている（↓第Ⅰ部第一章）。その点において、朝廷・本所との訴訟管轄を定めた第六条（→第Ⅰ部第二章）とともに、幕府権力の境界を定めた条文であるといえる。第七条の不易法と第八条の二十年年紀法は対になる条文と考えられてきたが（佐藤進一一九六五）、訴訟不受理の法として、本所の処分を尊重する第六条と、過去の将軍（政子を含む）の処分を尊重する第七条（→第Ⅰ部第三章）とを対になるものとしてみる見解もある（三浦一九一九・一九二〇）。第八条（総論で前述）は、二十年という時間的な境界を定めた箇条であるといえる*3。

概して、「関東御分国」における統治権を宣言した第一条・第二条から第八条までは、幕府権力とその外部との関係、境界線を定めた性格の条文が並んでいる。

罪と罰

一方、第九～十七条は「罪と罰」に関する規定が並んでいる（→第Ⅱ部第一章）。第十条・第十一条は縁坐の拡大抑制が目的の条文であるが、それ以外にも喧嘩の原因になるという理由で「悪口」を咎とした第十二条や、人に殴られた者は復讐を志すからという理由で「殴人」を咎とした第十三条など、御家人同士の紛争予防を目的とした条文もある。第十条・第十一条の縁坐抑止規定は、所領没収という処罰規定からみて、御家人の事例が想定されており、縁坐の適用によって御家人集団の内部秩序が乱れることを警戒したものであると考えられる（山口二〇〇五）。第十六条・第十七条は承久の乱で京方についた者の処罰に関する規定である。だとすれば、第九～十七条に共通する性格として、御家人集団の維持にかかわる罪と罰の規定であるということがいえるかもしれない。

なお、佐藤進一の指摘するとおりに、「罪と罰」に関する条文のタイトル（事書）作成の際に『法曹至要抄《ほっそうしようしょう》』など公家法の法書を参考にした可能性は高い。だが、たとえば第十二条の「悪口《あっこう》」は公家法にはない。幕府は自らの必要に応じて取捨選択しているのである。

所領相続

第十八〜二十七条について、佐藤進一は「家族法」とするが、その内実は御家人の所領相続と家族関係に関する規定である（→第Ⅱ部第二章）。鎌倉幕府は中世の荘園制において一個の権門・本所に過ぎず、その権力基盤は主に御家人だった。そのために幕府は御家人所領が自らの支配の及ばない非御家人に流出することを警戒し、御家人所領維持のための政策を打ち出していく。その先駆ともいえる条文が第二十五条である。関東御家人が京都の貴族を婿として所領を譲った場合、御家人所領を得た貴族たちが御家人役を果たさないことが問題になっていた。実際、貴族である夫の権威を笠に着て娘が御家人役の負担を拒否することがあったらしい。第二十五条はその場合は所領相続を辞退せよ、と厳しい態度を示している。

ところが式目制定から八年後の延応二年（一二四〇）、幕府はさらに式目の方針を改め、五位以上の貴族に嫁いだ女子にはそもそも所領を譲らないように命じている（追加法一四四条）。貴族と御家人女子との間に生まれた子どもは貴族社会の一員となる。第二十五条の段階では、娘の父親の没後のことが想定されていたが、さらに世代交代が進めば、幕府の管理が及ばなくなってしまう。結局のところ幕府は貴族に嫁いだ娘への譲与を全面禁止せざるを得なかったのである。その娘への譲与を前提とした第二十五条の規定は事実上死文化したのである。しかし、第二十五条を死文化させるに至った幕府の基本姿勢は、すでにその条文の中にみえていたとみるべきだろう。

訴訟の手続き

第二十八〜三十一条は佐藤のいうように「訴訟法」であるが、より具体的にいえば、訴訟における不正行為を問題にしている。佐藤が「錯簡」を想定して第三十一条につづく「訴訟法」のグループとして位置づける第三十五条について、召文違背《めしぶみいはい》の咎の規定であり（→第Ⅲ部第一章）、たしかに近代的な感覚でいえば刑罰規定ではないが、「度々召文を給ふと雖《いえど》も参上せざる科の事」と「科」（とが）であると明記されている以上、第三十二〜三十六条で一まとまりの罪科規定と見るべきだろう。御家人集団の維持にかかわる「罪と罰」の規定に比べると、地頭の職務怠慢に関わる第三十二条や召文違背のように、幕府に対する落ち度が問われている。その点で、奉行人の職務怠慢に関わる前グループと連続する。その中でも、他人妻密懐法《みつかいほう》は独特であるが（→第Ⅱ部コラム）、御家人の場合、出仕停止処分が規定されている点で、幕府への落ち度と認識されていたことが分かる。

なお、第三十六条を佐藤進一は後半部分（「原式目」の増補部分）に含めている（佐藤進一一九六五）。所領の境界をめぐる争いで、不当な訴訟を行う者に対して、敗訴したとしても自らに損害がないから訴訟が絶えないのだという考えを示し、不当に領有を主張した面積分を訴人（原告）の所領から取り上げて、論人（被告）に与えるという方針を示している〔基礎的研究として［山本二〇〇三］〕。これは刑罰関係ではなく、所領をめぐる所務沙汰であるから、第三十五条までの「刑事法」的なものとは異なる性格の条文であり、前半部分のようなまとまりに含まれないから、増補部分であると考えたのだろう。しかし、第三十五条で規定される召文違背の咎は、たしかに所務沙汰関連ではあるが、その不正行為に対する処罰規定である。この点において、第三十五条と第三十六条は連続する。

式目後半部分の区分

第三十七～四十二条もまた身分に関する規定として一まとまりである。第三十七～三十九条は御家人の身分上昇を制御するものである。第三十八条は惣地頭・小地頭間相論に関わるものである（清水二〇〇二）。第三十九条は成功すなわち売位売官に関する規定であり、第四十条は鎌倉中の僧徒が不当に官位を望むことを抑制するものである（上杉一九九〇）。それに対して、第四十一条は隷属民の帰属をめぐる領主間のトラブルを解決するために、十年の年紀や男子は父親、女子は母親にという規定を定めている（第四十一条にみえる「奴婢雑人」という文言については［錦織二〇二二］）。第四十二条は百姓逃散に関する規定である（↓第Ⅰ部コラム①）。第四十一、四十二条は雑務沙汰（↓第Ⅲ部第一章註）関係という性格もある（長又二〇一七）。

第四十三～四十八条は御家人の所領の没収・移転に関する規定である（公領・私領については［七海二〇〇一］）。第四十九～五十一条は、問状狼藉（↓第Ⅲ部第二章）を含めて、訴訟・紛争の途中で起こったトラブルに関する規定である。

あらためて試案として全体像を示すと、以下のようになる。

これはあくまで一案に過ぎないが、従来の区分が「家族法」「訴訟法」という近代法的な概念にこだわり、後半部分にまとまりを見出さなかったのに対して、内容に即した区分をすれば、後半部分に関しても一定のまとまりがあることが分かる。原式目論のように成立時期の違いを想定しないと説明できないということはないのである。

3　式目は何を定めた法なのか

第八条を読む

式目という法の基本的な特徴を具体例に即してみていこう。式目の第八条は、二十年以上の時効に相当する知行年紀法を規定したものとして有名な条文であり、高等学校の日本史教科書などにも掲載されている。式目の文章の構成を考えるうえでも分かりやすい。現代語訳の試案とともに次に掲げる（さしあたり本文は鶴岡本を利用する）。

《読み下し》

一、(A)御下文《おんくだしぶみ》を帯《たい》すと雖《いえど》も、知行《ちぎょう》せしめず年序を経《ふ》る所領の事、

(B)右、当《とう》知行の後、二十年を過ぎば、大将家《け》の例に任せて、理非《りひ》を論ぜず改替《かいたい》すること能《あた》わず、(C)而《しか》して知行の由《よし》を申して御下文を掠《かす》め給《たま》はる輩《ともがら》、彼の状を帯すと雖も叙用に及ばず、

《現代語訳》

一、(A)御下文（幕府からの権利付与文書）を所持しているとしても、実際に支配せずに歳月を経た所領について、

(B)実際に支配してから二十年が過ぎれば、源頼朝の時代の先例にしたがって、あらためて審査することはせず、（領主を）改めることはしない。(C)しかし、知行していると（偽って）訴えて、御下文を不正に賜った者は、文書を所持していた（まま二十年過ぎた）としてもその権利を認めない。

第八条は事書（「一、……」）では「不知行」、本文（「右……」）では「当知行」を述べているため、この条文の理解をめぐって学説史上著名な「知行論争」があった（上横手一九七四）。だが、現在でも御成敗式目の基本的な注釈書として定評のある『中世政治社会思想　上巻』における笠松宏至の解説（補注、二二一頁）によって、一応の解決をみている。笠松は、本文の構成を、

一、雖……事＝A、　右……＝B、　而……＝C

の三つに区分して論点を整理した。従来の議論では、不知行を論じたAというテーマ（事書）に即し

て、二十年の当知行（実効支配）による時効が論じられていることが問題視されていた。これに対して笠松は（佐藤進一の教示によるとしながら）、第二十四条を同様の例としてあげ、Aという事書が、この条文で問題になっている事態を述べているのに対して、Bでは一般原則（源頼朝以来の先例）を述べたに過ぎず、それを踏まえてCを規定している条文であると説明した。つまり、この第八条は、Aという事態に対してCを規定するのが主目的で、Bの規定を目的としたものではない。具体的にいえば、幕府から新恩あるいは本領安堵の権利文書（「御下文」）をもらったものの実際には当知行（実効支配）していない所領が問題になっている（A）。それに対する一回答が、当知行二十年の年紀法を前提にして（B）、不知行中に獲得した文書（「御下文」）には効力を認めない、というものである（C）。

具体的な解決策を記した法

これは一例であるが、五十一ヵ条の各条文の内容をみると、一般原則を定めたものであるというよりは、一般原則を前提にして、当時問題になっていた案件への対応を示した条文であることが多い。高等学校の教科書などでもよく取り上げられる、大犯《たいぼん》三箇条を規定しているとされる第三条も、守護の職権が「三箇条」であることを前提にして、その処罰規定などを定めたものである（↓第Ⅰ部第一章）。ただし、新たな原則を示したものと思われる条文も存在する。たとえば第二十三条があげられる。

《読み下し》

一、女人《にょにん》養子の事

右、法意の如《ごと》くんば、これを許さずと雖も、大将家御時以来当世に至るまで、その子無きの女人等、所領を養子に譲り与ふる事、不易《ふえき》の法、勝計《しょうけい》すべからず。しかのみならず、都鄙《とひ》の例、先蹤《せんしょう》これ多し、評議のところ、尤も信用に足るか、

《現代語訳》

一、女性が養子をとることについて

公家法では、このことを許していないが、源頼朝の時代以来、現在にいたるまで、子のいない女性が、所領を養子に譲与することは、変わりはなく、数多く行われてきた。それだけではなく、都と地方（京都と鎌倉）でも先例は多い。「評議」したところ、（女性が養子をとることを）認めるのに十分だろう（という結論になった）。

「法意」とは当時の公家法を意味する。この場合の女性とは、夫の存命している女性や未婚女性ではなく、夫に先立たれた後家を想定しているのだろう。貴族社会でも地方社会でも、女性が「養子」に財産を譲るという事例は数多くみられる。律令法の規定では、養子をとる主体は男性であり、女性が養子をとるという規定はない。そこから女性が養子をとることは禁じられているという言説も生まれていたことが推測されるが、第二十三条が何を参照して「法意」と考えたのかは定かではない。ただし、式目制定者の主観としては、「法意」を否定して、新たな原則を立てたのであり、式目制定メン

バーの「評議」の結果として認めたということをことさらに強調している点が興味深い。

「法意」とは異なる規定

「法意」と異なる規定であることを明記した式目の条文は、第十八条・第二十三条・第四十一条であり、いずれもジェンダー関係のものであることが［野村二〇一二］によって指摘されている。

原式目論の議論で紹介したように、院政期・鎌倉初期の法書（『法曹至要抄』や『裁判至要抄』）は、式目に影響を与えていた。院政期の法書は、財産相続や家族関係など、中世社会において新たに浮上した法的な問題について、律令の解釈・運用という形式をとりつつ、しばしば律令の原則に反する結論を出しながら、社会の実情に即した法慣習を記したものである（棚橋一九八三、長又二〇二〇b）＊4。

とりわけ刑罰関係と家族法関係の条文は、法書を参考にしているといわれている。そのうち刑罰関係は、事書とその配列に関しては法書を参考にしたとしても、その中身をみると、第十二条で喧嘩の原因になるからといって「悪口」の咎を定めたように、公家法とあまりにかけ離れていたので、ことさらに「法意」との差異を強調する必要はなかったのだろう（刑罰に関しては第Ⅱ部第一章）。それに対して、ジェンダーに関わる問題は、公家法との異同が問われやすかった。第二十五条で問題となっているように、武士と貴族との間の婚姻関係は決して珍しくなかったし、幕府の財政基盤となる御家人所領を管理・維持していくために、意識的に「法意」との違いを強調して、新たな規定を提示せざるを得なかったからだろう。

式目全体の性格

個々の条文の解釈としては、当時問題になっていた案件への対応が垣間見えるが、全体的な幕府の態度を論じることもまた式目全体の性格解明には重要であろう。

ここで紹介した女性相続をめぐる諸規定からは、幕府の財政基盤である地頭御家人の所領が御家人以外の人物の手に渡ることを避けようという志向を見出すことができる（佐藤雄二〇二三b）。第三十四条後半の「辻捕《つじとり》」「女捕《めとり》」に関して、［久留島二〇二二］は略奪婚を意味しており、女性の所領相続が一般的である（それ故に未婚女性の略奪婚が所領押領と同じ意味をもつ）という鎌倉前期の時代状況を背景とした規定であると論じた。そうであるならば、所領をもつ既婚女性との「密懐」（姦通）を禁じた前半部分とともに、第三十四条全体が御家人女性とその所領の略奪禁止となり、御家人領維持という式目の政策基調のあらわれと解釈することができる（「原式目」論では同情の前半と後半は別個の条文として作成されたとされるが）。また、最新の研究として［酒井二〇二三］は、第八条の年紀法の分析を手掛かりにして、式目の特徴として当知行安堵の原則を打ち出した点を指摘しており、これも注目される。

従来の議論は、大別すると、式目の本質を、御家人の権利保護とみるか（三浦一九一九・一九二〇）、朝廷・国司・荘園領主との協調とみるか（上横手一九五八・一九六〇）、両極に分かれていた。しかし、五十一ヵ条の条文のすべてが一つの原則をもつ訳ではない。個々の条文のもつ性格の違いを意識しながら、式目にみえる幕府法の基本姿勢と法・政策の関係を探っていくことが、今後の研究の大きな課題となるのだろう。

公家法との関係

式目と律令（公家法）の関係に関して、式目制定の趣旨を書き記した北条泰時の書状の「ただ道理の推すところ」を記したという一節が注目されてきた。「本説」「本文」すなわち律令格式という根拠をもたない貴族社会側の反発を念頭において、「道理」を根拠として持ち出したのである＊4。泰時は、式目は地頭御家人に適用する法であり、式目によって律令の掟は少しも改まることはありませんと述べている。律令は一般法で、式目は特別法であると説かれることがある。

式目に書かれていない事態が発生したときに律令法が適用されることがあった。式目の条文のなかでも公家法（『法曹至要抄』などの法書）が参考にされたと推定されている刑罰や財産相続関係では、とりわけ公家法が参考にされることがあったようである。実例をみると、たとえば、十二、三歳の童が刃傷事件を起こしたとき、童の犯罪は式目に規定がなかったので、公家法の専門家に意見が求められ、十六歳以下は実刑（身体刑）にかえて罰金刑を課すという律令（名例律）の規定が適用されている（『吾妻鏡』建長五年二月二十五日条）。

第二十七条は、被相続人が遺産配分を決めずに亡くなった「未処分」の場合の処置に関する規定であるが、「幕府への奉公の程度や能力の有無などをみて、その時々で判断して幕府が遺産を配分する」と書かれている。北条泰時がリーダーシップをとって個別事情を汲んで判断をしていた時期にはこれでもよかったのかもしれないが、官僚機構が整備されて、役人（奉行人）が判断するようになると、公家法を参考にして、ある程度機械的な配分を行うようになったという（→第Ⅱ部第二章）。

式目制定時における公家法の影響は研究史上注目されてきたが、［神野二〇一九］が明らかにしたように、鎌倉後期に至るまでの幕府裁判制度の整備を通して、断続的に公家法が参照されていた事実は注目される。斎藤唯浄《さいとうゆいじょう》「関東御式目」（十三世紀末成立の式目注釈書）をみると、第二十七条に関連して評定衆佐藤業連の疑問に、明法博士中原章名の勘文が提出されたこと、その情報が唯浄ら六波羅奉行人にも共有されていたことが分かる。幕府関係者の問い合わせに応じて公家法の専門家の意見書（明法勘文）が蓄積され、のちの「追加集」（後述）に組み込まれることもあったのである。

4 式目と「追加」

式目と追加法

高校の歴史の授業で、御成敗式目が基本法で、その後の法令を追加法と呼ぶと習った人は多いだろう。北条泰時の書状には、「この式目に不足があれば追って書き加える」と書かれている。通常、これは追加法の制定を指していると考えられている。しかし、鎌倉時代の「追加」と現在の研究者が呼ぶ「追加法」とは異なる概念であることに注意が必要である。

鎌倉幕府の裁判では、訴訟当事者が根拠として持ち出した幕府法令について、もう一方の当事者がそれを実在しない法令であると述べ、幕府もその実在の真偽を判断することができない、ということが起こり得た（笠松一九八三）。現在では制定法は公布され、六法全書を紐解けば、どのような法があるのか、少なくともその「実在」は確認できる。現代と異なり、（少なくとも鎌倉前中期の）幕府では、幕府がいかなる裁判をしたか、いかなる法令を出したか、幕府側で記録保存することは当然のことではなかった。「法」と「法」との間で矛盾が生じることも当たり前だった。

幕府自身でさえ把握しきれていなかった幕府法をさまざまな史料から網羅的に集めて、現代の研究者が史料集を作成した。佐藤進一・池内義資編『中世法制史料集　第一巻　鎌倉幕府法』（岩波書店）である。これには「鎌倉幕府追加法」として七百ヵ条以上が収録され、さらに参考資料や補遺が加わっている。現在の研究者は、この史料集が蒐集した「法」に便宜的に付した番号に従って、「追加法二一」などと呼んでおり、本書もそれに倣っている。ある現代の研究者は、「中世法制史料集を手にとって中世にタイムスリップすれば、どんな裁判も百戦百勝ではないだろうか」と述べている。たしかに誰よりも幕府の「法」に詳しくなれることは間違いない。しかし、現代においても『六法全書』さえあればよいというものでもなく、法的思考や判例などに通じ、落としどころを探っていく必要がある。『中世法制史料集』を手にしただけの現代人など、ただの頭でっかちに過ぎず、門前払いを食らったに違いない。

式目の奥に書き加えられた「追加」

ここで注意しておかなければならないのは、鎌倉期における「追加」という言葉は本来、御成敗式目五十一ヵ条の末尾に、評定の決定を経て、物理的に書き加えられた「式目追加」を指すことである。貞永元年（一二三二）の年末には、式目制定（同年八月）以前の法が、式目の末尾に書き加えられていた。こうした本来の「式目追加」は鎌倉末期までの三十二ヵ条程度が伝わっている（前川二〇〇八）。これら「式目追加」は、式目五十一ヵ条に准じ、永続的・一般的な効力が期待され、幕府によって周知が図られていたという。たとえば、日蓮は豊富な幕府法知識をもっており、「法文の伝播は意外に速かっ」たことが裏づけられる（丹治二〇二三）。

以上のように、鎌倉幕府法の世界は、五十一ヵ条とその奥の「式目追加」からなる中核部分（「御式目」）と、幕府自身も把握しきれていない雑多な法令群（史料上は「御下知」など）の二重構造になっていた。前者は現代的な感覚からいっても紛れもない「法」であるが、後者は、その場限りの幕府の命令や対応、個々の判例などから成り、「法」であるか否かも曖昧だった。ところが、幕府裁判制度を利用しようとする人びとは、式目だけではなく、雑多な法令までも利用して、「あなたたちがこのような法を出したのだから、これに従って自分の訴えを認めてほしい」と訴えたのである（上杉一九九六）。

人びとはどうやって「法」を知ったのか

どうやって人びとは、幕府自身も管理しきれていない雑多な法令や先例を知り得たのだろうか。たとえば、ある御家人は、上級貴族のもとで国雑掌（代官）を勤める実務家（非御家人と推定）からその「法」の情報を入手している（『鎌倉遺文』一二三七二号）。六波羅探題の奉行人（法曹官僚）も、アルバイトで貴族や大寺社の顧問弁護士のような活動をしていたり、知行国主や荘園領主に仕える実務家と広く交流をもったりしていた。彼ら奉行人は、自らの職務を通して幕府法令に関する先例を蓄積しており、それらの情報を公家・寺社側や一般御家人たちに提供していたのではなかろうか。

こうした幕府奉行人によって作られたのが「追加集」の原形である。「追加集」は二十ヵ条程度から四百ヵ条のものまであり、収録追加法も文字の異同や相互の出入りが激しいことから、幕府が公的に編纂した共通のテクストが土台になっているとは到底考えられない。おそらくは幕府奉行人（役人）の家で個別に作成・筆写され、自らの仕事の際に参照し、子孫たちに伝えたのだろう（奉行人の仕事を父子で継承する「家」が成立していた）。ただし、鎌倉期の段階で雑多な法令（現在の研究者のいう追加法）が「追加」とは認識されていたかは定かではない。「追加集」という呼称も後世のものである。

鎌倉幕府滅亡後も、奉行人たちは室町幕府に仕え、式目や幕府法令は効力を失わなかったため、鎌倉期の「追加集」は書写され続けて、法実務に供された。室町期には「式目追加」がなくなり、御成敗式目五十一ヵ条以外の幕府法令がすべてひっくるめて「追加」と称され、雑多な幕府法令もそこに含まれるようになる。室町中後期には、法実務上の参照のために、複数の「追加集」を関連分野ごとに類別編纂した『新編追加』（→総論第三章）が編纂されるなど、ある程度の標準化がなされた。現在に伝わる「追加集」はおよそ室町期以降のものであり、多様な幕府法の存在を今に伝えている。『中世法制史料集』も多種多様な「追加集」の古写本から追加法を収集した大変便利なものであるが、「式目追加」から雑多な命令・先例まで、本来まったく性格の異なるものを同じ「追加法」として年代順に並べてしまったことには注意が必要である（渡邉二〇二〇）。

追加集の写本研究の進展

近年では鎌倉時代における「追加集」の実態に迫る研究が進められている。十三世紀末・十四世紀初頭に成立した『吾妻鏡』に、奉行人の家に伝来した「追加集」が利用された可能性が、笠松によって指摘されており（笠松一九九七）、佐藤進一は笠松の指摘を受けて『中世法制史料集』に「追補　吾妻鏡の幕府立法記事」を加えた（十五刷、二〇〇〇年）。

近年学界に紹介された青山文庫本追加集は建治四年～弘安七年の間に少なくともその一部が書かれたと推定されており、鎌倉期の追加集の形態を探る貴重な材料である（渡邉二〇一九、木下二〇一九）（翻刻は［木下二〇二一・二〇二三］）。青山文庫本所収の追加法には『吾妻鏡』記載の幕府法と重なるものがあり、笠松の推定が追認されたのである。管見のかぎりでも、従来『武家年代記』でしか知られていなかった延慶三年の苅田狼藉の法（追加法七一三条）もまた、天理大学附属天理図書館所蔵「御成敗式目追加」（請求記号328．2イ29）にみえる。こうした学界未紹介の追加法を収集して、中世法制史料集を増補していくこともまた課題である（渡邉二〇二〇）。さらに『吾妻鏡』や年代記などと追加集との関係も大きな研究テーマである。

すでに存在が知られている追加集の中にも、鎌倉期の古い形態を残すと思われるものがある*5。藤崎八幡神社本は正嘉二年に泰時時代の不易法が書き加えられる以前の最も古い「追加」の形態を残している可能性がある。鶴見大学図書館所蔵「御成敗式目」は『中世法制史料集』では用いられていないが、御成敗式目の奥（起請文は欠）に、仁治元年（一二四〇）以前の「追加」十六ヵ条を収録しており、こちらも鎌倉期における「式目」の古い形態を残す可能性がある。

『中世法制史料集』の刊行によって、複数の追加集や写本を研究者個々人が探索せずとも、鎌倉幕府の追加法の全体像がつかめるようになった。そのことによって研究は飛躍的に進展した。しかし、古写本のデジタル化やインターネットでの公開が進んでいる現在、書誌学的な研究を踏まえて、法テクストの見直しが木下竜馬らによって進められつつある。これは御成敗式目と追加集に限った話ではなく、戦国大名の分国法（『甲州法度』〈村井二〇一六〉や『塵芥集《じんかいしゅう》』〈桜井二〇二三〉でも相次いで『中世法制史料集』のもとになった古写本の再検討が進められている。これは偶然ではなく、「史料論の時代」ともいえる現在の中世史研究の大きな特徴なのだろう。

【参考文献】

石井進『日本中世国家史の研究』（岩波書店、一九七〇年）
上杉和彦「鎌倉幕府と官職制度」（『日本中世法体系成立史論』校倉書房、一九九六年、初出一九九〇年）
上杉和彦『日本中世法体系成立史論』（校倉書房、一九九六年）
上横手雅敬「式目の世界」（『日本中世国家史論考』塙書房、一九九四年、初出一九五八年）
上横手雅敬「鎌倉幕府法の性格」（『日本中世国家史論考』塙書房、一九九四年、初出一九六〇年）

上横手雅敬「知行論争の再検討」（『日本中世国家史論考』塙書房、一九九四年、初出一九七四年）
上横手雅敬「御成敗式目追加」（続群書類従完成会編『群書解題』第三巻、続群書類従完成会、一九八六年）
笠松宏至『徳政令』（岩波書店、一九八三年、講談社、二〇二二年）
笠松宏至「幕府の法・守護の法」（『中世人との対話』東京大学出版会、一九九七年、初出一九九四年）
笠松宏至「『吾妻鏡』〝地の文のみ〟の幕府法」（『中世人との対話』東京大学出版会、一九九七年）
木下竜馬「新出鎌倉幕府法令集についての一考察―「青山文庫本貞永式目追加」―」（『古文書研究』八八、二〇一九年）
木下竜馬「翻刻　青山文庫本貞永式目追加　その一～その三」（『鎌倉遺文研究』四九・五一・五二、二〇二二・二〇二三年）
久留島典子「中世武家所領と後家の女性の相続」（『国立歴史民俗博物館研究報告』二三五、二〇二二年）
河内祥輔「御成敗式目の法形式」（『歴史学研究』五〇九、一九八二年）
酒井智大「知行の構造と展開」（1）（2）（『国家学会雑誌』一三六―三・四、五・六、二〇二三年）
桜井英治「「塵芥集」の性格と成立過程について」（『史学雑誌』一三二―七、二〇二三年）
佐藤雄基「鎌倉時代における天皇像と将軍・得宗」（『史学雑誌』一二九―一〇、二〇二〇年）
佐藤雄基「御成敗式目の現代語訳はどうして難しいのか」（『立教史学』五、二〇二二年）
佐藤雄基「五十一という神話―十七条憲法と御成敗式目―」（『古文書研究』九五、二〇二三年a）
佐藤雄基『御成敗式目―鎌倉武士の法と生活―』（中央公論新社、二〇二三年b）
佐藤進一「御成敗式目の原形について」（『日本中世史論集』岩波書店、一九九〇年、初出一九六五年）
清水亮「鎌倉前・中期の惣地頭・小地頭間相論と西国御家人制」（『鎌倉幕府御家人制の政治史的研究』校倉書房、二〇〇七年、初出二〇〇二年）
神野潔「「御成敗式目」一七条の基礎的考察」（『鎌倉遺文研究』四四、二〇一九年）
杉橋隆夫「御成敗式目成立の経緯・試論」（岸俊男教授退官記念会編『日本政治社会史研究』下、塙書房、一九八五年）

丹治正弘「日蓮と鎌倉幕府法」（『佛教史研究』六一、二〇二三年）
高橋典幸『鎌倉幕府軍制と御家人制』（吉川弘文館、二〇〇八年）
七海雅人『鎌倉幕府御家人制の展開』（吉川弘文館、二〇〇一年）
錦織勤「御成敗式目第四一条の「奴婢雑人」について」（『日本史研究』七一三、二〇二二年）
新田一郎『日本中世の社会と法―国制史的変容―』（東京大学出版会、一九九五年）
新田一郎「「法」の記憶」（『文学』七―三、二〇〇六年）
野村育世「御成敗式目とジェンダー」（『ジェンダーの中世社会史』同成社、二〇一七年、初出二〇一一年）
棚橋光男『中世成立期の法と国家』（塙書房、一九八三年）
長又高夫『御成敗式目編纂の基礎的研究』（汲古書院、二〇一七年）
長又高夫「「御成敗式目」の立法趣旨とその条文排列をめぐって―古澤直人氏「御成敗式目の思想―二通の北条泰時書状の分析を中心に―」に寄せて―」（『国学院法学』五八―一、二〇二〇年a）
長又高夫『中世法書と明法道の研究』（汲古書院、二〇二〇年b）（『日本中世法書の研究』汲古書院、二〇〇〇年の増補版）
原田誠司「御成敗式目の一考察」（『兵庫教育大学研究紀要』五二、二〇一八年）
前川祐一郎「日本中世の幕府「追加法」生成と伝達の構造」（林信夫・新田一郎編『法が生まれるとき』創文社、二〇〇八年）
三浦周行「貞永式目」（『続法制史の研究』岩波書店、一九二五年、初出一九一九・一九二〇年）
村井章介「テキスト分析からみた甲州法度の成立過程」（『武田氏研究』五四、二〇一六年）
山口道弘「鎌倉幕府法縁坐規定を遶る二、三の問題に就いて」（『国家学会雑誌』一一八―九・一〇、二〇〇五年）
山本弘「堺打越制度に関する一考察」（『九大法学』八五、二〇〇三年）

渡邉正男「丹波篠山市教育委員会所蔵「貞永式目追加」」(『史学雑誌』一二八―九、二〇一九年)
渡邉正男「中世法と中世国家―『中世法制史料集』をめぐって―」(『年報中世史研究』四五、二〇二〇年)

【註】

＊1 **『吾妻鏡』は式目「五十箇条」とする** 杉橋隆夫は原式目論を前提にして、制定当初の式目は五十ヵ条だったと主張している(杉橋一九八五)。その主な根拠は、「また武州、御成敗式目を造り給ひ、その篇を終えらる。五十箇条なり。今日以後訴論の是非、固くこの法を守り、裁許せらるべきの由、定めらると云々。」という『吾妻鏡』貞永元年八月十日条の御成敗式目制定記事である。すべての写本で「五十箇条」とあることから(式目の六波羅送付を記す貞永元年九月十一日条も同じく)、単純な誤写とは考えられないというのが杉橋説の前提であるが、そうであるならば、「五十一という数字に特別な意味がある(だから原式目を圧縮して五十一に揃えた)」という原式目論の「暗黙の前提」(佐藤雄二〇二三a)が崩れることになる。また、かりに実際に式目は五十一ヵ条であり、『吾妻鏡』編纂者がそれを誤って「五十箇条」と記述しているとすれば、鎌倉後期の『吾妻鏡』編纂者にとって式目の五十一ヵ条という数字に特別な意味はなかったといえる。何れの場合にせよ、五十一という数字に特別な意味が(式目制定当時)あったという原式目論の「暗黙の前提」は成り立たないと思われる。

＊2 **本文への追加** 長又高夫説の問題として、なぜ五十一ヵ条全体にわたって条文を増補したのかという説明がない。この点で、原田誠司は、式目の奥に物理的に追加された追加法に、細字で追加が追記されている事例があることを指摘し(追加法九四条と追加法一五二条)、「少しでも関連があれば、法の形式として、所謂事書とはほとんど関係の薄い別の法が本法に合叙され得る」(八頁)ことを明らかにするとともに、関連する追加法が直接式目本文に挿入・合叙された可能性を指摘している(原田二〇一八)。佐藤進一の「原式目」論が、複数の条文の合体

を想定するのに対して、(五十一ヵ条全体の奥にではなく)式目の個々の条文の奥に「追加」が書き込まれ、元の式目の本文に追加が合体されたと想定する点が新味である。

興味深い仮説であるが、たとえば式目八条と内的関連性の強い追加法九二条(古写本には第八条の末尾に追加法九二条を細字で追記しているものもある)がどうして第八条の本文に組み込まれなかったのかという疑問が残る(佐藤雄二〇二二)。もちろん式目本文への挿入・合叙が書写過程における偶然の産物であるため、追加法九二条のように合叙されなかった追加法も残ったと説明することはできる。だが、その場合、挿入・合叙の有無で古写本間に大きな異同がない点が説明できなくなる。

＊3　**時間を区切る発想**　時間を区切る発想は、公家法の世界では十世紀以降の荘園整理令に見出せる。寛徳の荘園整理令が出された寛徳二年(一〇四五)以降の新立荘園や、それ以前でも証拠文書のない荘園で、国務に妨げのある荘園を没収した延久元年(一〇六九)の荘園整理令が著名である。時間的な区切りの法的な基準を為政者個人の治世におく不易法の発想に関していえば、白河・鳥羽両院の院庁下文によって設立された荘園を例外とした保元元年(一〇五六)の荘園整理令が思い起こされる。第一条・第二条に神社・寺院の修造を掲げるのは、朝廷の新制の影響であると言われているが、時間を区切る発想にも公家法の新制・荘園整理令の影響を考える余地はあるのかもしれない(佐藤雄二〇二三b)

＊4　**「道理」と「法意」**　従来、律令法と「道理」は対立的に考えられてきた。それに対して、長又高夫は、鎌倉後期の御成敗式目注釈を根拠にして、たしかに式目は「本文」を引用していないが、「道理」によって究極的には律令法の法理につながっているという論理を読み取っている(長又二〇二〇a)。後の式目注釈学が、式目と律令は表面上異なるが、究極的には理を体現するものとして同根なのだと論じてきたのは確かである。しかし、半世紀後の斎藤唯浄は、式目は「道理」によって「法意」に通じると論じているが、より根源に位置する中国の古典世界への接続を意識することで、京都の明法家や公家法を相対化している(佐藤雄二〇二〇)。とすれば、「道理」に

よって表現される「法意」とは、式目本文で公家法・律令法を指す「法意」をも相対化するものだろう。泰時自身の思想がどのようなものだったのかは明らかではないが、式目本文にみるように、律令法との違いに意識的だったことは間違いない。条文配列における法書の影響も、刑罰や財産相続などに限られていた。

＊5 **「追加集」の初期の形態** 現在伝わる「追加集」（後述）のうち所収条文が最も少ない藤崎八幡神社本追加（天正十六年書写）は、北条泰時の死の直前、仁治三年（一二四二）までの「追加」二十ヵ条を収録している。「追加」の古態を残す追加集の古写本をみると（京都大学法学部所蔵達蔵司本御成敗式目）、式目の奥に書き加えられた「追加」には、「追加」「追評定云」「追加」という三つの層があるようである（『中世法制史料集　第一巻』「解題」四七一頁）（上横手一九八六）。

式目の制定された貞永元年（一二三二）の年末に六ヵ条ほどがおそらくまとめて書き加えられた後、六年ほど空いて、「追評定云」として将軍九条頼経上洛中の嘉禎四年（一二三八）八月の追加（追加法九三条）が書き加えられた後、泰時の死去する仁治三年までの四年間に制定された約十四ヵ条が記されている。さらに十六年空いて、あらためて「追加」と題されて、正嘉二年（一二五八）に泰時時代の裁許を変更不可とする不易法（追加法三二一条）が書き加えられた。泰時の生前までの追加も正嘉二年頃にまとめられ、「追加集」の原形となった、と戦国期の式目注釈書では考えられていた（新田一九九五）。正嘉二年以降、北条時宗の成敗を変更不可とする正応三年（一二九〇）の不易法まで十ヵ条の追加が書き加えられた。それを是円が入手して、正和元年（一三一二）の奥書をもつ「是円抄」と現在呼ばれる式目注釈（追加集の原型とする［新田一九九五］の見方もある）が作られた。その後、北条高時期の「追加」二ヵ条が書き加えられ、さらに「追加」として室町幕府追加法が二ヵ条加えられた（［前川二〇〇八］に一覧）。こうした「是円抄」系追加の古い形態が、達蔵司本などに確認されるのである。

三　御成敗式目の受容史・研究史

佐藤雄基

1　後世の式目「受容」

五十一ヵ条への注視

総論第二章で述べたように、鎌倉幕府における「式目」は、貞永元年に成立した五十一ヵ条に、その奥に書き加えられた「追加」を含めたものを意味していた。そうした「式目」の運用から切り離して五十一ヵ条を特別視する動きは、後嵯峨院政期・北条時頼執政期に相当する文永年間（一二六四～七五）頃に始まった。朝廷と幕府の連携が深まり、中世国家における幕府のプレゼンスが高まる時期である。幕府の権力を自らに引き寄せたい幕府の外部の者たちによるものだった。現在まで続く式目「受容」史の始まりである（以下、［佐藤雄二〇二三a］参照）。

文永年間頃、京都の公家社会に属すると思われるある人物が「武家五十一ヶ条」すなわち式目制定にあたって公家政権の合意があったという噂を聞いている（『冷泉家歌書紙背文書　上』）。一方、東国では文永五年（一二六八）、駿河国の実相寺の僧侶たちが幕府にたいして五十一ヵ条の訴状を提出している（『鎌倉遺文』一〇二九八号）。訴状の末尾に書かれているように、これは北条泰時の五十一ヵ条を意識したもので、泰時の聖代にもどって神仏を敬えという幕府への要求だった。

泰時は六波羅探題の北条重時に式目の写しを諸国守護地頭に配布するように命じていた。世間に流布したのは、このときに広がった貞永元年の五十一ヵ条だったようである。式目の奥に書きつがれた「追加」は、幕府によってある程度、周知が図られていた形跡はある（追加法三二条〈前川二〇〇八〉）。それにもかかわらず、五十一ヵ条が大きく取り上げられるのは、式目五十一ヵ条という認識が泰時崇拝の風潮と結びついて広がっていたからだろう。

式目注釈の始まり

こうした〝外部からのまなざし〟は武家関係者にも徐々に影響を及ぼしていく。同じく文永年間、六波羅探題の奉行人として活躍していた斎藤唯浄《さいとうゆいじょう》は、京都の大学者藤原俊国《としくに》から式目五十一ヵ条について尋ねられている。その応答をきっかけにして、唯浄は式目五十一ヵ条の注釈を志すようになる。正応二年（一二八九）に唯浄はまず式目の書かれた写本の紙背に式目の語彙の注釈を付けた（「唯浄裏書」）。「裏書」と呼ばれているのは、当時の式目は権威のあるテクストの常として巻物に書かれ、巻物の特徴として、その紙の裏にメモなどを書き込むことができた。それを加筆・整理するかたちで作成されたのが注釈書の「関東御式目」（『中世法制史料集　別巻』）だった。この頃は幕府の側でも奉行人の家が確立していく時期であり、京都の視線を意識しながら、六波羅奉行人の家である斎藤家の学問として子孫に伝えていくために式目注釈を始めたのである。

「貞永式目」と呼ばれるのは十四世紀

鎌倉幕府訴訟制度の研究の基本史料となっている「沙汰未練書」（『中世法制史料集　第二巻』岩波書店）は、訴訟制度をはじめとして幕府奉行人が知っておくべき「沙汰」（業務）の知識をまとめたマニュアルであり、鎌倉幕府政所執事の二階堂氏が作成したと考えられている（後藤一九七七）。子孫に伝えられていく奉行人の家の書物だったが、その「沙汰未練書」奥書（元亨三年〈一三二三〉頃成立）には、「法則においては、貞永御式目を以て明鏡とすべし」とある。これに先立って、京都の明法家である是円（中原章賢《のりたか》）による式目注釈書「是円抄」奥書（正和元年〈一三一二〉成立）にも「貞永御式目」とみえる。鎌倉末期には貞永元年に成立した式目五十一ヵ条を特別視する見方が公武の関係者の間に生まれていたことをうかがわせる。

幕府法の法文中で「貞永式目」として言及されるのは室町幕府になってからである（室町幕府追加法二・四・二五条）*1。所謂「大犯三箇条」（↓第Ⅰ部第一章）で知られる第三条がよく引用されている。大番催促をはじめとして第三条の具体的な規定は実質的な意味を持たなくなっているが、第三条が定める守護の非法禁止と本所尊重という原則は、室町幕府においても引き継がれていた。

十七条憲法と結びつける

聖徳太子の十七条憲法と北条泰時の御成敗式目を結び付ける動きもまた室町時代に始まったと想定される。十七条憲法は治世の書として、二条良基《よしもと》によって仮名抄（「憲法抄」）が足利義満に贈られた。しかし、十五世紀に入ると、「唐代以来の貞観政要《じょうがんせいよう》に代わって、宋代に顕彰された四書」が公家から武家に講じられたのと同様に、十七条憲法に代わるようにして御成敗式目が講じられるようになったという（小川二〇〇五：四三六頁）（なお［佐藤雄二〇一三a・b］では小川の研究を参照できなかった）。

式目の講義がいつから始まったのかは定かではないが、戦国期の清原宣賢《のぶかた》は祖父業忠《なりただ》が式目講釈の創始者であり、寛正六年（一四六五）に管領細川勝元の求めに応じて始めたと述べている。ただし、同時代の記録をみると、宝徳三年（一四五一）にはすでに清原業忠が幕府評定衆の飯尾為種《ためたね》の求めに応じて式目の講釈を行い、同じく評定衆だった町野淳康《あつやす》や朝廷の役人だった中原康富《やすとみ》らも参加していた（『康富記』宝徳三年七月二日条）。文安五年（一四四八）には康富は自ら式目に加点（漢文を読むため句読・科段・四声等を示す符号類を記入すること）をしていた（文安五年七月二十七日条）。十五世紀半ば、足利義政の時代に式目講釈の始まりが想定される。

室町時代の京都では、幕府と朝廷との融和のもと武家・公家・寺社の垣根をこえた文化の一体化が進んでおり、人びとが寄り合って、雑談をして雑学的な知識を共有するということが行われていた。こうした横断的な寄り合いのネットワークのなかにいた僧行誉《ぎようよ》によって『壒囊鈔《あいのうしよう》』のような百科全書的古辞書も編述された。文安二・三年（一四四五・六）ころに成立した同書には式目関連の記事が多く含まれ、式目注釈学との共通性も多いことが指摘されている（小助川二〇〇〇）。かつては室町幕府が朝廷の諸権力を奪いとったという見方が中心だったが、現在では公家と武家が京都で癒着していく側面が重視されている（「公武統一政権」論と呼ばれる）。こうした室町幕府の体制のもと、公家・武家が一体となって天下の百姓を統治するという「律令・式目同源論」が広がっていく（新田一九九五）。

戦国期の式目注釈

戦国期の大学者清原宣賢《のぶかた》による「式目抄」は、明経道《みようきようどう》（儒学を研究・教育する学科）の清原家による式目注釈学の集大成であり、近世には刊行され、後世の式目理解に大きな影響を与えた注釈書である。そこでは十七条憲法の十七に天地人の三つをかけて五十一にしたと説く。一方、東国の武家系の注釈書である「蘆雪《ろせつ》本御成敗式目抄」（天文二十二年成立）や「御成敗式目注　池辺《いけべ》本」（天文二十三年）、「御成敗式目抄　岩崎本」（戦国期成立）では、『易経』の一節「一生二、二生三、三生萬物」に三倍の根拠を求めるなど、清原家の注釈（清家《せいけ》説）とは説明の仕方は異なるが、十六世紀段階では東西を問わず、御成敗式目五十一箇条は憲法十七条にならったものであるという「神話」が成立していた。その成立時期は未詳であるが、十七条憲法に代わって式目が、公家から武家に講じられるようになる十五世紀半ば頃ではないかと推測される。

十三世紀末に成立した斎藤唯浄の式目注釈「唯浄裏書」は、武家系・清家系を問わず参照されており、式目注釈の祖という位置づけをもっており、十四世紀末には斎藤家の子孫以外にも広く伝わっていた（最古の写本である金剛三昧院本の奥書を見ると、応永五年〈一三九八〉に筑前国粥田荘《かいた》で僧侶が書写したという）。

ただし、現存する式目注釈書は、天文年間（一五三二〜五五）成立のものが多い。栄意注は天文六年（一五三七）、蘆雪本は天文二十二年（一五五三）、そして清原宣賢の式目抄は天文三年（一五三四）の奥書をもつ。この事実は、十六世紀の戦国時代においても式目の講義や注釈への関心が途絶えることがなかったことを物語る＊2。

印刷が始まる

抄物（→総論コラム）が中世後期の式目受容を象徴するものであるとすれば、近世への転換は印刷によるものだった。朝廷の文書局の役人だった小槻《おづき》（大宮）伊治《これはる》は、大永四年（一五二四）と享禄二年（一五二九）の二度、清原家のもつ式目写本をもとにして『御成敗式目』の出版（木版、冊子体）を行った（久保尾一九九三）。中世にも木版の出版技術はあったが、仏典が主だった。中世はジャンルに応じて書物の装丁や字体、印刷か否かが使い分けられており、式目は（おそらくは巻物が主で）書き写されていた。ここで国書、しかも中世に成立した法律書が出版の対象となったのは画期的な出来事だった。

印刷文化とともに日本中にひろがった式目は、近世には寺子屋で子どもたちが漢字を覚えるための教材となった。近世の式目刊本をみると、素読といって読み上げる目的のものは返り点や送り仮名があるが、習字用の本は無点か返り点だけなどいくつかのバリエーションがあり、絵入り本もあらわれた（植木一九三〇）。近世の刊本では追加とも式目注釈学とも切り離され、完全に五十一ヵ条だけが「古典」として流通することになった。寺子屋の教材となった背景には、早くに出版された国書であり、武家政治の古典として権威をもつとともに、戦国期の式目講釈がすでに漢字や言葉の学習や教養修得に傾斜しており（↓総論コラム）、習字の教材になりうる性格を強めていたことなどが指摘できる。

2 近　代――御成敗式目の研究史

穂積陳重の式目コレクション

近代日本は西洋近代の法を継受し、法典編纂を行った。そうした歴史的な経緯も背景にして、日本で法律というと成文法典というイメージがとても強い。そのとき近世には寺子屋の教材になるほどに有名だった式目が、新たな関心を惹きつけるのは当然だった。以下、近代における「受容史」（佐藤雄二〇二三b）は必ずしも「研究史」と重ならないが、読者の便を考えて、研究史を軸にしてみていこう。

明治後期における法典編纂の中心メンバーだった法学者の穂積陳重《ほづみのぶしげ》は、人類の歴史における法律の進化に関心を寄せ、「法律進化論」という学説を唱え、式目も材料として取り上げるとともに（穂積一九二四・二七）、式目の写本・刊本のコレクターとしても知られていた。そのコレクション（穂積文庫）は現在東京大学総合図書館にある（→総論第一章）。

この穂積から資料提供を受けてなされた式目研究の集大成が、植木直一郎《うえきなおいちろう》『御成敗式目研究』（岩波書店、一九三〇年）である。近世以来、この頃までの人びとが手に取っていた式目の文章は、清原家《きよはら》のテクスト（清家本《せいけ》）だったが、中世の古写本は清家本とは式目本文の文字が微妙に異なっており、植木は清原家によるテクストの改竄を論じた。この植木の研究が契機となって式目の本文・古写本研究が本格的に始まった。

「追加集」に関していえば、『日本古代法典』（博文館、一八九二年）に収録されていた「新編追加」（室町中後期成立）が流布していたが、一九四二年には新たに近衛家本追加・近衛家本式目追加条々が牧健二によって紹介された（牧一九四二）。近衛家本追加は、追加集諸本中、最大の条文数（約三九一ヵ条）をもっていた。

『中世法制史料集』

本文研究の集大成が、一九五五年に第一刷が刊行され、その後も増補補訂が加えられた佐藤進一・池内義資《いけうちよしすけ》編『中世法制史料集　第一巻　鎌倉幕府法』（岩波書店、最新版は二〇〇〇年刊の第十五刷）である。ただし、貞永元年（一二三二）当時の式目の本来のテクスト（定本）は提示せず、古写本同士の文字の異同を整理した校本を掲載するにとどまっている。校訂の土台にする底本には、比較的古いと考えられている鶴岡本《つるがおか》が採用されており、『中世政治社会思想　上巻』も鶴岡本を便宜上採用して書き下しを載せているために、しばしば鶴岡本が定本のように誤解されているふしがあるが、注意する必要がある。式目のテクスト復元を試みた池内義資の仕事（池内一九七三）はあるが、学界でも共通の理解がないというのが現状である。

「一二三二年当時の式目当初の姿は誰にも分からない」という感覚が、総論第二章で前述した佐藤進一の「原式目」論（一九六五年公表）の背景にあることは間違いない。原式目論のもう一つの柱にある「式目は律令（公家法）を踏まえたものである」という理解とともに、これらの議論を前提にして、七〇年代以降の式目研究は展開していく。

一九七〇年代以降の式目研究

公家法・律令法を基本として、その延長上に式目編纂を位置づけたのが、［長又二〇一七］である。一方、東国国家論を提唱した［佐藤進一九八三］を継承した仕事に、［古澤二〇一八］がある。佐藤進一・長又高夫・古澤直人いずれの論者をみても、公武関係・朝幕関係をどのように理解するのかという問題意識が、原式目論の根幹にある点に注目しておく必要がある。

原式目論を否定した河内祥輔もまた、式目五十一ヵ条全体が律令の篇目編成に倣ったものであるとするなど（河内一九八二）、律令法を基本法として位置づける理解をとっている。佐藤雄基は、原式目論を否定するとともに、式目と律令（公家法）の異質性を重視しているが、鎌倉期の国家体制を公家・

武家の微妙な均衡の上に成り立つものとみている(佐藤雄二〇二三a)。原式目論を支持するか否かにかかわらず、その出発点にあった「式目本来の姿は何か」という問いに立ち返るのであれば、今後の課題は「追加」を含めた幕府法の構造と古写本の究明だろう(→総論第二章)。

中世法のかたち

その話に入る前に、式目研究のもう一つの柱である中世法をめぐる研究史を押さえておこう。植木に先立って近代歴史学における式目研究の嚆矢《こうし》となったのが、三浦周行《みうらひろゆき》「貞永式目」(一九一九年)である。三浦は東京帝国大学で歴史学を学ぶ一方、法科大学(現・東京大学法学部)で法制史料の調査に従事し、一九〇七年には新設の京都帝国大学の史学科に着任していた。「貞永式目」の論文と同じ一九一九年に三浦は「日本人に法治国民の素質ありや」という論文を発表していた。当時西洋流の法治主義を日本に導入することの困難さが論じられていたのに反論し、鎌倉時代には訴訟が数多く起こり、裁判制度が発達したことを強調し、日本人に「法治国民の素質」があるという主張をしたのである。

第二次世界大戦後に刊行されたマルクス主義歴史家の石母田正《いしもだしょう》の『中世的世界の形成』(一九四六年)は、古代の律令法が中国に倣って導入された外来の法(継受法)で、形式的・抽象的であるのに対して、式目は「道理」という武家社会の慣習に根差し、日本社会の現実の中から生まれた中世の法であるとして高く評価した。石母田の議論は三浦の法制史的な研究を踏まえたものであるが、戦後日本における通説的な式目像を形作った。現在の高等学校の教科書でも、道理と先例にもとづく法として式目が大きく取り上げられているのは、その影響である。

しかし、三浦周行が貞永式目について緻密な研究を提示するとともに、法律としてみたときの欠陥や不十分性を指摘していたことに注意したい（三浦一九一九）。この三浦の指摘は直接には継承されなかったが、戦後笠松宏至は、式目をはじめとする幕府法を素材にして中世法が近代法とは異質なものであったことを論じている（笠松一九六三）。三浦の指摘するような「欠陥」は、むしろ中世法の特質を反映したものなのである。ただし、笠松の議論は、佐藤進一らが編纂した『中世法制史料集』の利用の上に成り立っており、雑多な法と思われるものの寄せ集めである「追加法」（→総論第二章）を等しく「法」として利用したうえで、中世法の非均質性・多様性を論じるものである点に注意が必要である。『中世法制史料集』の収録する雑多な「追加法」を利用する以上、笠松のような結論が出てくるのはある意味で当然だった。

そうした中で、御成敗式目が誰にでも知られている「有名な法」であることは、中世法の「例外」であると評価されていたが（笠松一九六三）、どうして有名な法となったのかが論じられることはなかった（有名になる過程については［佐藤雄二〇一三b］）。龍福義友によって先駆的に試みられた「思考史」においても、式目の起請文と北条泰時の二通の書状の内容が緻密に分析され、人間の等質視と普遍的・一般的な原理・理念への志向がみえるという重要な提言がなされていたが（［龍福一九九五：二六六頁］は式目起請は北条泰時の単独起草であると主張する）、やや孤立的に存在するに留まっていた。

「追加」の研究が始まる

九〇年代に入ると、笠松宏至によって「式目の奥に物理的に追加された」式目追加の存在が明らかにされた（笠松一九九四）。新田一郎や前川祐一郎によって現存の「追加集」から鎌倉期における「追加」の形態を復元し、追加を含む式目と雑多な法令という幕府法の二重構造が明らかにされている（新田一九九五、前川二〇〇八）。

こうして六〇・七〇年代の笠松による「いい加減な中世法」という像は、近年では再検討が進められるようになった。特に重要なのは、鎌倉後期の幕府が、過去の判決や訴訟文書を保管利用する仕組みを整備していたという高橋一樹の研究である（高橋一九九六・二〇〇二）「あなたがこのような法を定めたのですから、それに従ってほしい」という訴訟当事者の動きに対して、鎌倉幕府が自らの法をどのように管理しようとしていたのか、そうした幕府側の営みが当事者主義の動きとどのような相互作用を及ぼしていたのか、具体的に明らかにする段階にきているといえよう（佐藤雄二〇二二）（↓第Ⅰ部第三章、第Ⅱ部第一章）。幕府の裁判制度をみても、錯綜する「縁」や当事者の動きに対応しながら、挙状や問注など訴訟手続きが整備されていたことに関心が集まっており（佐藤雄二〇一二）、一つの潮流となっているといえる。

さらに、「追加」研究をきっかけにして、「いい加減な中世法」とは異なる「追加を含む式目」の特徴とは何か、あらためて議論することが可能になった。前述のように、式目が「例外」的に「有名な法」であることについて、その歴史的な性格がようやく具体的に検討されるようになったのである（佐藤雄二〇二三bおよび本書総論1）。また、鎌倉後期における「個別的な事情の如何によらず一般的に効力を発揮すべき抗事実的な性格を持つ法」の成立を論じた新田一郎に関連して（新田一九九五）、式目段階における萌芽が検討されるようになっている（この点を先駆的に論じたのは［龍福一九九五］だが、［佐藤雄二〇二三b］ではきちんと位置づけられていなかった）。

式目研究に即していえば、便利すぎる史料集だった『中世法制史料集』からいったん離れて、「追加集」を含む式目古写本を再検討することが研究課題として浮上している（→総論第二章）。室町期に編纂された追加集「新編追加」の条文配列を再検討し、「雑務沙汰」のような法のカテゴライズの成立を歴史的に位置づけた新田一郎はその先駆ともいえる（新田二〇一八）。さらに『中世法制史料集』刊行後も同書で利用されていなかった式目・追加集の史料紹介は断続的に続いており*3、近年では鎌倉期の追加集の形態をうかがわせる古写本が新たに紹介されている（丹波篠山市教育委員会所蔵青山文庫本「貞永式目追加」）。九〇年代以降進展した幕府法の二重構造に関する研究成果を踏まえながら、あらためてテクスト研究に取り組む段階を迎えつつある。

3 式目注釈書の研究史

笠松宏至の社会史研究

最後に式目注釈書の研究状況についても触れておこう。注釈書の状況は、一九七八年に池内義資編

『中世法制史料集　別巻』（岩波書店）に主な式目注釈書がまとめられており、その解題に詳しい（未収の『倭朝論鈔』は公益財団法人陽明文庫編『法制史料集』〈思文閣出版、二〇一四年〉に影印本収録）。しかし、同書が刊行された後も研究はしばらく進展しなかった。式目注釈に関しては、六波羅探題奉行人だった斎藤唯浄の注釈（「関東御式目」）には、幕府法の運用に関する記述が若干みられたが、十六世紀の注釈書のほとんどは鎌倉幕府の法実務とは無関係に、語句の典拠や字義の注釈に終始していた。

そうした中で、式目の「ことば」の研究などでは式目注釈書が参照されることがあった。とりわけ中世人の「ことば」に注目した笠松宏至の一連の法社会史研究（笠松一九八四・一九九七）では、式目注釈書がふんだんに利用されている。しかし、それ以上に歴史研究に活用する動きはなかった。

一九九〇年代の研究

新たな動きが冷戦終結前後から始まった。関東系の蘆雪本《ろせつ》では、式目の起請文に天照大神《あまてらすおおみかみ》の名前がみえない理由を、天照が魔王（大国主命《おおくにぬしのみこと》）に偽りをのべて「三種の神器」を騙しとったからで「虚言《そらごと》を仰せらるる神」であるから、偽りがないことを誓う起請文《きしょうもん》には相応しくないと述べており、西と東とで天皇の祖先神である天照大神に対する考え方の違いが生じていることが、新田一郎によって指摘された（新田一九八九）。

一方、同時期に久保賢司は戦国期の蘆雪本執筆者として、古河公方に仕えていた戦国武将の幸手一色氏の直朝を想定し、戦国期東国における政治文化史上に位置づけた（久保一九八九）。義江彰夫は「関東御式目」が「唯浄裏書」とともに斎藤唯浄の著作であると指摘し（義江一九九二）、その結論は三上喜孝によって追認された（三上一九九六）。また、新田一郎は「清原業忠貞永式目聞書」として『中世法制史料集　別巻』に収録されたテクストを永正十四年清原宣賢講貞永式目聞書（永正十四年聞書）として史料名を修正した（新田一九九三）。これらの仕事は式目注釈書の執筆者を具体的に歴史的に位置づけた点に意義がある。［新田一九八九］は網野善彦らによって引用され、列島の東西の文化的な差異に敷衍されたことで、戦国期の式目注釈学研究の新たな可能性が提示された。

文学研究からの関心

同じ頃、国文学研究においても「中世日本紀」のように荒唐無稽な中世神話に関心が集まるようになり、『伊勢物語』の注釈である伊勢注など中世の注釈学も研究の俎上にあがるようになっていた。歴史学での式目注釈研究は直接国文学の影響を受けたものではない。だが、テクストのオリジナルの姿を追究してきた近代学問の見直しが進むとともに、オリジナルと現在との間の阻害物とすら思われてきた中世の諸注釈や知的営為も中世の歴史文化の現実として研究対象とする動きが、二十世紀末に歴史と国文学の双方において現れていたのである。

国文学の側からも式目注釈書に取り組む研究も現れた。式目の編纂を北条政子が行ったという伝説（史実としては式目編纂は政子の死後）が近世には式目出版のなかでまことしやかに広がるが、榊原千鶴はこれについて関東系の注釈書（蘆雪本）の記述が誤解のもとではないかと論じた（榊原一九九九）。田中尚子は清原家には天皇中心の注釈態度が見られ、式目自体を「前代の遺法」ととらえる意識が生まれていたことを指摘した（田中二〇〇二）。小助川元太は前述のように室町期京都の政治文化空間上に式目注釈学を位置づけた（小助川二〇〇〇）。

また、清原家の学問営為それ自体の中に式目を位置づける研究動向も始まった。安野博之がその先駆であり（安野一九九七）、山田尚子は、具体的な書物の「かたち」を通して清原家の式目注釈学の特徴を論じている（山田二〇一八）。

二〇一〇年代以降の研究

二〇一〇年代に入ってからさらに新たな動きが始まった。新田一郎は、律令以来の注釈伝統を踏まえながら、律令とは異質の式目の性格を明らかにしており、逆に律令と再び結びつけようとする式目注釈学の意義を明らかにしている（新田二〇一一）。また、公武関係や歴史認識が注目されてきている。長村祥知は、第十六条の注釈の変遷に着目し、承久の乱をめぐる歴史認識の変化を明らかにした（長村二〇一二）。佐藤雄基は、式目が天皇に奏覧されたという伝説に注目し、公武関係とその歴史叙述の中に位置づけるとともに、斎藤唯浄の式目注釈における公家の相対化ともいうべき傾向を指摘した（佐藤雄二〇二〇）。さらに前田雅之は、和漢をめぐる対中国観の変容を探る素材として式目注釈を取り上げている（前田二〇二一）。星優也は、中世日本紀・中世神話研究を踏まえて［新田一九八九］を再検討した（星二〇二二）。田中誠は、式目注釈に利用されている書籍・漢籍を網羅的に検討し、幕府奉行人の知的世界を復元している（田中二〇二三）。社会史や政治史の成果を総合しつつ、「新たな文化史」ともいえる研究が新たな潮流となっているのが現段階である。

インテレクチュアル・ヒストリの潮流

歴史学における式目注釈学の研究は、注釈書の執筆者の特定とその背景を解明するところから始まったが、さらに注釈者の学問、式目注釈にみえる諸言説が生成した歴史的な環境に注目している。これは国際的な歴史学の潮流としてはインテレクチュアル・ヒストリ（知の歴史）の一環といえるのかもしれない。［義江一九九二］や［新田一九八九・一九九三・二〇一一］が先駆的に取り組んでいたテーマだったが、式目写本研究や国語学など隣接諸分野の成果も踏まえながら、中国古典や律令・公家法に対して式目がどのようなテクストであるのか、和漢あるいは日本と中国という付置関係における式目の位相について、さらに議論を深めていく余地があるだろう。

【参考文献】

池内義資『御成敗式目の研究』（平楽寺書店、一九七三年）
植木直一郎『御成敗式目研究』（岩波書店、一九三〇年）
小川剛生「政道のための仮名抄―聖徳太子憲法抄―」（『二条良基研究』笠間書房、二〇〇五年、初出一九九七年）
笠松宏至「中世法の特質」（『日本中世法史論』東京大学出版会、一九七九年、初出一九六三年）

笠松宏至『法と言葉の中世史』（平凡社、一九八四年）
笠松宏至「幕府の法・守護の法」（『中世人との対話』東京大学出版会、一九九七年、初出一九九四年）
笠松宏至『中世人との対話』（東京大学出版会、一九九七年）
久保賢司「「蘆雪本御成敗式目抄」執筆者考」（『日本歴史』四八九、一九八九年）
久保尾俊郎「「御成敗式目」の出版と小槻伊治」（『早稲田大学図書館紀要』三八、一九九三年）
河内祥輔「御成敗式目の法形式」（『歴史学研究』五〇九、一九八二年）
小助川元太「『壒嚢鈔』と式目注釈学―政道観を中心に―」（『行誉編『壒嚢鈔』の研究』三弥井書店、二〇〇六年、初出二〇〇〇年）
後藤紀彦「沙汰未練書の奥書とその伝来」（『年報中世史研究』二、一九七七年）
榊原千鶴「『蘆雪本御成敗式目抄』にみる近世前夜」（『南山国文論集』二三、一九九九年）
佐藤進一「御成敗式目の原形について」（『日本中世史論集』岩波書店、一九九〇年、初出一九六五年）
佐藤進一『日本の中世国家』（岩波書店、一九八三年）
佐藤雄基『日本中世初期の文書と訴訟』（山川出版社、二〇一二年）
佐藤雄基「鎌倉時代における天皇像と将軍・得宗」（『史学雑誌』一二九―一〇、二〇二〇年）
佐藤雄基「五十一という神話」（『古文書研究』九五、二〇二三年a）
佐藤雄基『御成敗式目―鎌倉武士の法と生活―』（中央公論新社、二〇二三年b）
高橋一樹「裁許下知状の再発給と「原簿」」（『中世荘園制と鎌倉幕府』塙書房、二〇〇四年、初出一九九六年）
高橋一樹「裁許文書・記録の保管利用システム」（『中世荘園制と鎌倉幕府』塙書房、二〇〇四年、初出二〇〇二年）
田中尚子「清原宣賢の式目注釈―『清原宣賢式目抄』を中心として―」（『室町の学問と知の継承』勉誠出版、二〇一七年、初出二〇〇二年）

田中誠「斎藤唯浄の『御成敗式目』注釈と幕府奉行人の学問」(『Antitled』二、二〇二三年)
長又高夫『御成敗式目編纂の基礎的研究』(汲古書院、二〇一七年)
長村祥知「〈承久の乱〉像の変容―『承久記』の変容と討幕像の展開」(『中世公武関係と承久の乱』吉川弘文館、二〇一五年、初出二〇一二年)
新田一郎「虚言ヲ仰ラル、神」(『列島の文化史』六、一九八九年)
新田一郎「「式目注釈書」三題」(石井進編『中世の法と政治』吉川弘文館、一九九二年)
新田一郎『日本中世の社会と法』(東京大学出版会、一九九五年)
新田一郎「『是円抄』系「追加集」の成立過程について」(『日本中世の社会と法』東京大学出版会、一九九五年)
新田一郎「律令・式目―「法」テクスト注釈の非「法学」的展開―」(前田雅之編『中世の学芸と古典注釈』竹林舎、二〇一一年)
新田一郎「「雑務沙汰」覚書」(前田雅之編『画期としての室町―政事・宗教・古典学―』勉誠出版、二〇一八年)
古澤直人「御成敗式目の思想―二通の北条泰時書状の分析を中心に―」(『中世初期の〈謀叛〉と平治の乱』吉川弘文館、二〇一八年)
星優也「大己貴神・第六天魔王同体説の形成―「虚言ヲ仰ラル、神」説の再検討から―」(『池坊文化研究』四、二〇二一年)
穂積陳重『法律進化論』第一〜三冊(岩波書店、一九二四・二七年)
前川祐一郎「日本中世の幕府「追加法」生成と伝達の構造」(林信夫・新田一郎編『法が生まれるとき』創文社、二〇〇八年)
前田雅之「和漢から漢和へ―対中国観の変容から―」(『日本文学』七〇―六、二〇二一年)
牧健二「近衛家本式目追加に就いて」(『法学論叢』四六―一、一九四二年)
三浦周行「貞永式目」(『続法制史の研究』岩波書店、一九二五年、初出一九一九・一九二〇年)
三上喜孝「久原本『貞永式目』所引『唯浄裏書』考」(『遥かなる中世』一五、一九九六年)

安野博之「清原家と『御成敗式目』」（『三田国文』二六、一九九七年）
山田尚子「『御成敗式目』と清原家」（『書物学 第十三巻 学問の家の書物と伝授―清原家の営為を探る―』勉誠出版、二〇一八年）
義江彰夫「『関東御式目』作者考」（石井進編『中世の法と政治』吉川弘文館、一九九二年）
龍福義友『日記の思考―日本中世思考史への序章―』（平凡社、一九九五年）

【註】

＊1　**御成敗式目の正式名称**　日本史のテストで御成敗式目を出題すると、たくさんの別解が出てくる。貞永式目、御成敗式条、関東御成敗式目、など。本文でも紹介したように、「貞永式目」という名称が一般化するのは室町幕府の段階である。正式名称とされる「御成敗式目」は、『吾妻鏡』貞永元年八月十日条の制定記事にみえる。少なくとも十四世紀初頭には鎌倉幕府関係者の間でも「御成敗式目」という名称が正式名称として認識されていたのである。現存する式目の古写本には、冒頭に「御成敗式目」と記されているものが多い。

しかし、式目制定意図を伝える北条泰時の書状には、「御式目」とあるだけであり、鎌倉幕府内部でも「（御）式目」と呼ばれていた。ただし、同じく泰時の書状に、式目を「御成敗候へき条々」とするように、「御成敗」と関連づけられていたことは間違いない。なお、泰時の書状には、当初「式条」としていたのを「式目」に改めたと書かれている。ただし、式目はその後も「式条」とも呼ばれ続ける。そのためだろうか、「御成敗式条」とする写本も存在する。

制定の翌年、六波羅探題の下知状では「関東御成敗式目」と記されていた（『鎌倉遺文』四五六三号）。「関東」の二文字は、京都の訴訟当事者に対して、「関東」すなわち鎌倉幕府が「成敗」のために作成した規定にのっとって判断をしたと説明するためだろう。十三世紀末に六波羅奉行人の斎藤唯浄が著した式目注釈書は、冒頭に「関東御式目」と書かれていることから、これがその注釈書のタイトルとして通用している。しかし、「関東御式目」という表記は、注釈の対象である御成敗式目それ自体を指す。唯浄が「関東御式目」を式目の正式名称と認識していたわけではなく（奥書には「御式目」とある）、「関東」の二文字をつけたのは、京都で著したからだろう。「関東御成敗式目」と題した写本があったことは、十六世紀の大学者清原宣賢も指摘している（「清原宣賢式目抄」）。宣賢は清原家のもつ写本には「関東」の二文字はないことを述べたうえで、「表向きは関東御家人のためだと言いながら、北条泰時の真意としては広く天下に出された法であるから、関東の二字は略すのがよい」と論じている。京都における式目受容を反映しており、興味深い。

＊2　**なぜ、現存する式目抄は戦国期に集中しているのか**　十六世紀以前に講義がなかったという訳ではない。現代の学校においても、日々利用される教科書・参考書の類ほど、ほとんど後の時代に残らないものである。式目注釈書の諸写本の調査がまだ十分に進んでいないために確かなことはいえないが、もしかしたら室町期以来の営みが戦国期まで続き、最終的にそこで途絶え、最終段階の抄物が古写本として後世に残ったということなのかもしれない。今後の検討を要する問題である。

＊3　**式目及び追加の史料紹介**　主だったものに限られるが、ここで『中世法制史料集』で参照されていない古写本の史料紹介についてまとめておきたい。

式目については、仲村研「山城国西岡寂照院関係文書について〔含翻刻〕」（『古文書研究』五、一九七一年、『中世地域史の研究』高科書店、一九八八年再録）、福田以久生「東観音寺蔵「式目并追加」について」（『愛知大学文学論叢』八九、一九八八年）、福田以久生「東観音寺蔵「式目并追加」について」（安田元久先生退任記念論集刊行委員会編『中世日本の諸相　下』吉川弘文館、一九八九年）、大阪青山短期大学国文科編『御成敗式目』（大阪青山短期大学、一九九六年）、大阪青山短期大学所蔵本については細谷勘資「中村直勝旧蔵『御成敗式目』について」（『中央史学』一九、一九九六年）、同「大阪青山短期大学所蔵　中村直勝旧蔵『御成敗式目』の紹介」（『大阪

青山短期大学研究紀要』二一、一九九五年）も参照、長塚孝「馬の博物館本「御成敗式目」の紹介と翻刻」（『馬の博物館研究紀要』一三、二〇〇〇年）、前川祐一郎「東京大学史料編纂所所蔵『御成敗式目』（永正三年本）について」（『東京大学史料編纂所研究紀要』一八、二〇〇八年）。近年紹介された丹波篠山市教育委員会所蔵青山文庫本「貞永式目追加」は渡邉正男「丹波篠山市教育委員会所蔵「貞永式目追加」」（『史学雑誌』一二八―九、二〇一九年）、木下竜馬「新出鎌倉幕府法令集についての一考察―「青山文庫本貞永式目追加」―」（『古文書研究』八八、二〇一九年）、同「翻刻 青山文庫本貞永式目追加（一）〜（三）」（『鎌倉遺文研究』四九・五一・五二、二〇二二・二〇二三年）。追加集については、『明治大学刑事博物館資料 第17集 古代〜近世法制史料』、佐藤邦憲「御成敗式目諸本について―明治大学刑事博物館所蔵本を中心に―（上）・（下）」（『明治大学刑事博物館年報』一二・一三、一九八一年）。

『中世法制史料集 第一巻』が利用している古写本について、底本となる鶴岡本は育徳財団編『尊経閣叢刊 御成敗式目』（一九三一年）、康永二年（一三四三）の奥書をもつ平林治徳旧蔵御成敗式目（平林本）は『御成敗式目』（古典保存会、一九三〇年）。これらは国立国会図書館の近代デジタルライブラリーで公開されており、平林本は現蔵先の東京大学総合図書館ＨＰでデジタル画像が公開されている。高橋久子・古辞書研究会編『御成敗式目―影印・索引・研究―』（笠間書院、一九九五年）は寛永五年版の影印・翻字本文を掲載している。

これら以外にも京都大学法学部所蔵達蔵司本や文安元年（一四四四）の東京大学法学部研究室図書室法制史資料室所蔵飯尾常房本、明応八年（一四九九）の日本大学図書館法学部分館所蔵本御成敗式条、国立歴史博物館所蔵広橋家本、東洋文庫所蔵岩崎文庫本（東洋文庫編『岩崎文庫の名品』山川出版社、二〇二一年）、明治大学図書館所蔵本などの画像が、それぞれの所蔵機関のＨＰ上で公開されている。なお、これらのオンライン公開は二〇二〇年の新型コロナウイルスのパンデミックを機にして近年急速に進められている。日進月歩の公開情報については「式目注の会」をはじめとする研究仲間たちのご教示によるところが大きい。

コラム

「抄物」には何が書かれていたのか

佐藤雄基

「池辺本」を読む

総論第三章でも記したように、式目注釈書は文字や言葉の詮索に終始しがちで、鎌倉幕府法の実務を探るには必ずしも有効な史料ではない。とはいえ、具体的にどのようなものなのか読者にはイメージがわかないだろう。現存最古の鎌倉期の注釈書（六波羅奉行人である斎藤唯浄による「唯浄裏書」「関東御式目」）については［義江一九九二］に具体的な分析があり、六波羅奉行人からみた法実務や公家法と武家法の関係などに関する記述がある。さらに、公武関係をはじめとする国制の理念や世界観を探る材料としての可能性が［新田一九九五］で示唆された。しかしながら、中世後期の式目注釈書は訓説・字義解釈・出典などの解説に終始し、「御成敗式目」自体の解釈には役立たないという理解が一般的だと思われる。

　そこで、中世後期の武家系統の注釈書として、「御成敗式目注　池辺《いけべ》本」（国学者池辺義象《よしかた》〈一八六一～一九二三〉の旧蔵書）といわれるものを取り上げて、具体的に見ていこう（池辺義象より穂積陳重に寄贈され、現在は東京大学総合図書館所蔵「穂積文庫」にある。『中世法制史料集　別巻』に翻刻されており、「解題」に詳しい解説がある）。

池辺本は天文二十三年（一五五四）の成立だが、「先年」の「足利の講席」を筆録したノート（「抄物《しょうもの》」）をさらに写したもので、どのように式目の講釈がなされていたのか、その肉声をうかがう格好の材料である。御成敗式目の抄物（式目抄）の研究は国語学サイドから［三保一九八四・一九八五］［柳田一九九八］などがあるが、歴史学者からの分析はまだ十分とはいえない。

奥書によれば、池辺本は「問注所の一流、秘中の秘」を伝えるものだというので、鎌倉府の奉行人である問注所氏の関係者が足利学校で講義したものがもとになっているという。「秘中の秘」であるといって自分の継承している説を秘説といって価値のあるものであるかのようにするのは、中世における講義の常套手段だった。

式目の本文を一行で大きな字で書き、本文の言葉や一節ごとに注釈を、一行を二行に割って小字で記す割注形式で挿入している。これは漢籍（中国古典）の伝統的な作法であり、式目注釈もそれに倣っているのである。

十三世紀と十六世紀のあいだの変化

池辺本をみると、「目」字に「目は名なり、法度《はっと》の名を云《い》はんがために式目と云へり」と記されており、言葉や文字に関する説明がなされている。当時の講義は、古典の本文の一つ一つの文字についてその読み方や意味を説明することが主だった。受講者は、古典の言葉一字一字の講義を通じて、歴史や故事、教養を学ぶことができた。現在の研究からみれば誤った説明も多いが、どうしてそのような誤解をしたのかに注目すると、式目の制定された十三世紀と講義のなされた十六世紀のあいだの社会変化がうかがえるとともに、歴史や社会に対する当時の人びとの認識が分かる史料にもなる。

たとえば「関東御分国《ごぶん》々」（第一条）という言葉に関しても、「先代（鎌倉幕府）九代の将軍は関東にいらしたので、六十余州は将軍の御分国であるといおうとして関東御分国といっている」と説明している。もちろん、式目にいう「関東御分国」は鎌倉幕府が特殊権限をもつ東国を指しており、全国六十六州を指すわけではない（→総論第二章）。関東の武家系注釈においても、「関東御分国々」の語が「天下」（阿保説）を指すか、「八ヶ国」（植野説）を指すか、家説が分かれていたようであるが（「蘆雪本御成敗式目抄」）、後者の「八ヶ国」もいわゆる関八州を意味しており、どちらも正解ではない。鎌倉時代の「国のかたち」に関する正確な理解は失われていたようである。当時は「関東の将軍」（鎌倉公方）と京都の「公方」（室町幕府将軍）が東西に並んでいると意識されていた（第三十九条）。

なお、京都の清原宣賢もまた、「昔は都には法皇だけがおられた」が、「今の代の将軍は分かれて鎌倉と京にある」と説明している（清原宣賢「貞永式目聞書」）。京都の室町幕府将軍とならんで鎌倉府に鎌倉公方（室町将軍家の分家）がいるという室町時代の状況を「将軍が分かれた」と当時の知識人が認識していたことがうかがえる。宣賢は、御成敗式目を「関東御成敗式目」と呼ぶことがあるが、鎌倉幕府は全国統治をしていたから「関東」の二文字は不要であるとも説明している（「宣賢式目抄」）。

鎌倉時代の歴史像

「関東御分国」以外にも、不正確な理解が目立つ。守護（第三条）に関しては「昔は受領《ずりょう》（国司）である……寿永年中に（公家の権力が）武家にうつってからは今の守護職となった」と説明している。第三条は守護が国司の支配を侵害してはいけないと定めており、式目の説明としては不正確である。しかし、建武式目で「守護職は上古の吏務なり」と語られていたように、室町幕府は守護を国司にかわる地方統治の根幹に位置づけ、その根拠を御成敗式目（第三条）に求めていた（室町幕府追加法二条）。池辺本の認識はこうした歴史的変化を踏まえたもので、国司の支配が消滅した戦国期の認識として興味深い。その一方で、幕府とともに朝廷の全国支配は存続しており、諸国には国司も併存していたという鎌倉期独特の「国のかたち」が忘れられてしまい、天皇から武士に政権が移り、国司にかわって守護が諸国に配置されたという単純化された歴史像になっている。しかし、現代でも案外、そうした通俗的な歴史像が通用しがちであることを考えると、その淵源としても興味深い。

なお、「寿永年中に」というのは、建久三年（一一九二）ではなく寿永二年（一一八三）に源頼朝が後白河院の院宣によって征夷大将軍に補任されたという『平家物語』の記述を踏まえたものである。もちろん史実ではないが、鎌倉後期の唯浄も同様の注釈を施しており（『関東御式目』）、『平家物語』の記述があたかも史実として受容されていたことがうかがえる。

雑学のタネ本

「二位殿」（北条政子）（第七条）の説明では、政子は実際に将軍になった訳ではないが、天下に「尼将軍」と呼ばれたと説明する。将軍の夫人の位階は二位が上限だったが、近年日野富子（将軍足利義政夫人）が一位になったのは「先代未聞の事」としている。いずれも雑学的な知識であるが、講義ではこうした話題が喜ばれたのだろう。ほかにも第三十三条の「窃盗」に関して、「ひそかに人の物を盗む」ことを指し、「世間にシノビというはこれである」とか、第四十一条の「女」文字に関して、「女」は「ヲンナ」と読み、三十歳以下の若い女性に用い、それ以上の老女には「嫗《おう》」の字をあて、「ヲウナ」と読む、と解説している。男性は年齢に関係なく「男」字をあて「ヲノコ」と読まれたようだが（唯浄『関東御式目』、池辺本では女性の老若にしか関心がないようであり、男性目線を感じさせるのである。

女性史の史料として

概して、女性へのまなざしは、式目の制定された鎌倉時代前期に比べて、格段に厳しくなっている。女性に譲与した財産の「悔い返し」を認めた第十八条（↓第Ⅱ部第二章）に関する講釈では、女子は夫に嫁げば夫に従い、親不孝をするから娘に財産を譲るべきではないと切って捨てている。「女は自分で身を立てられない。夫にしたがって身を立て、家を立てる。女に氏俗姓《うじすじよう》はないのだ」と女性蔑視をあらわにする。

さらに、その根拠を補強するためだろうか、平安前期の歌物語である『伊勢物語』の作中で、主人公の詠んだ「春日野の若紫のすり衣しのぶの乱れ限り知られず」という有名な歌を引用し（『源氏物語』の「若紫」にも影響を与えたといわれている）、「若紫とは女である。（紫とは）黒色と赤色とを合わせて紫という色を出す。そのように女も夫に嫁いで家を立てるのである」と説明している。『伊勢物語』は中世に流布し、源氏物語などとともに数多くの古注釈が作成されていた。ここでは詳述する余裕はないが、『伊勢物語』の古注釈から話のネタをもってきたのだろう。鎌倉期における女性の財産相続権を証明するものとして現在では説明されがちな第十八条が、「妻は夫に従う」ことを説くものとして解釈されているのである。

池辺本ではないが、蘆雪《ろせつ》本とよばれる武家系注釈では、たとえば、第十一条の「妻女の所領」に「父のところから夫のところへ迎えられていくとき、（嫁入りにともなって実家から与えられる）ケワイ（化粧）田などというものがある。この意味だろうか」という説明が付されている。戦国期には女子への分割相続はなくなっていたため、妻女が夫とは別に所領をもつという箇所が講義した者にも理解できなくなっていたのではないだろうか。

このように式目の注釈一つとってみても、その注釈の成立した時代が反映されている。大学者清原宣賢の注釈に比べて、関東の武家系注釈は律令・公家法や漢籍に関する知識が不十分で、式目それ自体の解釈には役立たないと考えられてきた。だが、戦国時代の人びと（二流知識人）の通俗的価値観や疑問が素朴にあらわれているところが興味深い。それは十三世紀の史料としての式目の歴史性を照射する手掛かりであるとともに、十六世紀の史料でもある。そして、それらを批判的に分析する現代の私たちの姿（たとえばジェンダー意識）をも浮き彫りにするのである。

【参考文献】

新田一郎『日本中世の社会と法』（東京大学出版会、一九九五年）
三保忠夫「『御成敗式目』古註における諸家の訓説について」（『大谷女子大国文』一四、一九八四年）
三保忠夫「『御成敗式目』古註における清原家訓説について」（『大谷女子大学紀要』二〇―一、一九八五年）
柳田征司『室町時代語資料としての抄物の研究』（武蔵野書院、一九九八年）
義江彰夫「『関東御式目』作者考」（石井進編『中世の法と政治』吉川弘文館、一九九二年）

第Ⅰ部

御成敗式目から見る権力のかたち

——幕府・権門・御家人——

第I部

「御成敗式目から見る権力のかたち―幕府・権門・御家人」には、第三条・第四条守護、第五条地頭（以上佐藤）、第六条挙状（黒瀬にな）、第七条不易法（下村周太郎）をそれぞれ解説する論考を並べている。式目の条文配列をめぐってはさまざまな議論があるが（↓総論第二章）、冒頭の第一条〜第八条が幕府権力の根幹にかかわる重要条文であることに関してはほぼ異論はない。

養老律の冒頭（篇第一）は、五刑・八虐など刑罰の名称や総論的な内容を含む名例律であり、養老令の冒頭（篇第一）は、官職と位階の対応関係（官位相当）を定めた官位令である。それぞれ律が定める刑罰、令が定める官僚制の根幹となる内容である。日本国を統治する唯一の国家権力の法である養老律令と比べたとき、第一条〜第六条は、幕府と幕府以外の諸権力との関係、ひいては中世国家における幕府の位置づけに関する諸規定である点に特徴がある（律に対応する刑罰に関する規定は第九条以下であり、第Ⅱ部を参照）。日本国憲法の第一条が象徴天皇制と国民主権を定め、第二条〜第八条が皇室に関する諸規定（「第一章　天皇」）であるのに一見似ているかもしれないが、式目では律令と同じく、君主（将軍）自体に関する規定は存在しない。

式目が外部勢力との関係を詳細に規定しているのは、鎌倉幕府は既存の中世国家の秩序と摩擦を起こしつつも、共存を図っていた証である。第I部で取り上げた第三条から第六条までの諸規定は、国司・荘園領主・朝廷といかに摩擦を起こさないのかという観点から、守護・地頭・御家人を抑制するという姿勢を原則としている。幕府権力の範囲を幕府自身がどのようにさだめるのか、幕府権力の本質に関わる問題が式目の当該部分に集約されているといって過言ではない。

中世国家は十二世紀に成立した荘園制を基盤にしており、鎌倉幕府は地頭・御家人制を介して荘園制を土台にすることで、既存の国家的な枠組みの中にスムーズに定着することができた。逆にいえば、十二世紀に荘園制というシステムが成立していたがために、鎌倉幕府は新しい統治システムを構築する必要がなかったともいえる。荘園現地経営と関わって、式目では唯一「百姓」関連規定をもつ第四十二条は大変難解だが、特にコラム①（木村茂光）を用意した。

本書では具体的に取り上げられなかったが、第一条・第二条もまた、神社・寺院の修造に関して、地頭御家人の非法を禁じるとともに、関東御分国すなわち鎌倉幕府の権限の強い東国に関しては、地頭に修造義務を負わせる内容となっている。公家新制が冒頭に神社・寺院の保護・修造に関する規定をもつことに倣ったと考えられている。こうした規定が冒頭に掲げられる背景には、神仏への祈祷や仏事・神事の維持が統治者の任務だという観念が存在し、荘園現地の統治においても寺社が重要であったことを反映している。中世の神仏観とも関わるため、宗教史の観点からコラム②（生駒哲郎）を用意した。法制史では東国の統治権に注目して解釈することが一般的だが、コラム②では宗教史の観点から天皇の存在に注目している。

第七条・第八条は時間的に幕府の責任範囲を定める内容となっている。現代では刑事上の時効は犯罪が行われたとしても、法律の定める期間が経過すれば、犯人を処罰することができなくなるものであり、民事上の時効（取得時効と消滅時効）は長い間続いた事実状態に、法律関係（権利・義務）を合わせるための制度である。第七条は過去の為政者の裁許を尊重するのに対して、第八条は二十年年紀を定めており、二十年という数字は一つの基準として後にも参照されていくようになる。

（佐藤雄基）

一

式目三〜五条

守護と地頭——鎌倉幕府と荘園公領制

佐藤雄基

《読み下し》

第三条

一、諸国守護人奉行《ぶぎょう》の事

右、右大将家《うだいしょうけ》の御時、定め置かるるところは、大番催促《おおばんさいそく》・謀叛《むほん》・殺害《せちがい》人〈付けたり。夜討・強盗・山賊・海賊〉等の事なり。しかるに近年、代官を郡郷《ぐんごう》に分ち補し、公事《くじ》を庄保に充て課《おお》せ、国司にあらずして国務を妨げ、地頭にあらずして地利《ちり》を貪る。所行の企て、はなはだもって無道なり。そもそも重代の御家人たりといへども、当時の所帯《しょたい》なくば、駈り催すあたはず。兼ねてまた所々の下司《げし》・庄官以下、その名を御家人に仮り、国司・領家の下知《げち》を対捍《たいかん》すと云云《うんぬん》。しかるがごときの輩《ともがら》、守護役《やく》を勤むべきの由《よし》、たとひ望み申すといへども、一切催しを加ふべからず。早く右大将家御時の例に任せて、大番役ならびに謀叛・殺害のほか、守護の沙汰を停止《ちょうじ》せしむべし。もしこの式目に背き、自余の事に相い交はらば、あるいは国司・領家の訴訟により、あるいは地頭・土民《どみん》の愁鬱《しゅううつ》により、非法の至り顕然たらば、所帯の職《しき》を改められ、穏便の輩を補すべきなり。また代官に至りては、一人を定むべきなり。

第四条

一、同じく守護人、事《こと》の由《よし》を申さず、罪科の跡《あと》を没収する事

右、重犯《ちょうぼん》の輩、出来《しゅったい》の時は、すべからず子細を申し、その左右《そう》に随ふべきのところ、実否を決せず軽重を糺《ただ》さず、恣《ほしいまま》に罪科の跡と称し、私《わたくし》に没収せしむるの条、理不尽《りふじん》の沙汰なり。はなはだ自由の姦謀《かんぼう》なり。早くその旨を註進し、宜しく裁断を蒙らしむべし。なおもって違犯《いほん》せば、罪科に処せらるべし。

次に、犯科人の田畠・在家《ざいけ》ならびに妻子・資財の事、重科《じゅうか》の輩においては、守護所《しゅごしょ》に召し渡すといへども、田宅・妻子・雑具に至りては、付け渡すに及ばず。兼ねてまた同類の事、たとひ白状《はくじょう》に載すといへども、贓物《ぞうもつ》なくば、さらに沙汰の限りにあらず。

第五条

一、諸国の地頭、年貢所当《しょとう》を抑留せしむる事

右、年貢を抑留するの由、本所の訴訟あらば、すなわち結解《けちげ》を遂げ、勘定《かんじょう》を請くべし。犯用の条、もし遁《のが》るるところなくば、員数に任せてこれを弁償すべし。ただし少分においては、早速沙汰を致すべし。過分に至りては、三ヵ年中に弁済すべきなり。なおこの旨に背き難渋せしめば、所職《しょしき》を改易せらるべきなり。

1 守護と御家人制――鎌倉時代の守護とは何者か

鎌倉幕府は国《くに》（現在の県に相当）ごとに守護、荘園ごとに地頭を置いた、と学校で習った記憶のある人も多いだろう。日本の古代国家は、全国を国と（国の下位区分として）郡《こおり》に分け、国に国司《こくし》、郡に郡《ぐん》司《じ》を置いた。漠然と国司・郡司が守護・地頭に置きかわったというイメージを抱く人もいるかもしれない。

しかし、両者は別物である。国司は鎌倉時代にも存続し、守護と併存していた。古代の郡司制は十世紀頃には変質し、国内は郡・郷・保などの個別の所領に分割され、郡（郡司）という名称は残るものの、郷（郷司）などとならぶ公領の単位の一つとなった。十二世紀（院政期）には、（荘園領主の支配系統に属する）荘園が設立され、国司の支配系統に属する公領（国衙《こくが》領）とともに、中世国家の財政基盤となる（このシステムを荘園公領制とよぶ）。鎌倉幕府の地頭は荘園・公領に設置されたが（荘郷地頭）、地頭の設置されていない荘園・公領も多く存在していた。

律令制における国司と郡司は、中央集権的な地方行政制度のもとで所管・被管の統属関係にあった。一方、これは重要な相違点であるが、地頭は守護の部下ではない。地頭は荘園・公領の現地管理者（荘官）として荘園領主・国司（知行国主）の支配下にあった（ただし、地頭職の任免権は鎌倉幕府がもっていた）。守護は鎌倉殿（鎌倉幕府将軍）の代官として任国内の御家人（幕府と主従関係を結んだ武士）を動員して治安維持や内裏大番役をになう役人である。守護は地頭と同じ御家人として対等な立場にある。一方で、御家人は地頭とは限らず、地頭以外の荘官職（下司職・名主職など）をもつ御家人も西国には多かった。

本章では、鎌倉幕府の守護と地頭に関して、式目にどのようなことが書かれていたのかを見ていくことにしたい。

右大将家の例

鎌倉幕府の守護は管国内を領域支配する存在ではなく、その職権は「三箇条」すなわち謀叛《むほん》・殺害《せちがい》人という重犯罪者の「追捕《ついぶ》」（逮捕）、大番《おおばん》催促（朝廷の警護である大番役に任国内の御家人を動員すること）の三つに限定されていた。いわゆる大犯三箇条である*1。そのことを物語るものとして、高等学校の日本史教科書でも引用される史料が御成敗式目三条である。おそらく式目五十一ヵ条の中で最も有名な条文だろう。それでは第三条には実際何が書かれているのだろうか。

右大将家（源頼朝）の時の例に従って、大番役（の催促）と謀叛・殺害（人の追捕）以外は、守護の関与をただちに停止する。もしこの条文に背いて、これら以外のことに関与したならば、国司・領家（荘園領主）の訴えによって、あるいは地頭・庶民の訴えによって、非法であることが明らかになれば、守護職を解任して、穏便な人物を替わりに任命する。

第三条をみると、守護の職権を三箇条に限定するのは「右大将家の例」つまり源頼朝の時代の先例であると明記されている。たとえば、式目制定の前年寛喜三年（一二三一）の追加法にも「諸国守護人奉行の事、大番催促・謀叛・殺害人の外、細々雑事等を管領すべからざるのよし、故右大将家の御時、定め置かれおはんぬ」という幕府の認識が示されている（追加法三一条）。つまり、「三箇条」は式目によって新たに規定されたわけではないのである。近年紹介された嘉禄三年（一二二七）の追加法に、「大番催促・謀叛・殺害人紕断」の「三箇条」が「故右大将家御時」に定められたというのが史料上の初見である。この点から、北条泰時政権が守護をはじめとして諸制度を整備する際に、「右大将家の例」をことさらに強調したものと考えられている（藤本二〇一二）。

第三条が新たに定めたのは何か

中世法制史家の笠松宏至は、式目の規定は、必ずしも原理原則を定めたものではなく、むしろ何らかの原則や先例をもとにして、制定当時に問題になっていた案件に関して、対処の仕方を示したものに過ぎないと指摘している（笠松一九七九）。さまざまなケースにも運用可能なように抽象的な条文から成る現代の基本法とは異なる性格をもつ。式目三条もまた、守護の職権三箇条という既知の原則を前提にした条文となっている。

それでは第三条は何を新たに示した条文だったのだろうか。三箇条の原則を再確認し、非法が明らかな守護は解任して、別の人物を任命するという厳罰姿勢を示したのである。前述の寛喜三年の追加法に「守護人は、三箇条の外、過分の沙汰を致すべからず。地頭・検非違所は寛宥の計いを廻らし、乃《のう》貢《ぐ》の勤めを専らにすべきのよし、面々に御教書《みぎょうしょ》を遣はさる」（追加法三一条）と述べられていたように、幕府は各国の守護・地頭に対して、「三箇条」や年貢納入といった各自の職権を遵守するように個別（「面々」）に命令を下していたようである。式目制定意図を伝える北条泰時の書状によると、式目の写しを守護に配り、国内の地頭・御家人に「仰せ含め」るように六波羅探題の北条重時に指示している。当時、畿内西国では守護・御家人の非法が問題化しており、式目には原則の再確認と周知徹底という意図があった。

大番催促

そもそも大番催促とは何だろうか。大番とは、将軍御所ではなく京都の朝廷（内裏《だいり》）の警護である。内裏大番の起源には諸説があるが、高倉天皇の時代に平氏が地方武士を動員して開始したものといわ

大番役で上洛途中、山賊に襲われる武蔵武士の場面（『男衾三郎絵巻』東京国立博物館所蔵、ColBase〈https://colbase.nich.go.jp/〉より）。

れている。諸国の国衙（国の役所）単位で国内武士を動員する体制（国衙軍制）が院政期に成立しており、平氏が国衙軍制と内裏大番役を通して全国の武士を動員したと考えられてきた（五味文一九七五、一九七九）。これに対して、近年では在京武士を里《さと》内裏の警備に動員した小規模なものにすぎなかったと考える見解が出されている（川合二〇〇七）。しかし、実態はともかくとして、承久の乱の際、いわゆる北条政子の演説の中で、平氏の時代には三年だった大番役を頼朝が半年に減らしたという頼朝の御恩が、武士たちに訴えかけられていたように（『慈光寺本承久記』）、鎌倉幕府の内裏大番役が平氏政権に起源をもつものであるという認識は鎌倉期には一般的だったようである。

源頼朝は建久元年（一一九〇）上洛のときに権大納言・右近衛大将に任じられている。清盛の後継者で平氏の棟梁だった平宗盛と同じ官職である。この上洛の折に、朝廷のもとで諸国守護を担うという源頼朝の国制上の位置づけが定まり（上横手一九九一）、翌年三月の「建久の新制」では「京畿諸国所部官司等」とともに頼朝にたいして海陸の盗賊および放火の追捕が命じられている。この新制の規定は、平清盛嫡子の重盛に諸道の海賊追討を命じた仁安二年（一一六七）の宣旨が先例になったという説がある（先行研究を含めて［高橋典二〇〇三］参照）。

鎌倉に帰ったのち、建久年間には源頼朝は御家人制度を整備していく。御家人たちは、頼朝のもとで内裏大番を勤める存在として位置づけられた。幕府と諸国御家人の主従関係の中核に内裏大番役が存在することは、幕府支配の正統性を支えるものでもあり、鎌倉幕府を朝廷のもとで諸国守護を担う「権門」（国政にかかわる有力な家）とみる権門体制論の根拠となる（［黒田一九九四］、近年では［木村二〇一六］など）。権門体制論では、こうした鎌倉幕府の国制上の役割は、平氏政権を継承したものであり、中世国家の枠組みには鎌倉幕府成立の前後で変化は生じていないと考えられてきた。

鎌倉幕府は平氏政権の後継者か

上述の事例が指し示すように、治承・寿永の内乱の終結後、朝廷・幕府が新たに協調関係を構築していくうえで、平氏政権の先例が参照にされたのは確かであろう。しかし、平氏政権の時代における同時代的な位置づけは鎌倉幕府の段階とは異なるものである。伊勢平氏は貴族社会内部で台頭してきた一族であり（松園一九九七）、大国受領や外戚など、さまざまな属性をもっており（高橋昌一九八四、前田二〇一七）、武家権門という属性は有力ではあるが、必ずしも制度化されたものではなかった。国家守護という観点から（ある意味で戦略的に）平氏を頼朝権力の先例として、権門体制論的な言説がつくられていくのは、鎌倉前期における朝廷・幕府の合意の産物である（佐藤雄二〇二〇）。

本章では問題の所在の提示にとどめるが、式目三条は「鎌倉幕府とは何か」にとどまらず、平安時代（平氏）と鎌倉時代（幕府）の連続・非連続を考える試金石になるのである。

守護の任命リスト——守護制度の研究史を読む

つづいて守護制度の研究史（［木下二〇二二］に詳しい）を振り返りながら、第三条の位置づけについて考えてみよう。

鎌倉幕府は諸国守護権（国家的軍事警察権）を担う権力であるが、その担い手であるはずの守護は案外影が薄い。朝廷・荘園領主との協調という幕府の基本路線のもと、「三箇条」に職権が限定されていたことことに加えて、鎌倉前期は国衙の存在も大きく、多元的・重層的な荘園公領制の仕組みの中で、国家統治の中心的な役割を期待されることもなかったからという事情もあるだろう。

実は鎌倉時代における守護の任命状況の全容は明らかではない。『吾妻鏡』などの記録における断片的な情報に加えて、守護に対する幕府の命令書のような、やはり断片的な古文書を博捜して、国別の守護の任命状況を「復元」したのが、佐藤進一『鎌倉幕府守護制度の研究—諸国守護沿革考証編—』である（佐藤進一九四八）。任命状況の復元とともに、佐藤は蒙古襲来を契機にして、西国・鎮西に北条氏一門の守護が増加すること、守護の担う機能が拡大する傾向があること、などを指摘している。蒙古襲来のような中世国家に関わる事件だけではなく、たとえば比企氏の乱（建仁三年〈一二〇三〉）の結果、比企氏の縁戚である島津忠久が大隅・日向の守護職を失うなど、守護職の補任状況は鎌倉幕府内部の政争とも連動している。このことから、とりわけ『吾妻鏡』の記事のなくなる鎌倉後期政治史を考えるうえで守護の任免状況は大きな手掛かりになる（秋山二〇〇六、熊谷二〇〇八・二〇二一など）。

守護の任免・交替状況と幕府政治史の連関、中世国家における幕府の役割増大という国制史とも関連づけながら守護制度を描いた点に、単なる沿革考証に終わらない［佐藤進一九四八］の画期性があった。佐藤による国別の任免状況の復元案は、その後の研究によって部分的に修正され（村井一九七八、伊藤二〇一〇）、近年では暦仁元年（一二三八）将軍藤原頼経の上洛に合わせて作成されたものと考えられる諸国守護の一覧が紹介されるなど（渡邊二〇一九、木下二〇一九）、新たな研究の進展はみられるものの、いまだ基礎研究としての価値を失っていない。

国衙の役割を守護が担うようになる

佐藤進一の議論は、守護領国制を実現した室町期守護に対して鎌倉期の守護が「未成熟」な状況にあるという当時の通説的な理解に沿うとともに、「守護の国法上の地位、行政職的性格を強調」する点に特徴がある（佐藤進一九四八、初版序文）。これは、相田二郎の蒙古襲来研究を継承するとともに（相田一九五八、没後刊行）、主従関係にもとづく私的な存在と思われていた武家政権を公的（「公法的」）な存在として中世国家の中に位置づけることを意図しており、佐藤の幕府論の一環だった（佐藤進一九四三)。そのうえで、鎌倉期を通した守護の権限拡張に関して、国衙権限の吸収という見通しが示された点は重要であり、この論点は後に石井進によって深められた(石井一九七〇)。

ただし、佐藤の守護復元は、ある人物がある権限を行使している古文書を根拠にして、その権限は守護の職権であるから、その人物が守護であるという論法が目立った。こうした「権限論」といわれる方法は、佐藤によって鎌倉・室町期の研究に積極的に適用された(研究史は[山田二〇〇七])。佐藤によって基本的な組織図や沿革が不明瞭だった武家政権の制度史的研究の基礎が築かれた意義は大きいが、何かある権限が存在し、それに見合う官職(やその発給文書)がある、という前提がある。

権限論の発想は、公権力は古代国家・朝廷が掌握しており、それを分割した諸権限を幕府や守護が行使するという公権授受論に根差している。文治元年(一一八五)に源頼朝が全国に守護・地頭を設置する権限を朝廷から与えられた(いわゆる「文治勅許」)ことを鎌倉幕府の成立とみなす武家政権像にもつながっている*2。したがって、守護の職権や任命状況もある程度一律のものと考えられがちだった。

しかし、守護の東西差や東国守護と国衙との関係性の深さなどについて、佐藤の手法による守護比定の方法論的限界が上横手雅敬によって指摘された(上横手一九九四)。東国守護については、国衙支配を区別された守護制度をどのように史料上明らかにできるのか、その地域性とともに議論が深められた(松本二〇〇一)。また、九州の鎮西守護に関しては、「三箇条」にとどまらない諸権限(所務沙汰・雑務沙汰)をもつことが早くから指摘されていた(佐藤進一一九四三)。

公武対立史観の克服と新たな守護研究

このように守護の地域性に関する議論は早くから進められていたが、基本的な枠組みは佐藤進一に依拠していた（佐藤進一九四八）。しかし、幕府成立期の公権授受論が、川合康によって根源的な批判が加えられたのを背景にして（川合二〇〇四）、ゼロ年代に入ってから、根本的な批判が加えられるようになる。守護の存在形態に関しても、国衙との関係を含めて、地域や国によって多様だったことが重視されるようになっている（熊谷二〇〇八）。守護による国衙権限吸収というシェーマに関しても、十三世紀半ば以降、諸国国衙の在庁官人制が機能を低下させており、守護に求められる役割が増大していくという見取り図が示されている（小原二〇〇六）。

実際、鎌倉前期には幕府は諸国の国衙に調査報告を命じており、国衙の支配を利用して地方支配を実現していた（石井一九七〇）。幕府からすれば、国衙がきちんと機能していれば、敢えてこれを弱体化させる積極的な理由はない。

守護の成長と国衙の権限奪取という佐藤の見取り図の根底には、幕府は朝廷と対決し、朝廷から公権を奪って成長していくという公武対立史観がある。鎌倉幕府滅亡後、南北朝の動乱のなかで守護は権力を拡大し、形骸化した国衙にかわって一国統治を担っていくとされる（守護領国制論）。鎌倉幕府から室町幕府へ、そして近世国家へ、武家政権が成長していくという歴史観は、前近代に遡るものであり（新井白石『読史余論』など）、日本の通俗的な歴史像の根底にある。そうした武家政権成長史観からも、鎌倉幕府の守護は、朝廷・荘園領主との協調を重視する幕府による法の支配のもとで、抑制されているものだと考えられてきた。いまだに学校教育での日本史教科書や一般的な歴史叙述には、その影響が根強い。

しかしながら、近年の研究では、中世社会を支えた基本的な構造は荘園制であり、鎌倉幕府もそれにかわる新たな制度を創出したわけではなく、荘園制に参画した点が重視されている。荘園制という土台の上で、朝廷と幕府あるいは国衙と守護の関係、さらには中世国家の地方統治構造を考え、その構造の推移の中で守護制度の展開を位置づける必要がある。

鎌倉幕府における守護抑制の象徴と考えられてきたのが、式目三条にみえる「三箇条」だった。従来の守護制度の概説をみると、「三箇条」をはじめるとする守護の非法を禁じる幕府の法制史料がまずあげられ、つづいて、守護や地頭の荘園侵略（を訴える荘園領主側の主張）を伝える文書史料をもとに、武士の成長が物語られてきた。つまり、性格の異なる史料を時系列的に並べることで、守護の成長が描かれてきたのである。しかし、式目三条は実際にどのように読まれるべきなのだろうか。あらためて第三条に戻って考えていくことにしよう。

御家人と称する人びと――式目三条を読みなおす

式目三条のなかで注目されるのは、御家人身分を自称し、国司や荘園領主に対抗する「下司・荘官」の姿である。荘園領主・国衙の支配下にある非御家人たちの中に、「守護役」すなわち大番催促を担う守護と関係を結んで、大番役を勤めようとする武士が多く存在していた。大番役を勤めることによって御家人身分の証拠とし、荘園領主などに対抗しようとしたのである。

これは主には畿内・西国の状況である。東国御家人は直接、鎌倉幕府と関係を結んでいたが、畿内・西国の場合、守護を介して間接的に掌握されていた。そして荘園領主との関係上、一度確定された御家人・非御家人の枠組みを変更することに、幕府は消極的だった。

先述したように建久年間に御家人制度を整備するとき、建久三年（一一九二）に美濃国内の武士に充てて、御家人たるべきものは守護の催促に従い上洛して大番役を勤めよ、御家人たることを望まぬ者は申し出よ、と命令している史料から判断して（『吾妻鏡』建久三年六月二十日条）、畿内・西国の武士はある程度個々の判断で御家人であることを選んだようである（こうして守護に管理される御家人を、幕府に直接奉公する東国御家人と区別して「国御家人」と呼ぶ）。御家人となることを選んだ武士には大番役を課し、各国の「家人奉行人」として守護をおいた*3。

個々の武士たちが御家人になるかどうかを選んだときの判断の根拠は明確ではない。荘園領主や国衙、近隣の武士との関係性に応じたものであったと推測される。治承・寿永の内乱時にも、地域のなかでの敵対勢力が平家方なので、自分は反平家で挙兵するという動きがみられる。そこから類推して、「敵の敵は味方」というようなローカルな個別事情が大きく作用したのではないかと推測される。大番役の勤仕期間は三ヵ月ないし六ヵ月で、当番が回ってくるのは十年に一回ほどだった（五味克二〇一六）。たしかに大番役の経済的な負担は重かったが、御家人として幕府に訴える権利を得られ（幕府裁判は原則的に地頭・御家人関係の訴訟しか扱わなかった）、京都でのコネ作りといったメリットもあるので、御家人であることを選択したものも多かったようである。

流動的な社会

中世、特に中世前期は流動的な社会だった。支配・領有の関係は複雑に入り組み、複数の主人に仕えたり、主人を替えたり、とかく変化が激しかった。頼朝は朝廷・荘園領主との関係上、また、自身の武士支配を固めるため、御家人制を固定的に整備した。しかし、そもそも新興勢力である幕府のもとに内乱期に多くの武士が集まったのは、院政期以来の流動的な状況が前提にあった。頼朝が御家人のメンバーシップを固定的なものとしたのは、朝廷・荘園領主との協調面だけではなく、本来一回の流人に過ぎなかった頼朝のもとに内乱期に集った武士集団を自らの家人として組織しなおすために、敢えて再編を行ったものと考えられる（佐藤雄二〇二〇）。『吾妻鏡』をみると、頼朝は意図的に御家人が源氏代々の家人であることを宣伝し（川合二〇〇四）、家人集団が「傍輩」としての平等性・一体性をもつというアイデンティティを創出しようとしていた（笠松一九八四）。

御家人となる選択は建久三年前後の個別事情によってなされたものであり、その状況の変化に応じて、やはり御家人となることを望む者もあらわれただろう。自分の利を得るために幕府との関係を結ぼうとする武士の動きは、鎌倉期を通して変わっていないとみるべきである。しかし、いったん成立した御家人制は閉鎖的な傾向をもったため（時期による偏差も含めて［高橋典二〇〇八］）、いったん非御家人となったものが新規参入することは容易ではなかった。その一方で、建久年間に御家人であることを選んだものでも、その後、経済的な没落などさまざまな理由で、御家人としての務めを果たさない（果たせない）ものもあらわれた。ここに御家人制の最大の矛盾があった。

窓口としての守護

以上のような矛盾の結節点に位置していたのが、諸国の守護である。式目第三条では御家人役ではなく「守護役」に過ぎないという表現をしているが、幕府と関係を結びたい非御家人・国内寺社にとって守護の「窓口」としての役割は大きかった。一方、守護の側からすれば、御家人の数は減少していくのに、国ごとの大番役の負担などは変わらず、新たに国内の有力者を組織することにはメリットがあった。第三条は、御家人制のもつ矛盾の表出であると同時に、守護がそれを現地で調整する役割を担っていた実態を物語る点も見落としてはならないだろう。守護勢力が現地で不法な勢力拡大を行っていたのは事実だろうが、荘園制を擁護する幕府が守護を抑制するという戦後歴史学での通説的な理解では、第三条に描かれているような守護の機能は見落とされてしまう。

こうした守護の現地調整機能が矛盾をきたすと、守護の非法を荘園領主は幕府に訴え、幕府は裁判を行って両者の調整を図った。守護もまた本格的に幕府や荘園領主に反抗することはない。こうした守護の逸脱は幕府裁判と幕府権力への求心力を下支えする面があったのである。つまり第三条で描かれている守護は、「三箇条」に職権を限定された「未成熟」な守護ではなく、幕府と朝廷・荘園領主の基盤であった荘園公領制を現地で支える機能を担っていたのである。

さらに第三条の末尾では、守護の代官（守護代）は一国あたり一人までだと定めている。鎌倉幕府の守護は鎌倉に居住する有力御家人が務めており、現地には赴任しておらず（室町幕府のもとでも室町殿御分国の守護は在京原則をもっていた）、守護代（あるいは守護代の下の代官すなわち「又代官」）を現地に派遣していた。この守護代を複数人、任命・派遣することによって現地での負担が増すことが問題になっている。第三条では禁止されていたものの、実例をみると、郡ごとなど複数の代官が置かれていたようである。また、守護代のもとで守護所の運営を支えている御家人には、国衙の在庁官人の系譜に連なる現地有力者もいた（西田二〇一二）。

幕府法では畿内・西国の守護が裁判を行うことは繰り返し禁じられていたが、実際には訴訟が寄せられることもあった（工藤一九九三）。この場合、守護だからではなく、現地の有力者として、あるいは守護との関係性に応じて訴訟が寄せられたとみるべきだろう。

守護の財産没収の制限——第四条を読む

最後に、第三条とともに、守護に関する規定である第四条をみよう。守護が幕府に報告せず、勝手に謀反・殺害人の財産を没収することを禁じている。逆にいえば、守護が重犯罪者の検断と財産没収を口実にして問題を引き起こしていたことが分かる。平安時代の朝廷は、犯罪者の取り締まりを現地の有力者に委ね、没収した財産を自らのものとせず、現地の者たちの処分に委ねるか、寺社に寄進することを選んだ。犯罪者の財産を没収することは、警察・検察権者の利権であり、業務遂行のモチベーションとなったのである（義江一九八四）。こうした社会的な慣行を前提にして、敵対勢力の所領を謀叛人跡として没収することによって成立したのが、鎌倉幕府の地頭職だった（川合二〇〇四）。

いわば、鎌倉幕府の財政基盤と権力は、二度の内乱（治承・寿永の内乱と承久の乱）における敵方所領没収によって成立したものだった。鎌倉後期には幕府の運営を担うことになる北条氏の財政基盤（得宗領）もまた、頼朝の没後相次いだ幕府の内乱における敗者の所領を吸収して拡張したものだった（石井一九七〇）。第四条が禁じていた私的な所領没収は、幕府権力の本質に根差していた。それだけに、戦時から平時への転換において、現場での検断をどのように制御するかが課題になったのである。財産没収の慣行は幕府権力の活力となったが、幕府の内紛と瓦解を招きかねず、諸刃の剣だった。

幕府の矛盾を引き受ける守護

式目第四十四条は、罪に問われた御家人の所領について、罪刑の確定以前に、別の御家人が望むことを禁じる規定である。罪人の所領を没収して別の御家人に与えることは、当時の慣行だった。そのために、他人の所領を望み、御家人同士で相手を罪に陥れようとする動きが絶えなかった。それだけに幕府はその動きを抑制し、内紛の種を取り除く必要があったのである。その一方で、蒙古襲来のために戦った御家人たちの恩賞地を確保できず、窮地に陥っていた幕府を救ったのは、執権北条時宗の没後に生じた霜月騒動によって安達泰盛とその与党が滅び、その膨大な所領が没収されたことによる。

絶え間ない幕府の内紛と所領没収の連鎖は、幕府の矛盾を先送りしていくことにもなった。第三条に見える守護は、管国において御家人制の矛盾を引き受けた存在であったと述べた。第四条から見えてくる守護もまた、謀叛人・重犯罪者の所領没収によって成り立つ幕府という権力の本質に根差した矛盾を引き受けた姿だったといえよう。

南北朝・室町期の守護との存在形態の違いは、幕府を取り巻く荘園制・国制の構造の相違によるものであり、決して鎌倉期の守護が「未成熟」だったからではない。鎌倉期の守護はその時代の国制構造に即応したかたちで、その矛盾を国レヴェルにおいて引き受ける役割を果たしていた。公武対立と武家政権成長というナラティブから離れて、「三箇条」で知られる式目を読みとく中からも、そうした新たな守護像が見えてくるのである。

2　第五条　地頭と本所——年貢をきちんと納めるように

式目における地頭への言及

さて、地頭の話に移ろう。鎌倉幕府の根幹にある地頭制度とは何であるのか、これを正面から規定した条文は実は式目にはない。式目五十一ヵ条のうち六ヵ条に地頭の権利・義務に言及した規定がみえるが、いずれも別の問題が主題となった条文である。

以下、列挙していこう。第一条では、京都の朝廷に対して鎌倉幕府が特殊権限をもつ支配領域（東国）において、神社の修理について神主とともに地頭が責任を負うことを定めている。第三条では、守護の非法に関連して、守護と同様に、本来の分限を逸脱して不法に利益を追及する主体として、逆に守護の非法に苦しめられる存在として、地頭のことが言及されている。第五条は本章で詳述するが、本所（荘園領主）に対する地頭の年貢納入義務に関する規定である。

これら第一条・第三条・第五条が、鎌倉幕府と荘園領主・朝廷との関係において地頭に言及した規定であるのに対して、第三十二条・第四十七条は地頭の警察・検察権（検断権）に、第三十八条は御家人同士の対立に関わる規定である。すなわち、第三十二条では、地頭が所領内に盗賊・悪党を匿うことが問題視されており、地頭が所領内の警察権をもつとともに、守護不入の特権をもっていたことが分かる（西田二〇一一）。第三十八条は、主に九州において大規模荘園全体の地頭職（「惣地頭」）をもつ御家人が、荘園内に村単位での名主職をもつ御家人（小地頭と呼ばれる）＊4の権益を侵略したり、小地頭が惣地頭に不当に反抗したりするという事態に応じて、惣地頭・小地頭間の対立を抑えて現状維持を目的としていた（清水二〇〇二）。第四十七条では、名主職を本所（荘園領主）に知らせずに勝手に有力者に寄進してしまうことを禁じるとともに、違反者のもつ名主職を没収し、地頭設置の所領であれば地頭に任せ、地頭不設置の所領であれば本所に引き渡すことを定めている（↓第Ⅰ部第二章）。

地頭の義務

これらのうち、地頭の義務について正面から定めているのは第五条である。式目全体の条文配列を考えても、第三条・第四条が守護の不法行為禁止に関する規定であるから、地頭に関する主な規定として第五条が書かれたと考えてよいだろう。

第五条では、地頭が年貢を差し押さえて手元にとどめている、と本所（荘園領主）が幕府に訴えた場合が想定されている。荘園領主の訴えがあれば、すぐに決算を終え、監査を申請すべきである。押領の事実があるなら、その数字にしたがって弁償しなさい。ただし「少分」であればすぐに、「過分」であれば三年以内に弁償しなさい、もし難渋すれば地頭職を罷免する、という規定である。ここで描かれている地頭像は、荘園現地をきちんと管理して、本所にきちんと年貢を納めるべき存在である。

どうして式目における地頭の規定は、そのような内容なのだろうか。そして第五条は何のためにつくられたのだろうか。本章ではこの二つの問題を中心に考えてみたい。なお、地頭に関する先行研究は［佐藤雄二〇二二］も参照されたい。

地頭に関する規定が少ない理由――本補地頭と新補地頭

地頭問題は、幕府の支持基盤である武士の利害と関わり、幕府成立当初から幕府と朝廷との最大の交渉事項だった。文治二年（一一八六）の太政官符によって、平家方の没収地に地頭を設置すること、地頭の権益は没収された人物のもともとの権益を引き継ぐこと、もともとの権益を逸脱して荘園領主の権益を侵害しないこと、違反者は源頼朝（幕府）が処罰することなどが確認された（『吾妻鏡』文治二年十一月二十四日条）。このように規定された地頭を本補地頭といい、地頭制の基本原則となる。

これに加えて、貞応二年（一二二三）には新補率法が定められた。一二二一年の承久の乱の結果、西国に大量の没収地が発生し、新たな地頭職が設置されたが、そのなかには没収された人物の権益がもともと少なく、新地頭が不満をもち、現地で不当な権益拡大を図って紛争を引き起こしていた。その解決のため、地頭の権益として一定の基準を示した新補率法を定め、新地頭の権益が少ない場合、新補率法を適用することを定めたのである。田畠十一町ごとに一町の給田と反別五升の加徴米、山手・川手（山野や河川に関する収益）は領家と折半するという内容である。それまで荘園ごとの先例に委ねていた地頭の権益について一定の基準を定めたというのは重要である。新補率法は朝廷の官宣旨によって定められ、幕府は宣旨を施行するというかたちをとった（追加法九条）。

以上のように、式目制定に先立って、地頭制の骨格は定められていた。鎌倉幕府が治承・寿永の内乱と承久の乱という二つの内乱を経て成立していき、その二つの内乱の戦後処理として新たな地頭制が構築されたという経緯を踏まえるのであれば、地頭制は鎌倉幕府権力とともに生まれたのであり、式目自体に地頭とは何かという規定がないのは当然であるのかもしれない。式目は現代的な意味での基本法典ではなく、貞永元年当時発生していた問題への対処法を示したものにすぎないといわれているが、地頭に関する規定はその特徴を如実に表している。

荘園領主への年貢納入

そのうえで、第五条をみると、地頭は荘園領主に年貢を納入する義務があること、地頭が年貢を納入しない場合、荘園領主は（地頭を罷免できないかわりに）幕府に訴えをおこし、幕府は年貢納入義務を果たさない地頭を解任すると述べている。荘園領主には地頭の任免権はなく、地頭を処罰してもらうように幕府に訴える必要があった。

この規定は、地頭の本質を述べている。荘園領主への年貢納入の保障という観点でみたとき、地頭制成立以前だが、寿永二年（一一八三）十月宣旨に注目したい。この宣旨は、源頼朝の権力が朝廷によって承認された最初の画期として、研究史上注目されてきた。断片的な形でしか伝わっていないが、その内容は東海・東山道の荘園公領の年貢上納を頼朝に命じるとともに、違反者の処罰を頼朝に認めるというものである。

この宣旨は東国（東海・東山道）を基盤にした東国政権としての幕府成立の画期として重視されてきた（佐藤進一一九四三）。一方で、独立状態だった頼朝勢力が朝廷に服属した「東国の併合条約」だったとする見方もある（上横手一九九一）。だが、内乱のなかで新たに生まれた武家権力と朝廷との妥協点が、現地の支配を武家に委ねる代わりに、京都への年貢納入を保証させるというところにあったことが重要である。この宣旨の歴史的意義は、東国政権論・東国国家論に必ずしも限定する必要はなく、中世国家における幕府権力論として重視されるべきだと思われる。

寿永二年当時、内乱によって東国からの年貢納入が途絶えていた上に、養和の大飢饉と呼ばれる飢饉によって京都は深刻な食糧不足に陥っていた。朝廷・荘園領主の側も、武家が年貢を京都に納入してくれるのであれば、現地の経営にはこだわりがなく、むしろ「下請け」に出したい。頼朝ひいては幕府権力の側も、朝廷の権威を上手に利用しながら、武士たちを制御することができる。

地頭による荘園領主への年貢納入の保証を幕府が行うとともに、地頭の任免権を幕府が掌握し、御恩として御家人に与えることができるようになった。鎌倉時代の荘園に関して、武士による荘園侵略が強調されたこともあった。しかし、鎌倉幕府が荘園制の保護者という役割を積極的に引き受け、その役回りを演じることによって、朝廷・荘園領主と武士たちの双方に対して自らを「権力」として位置づけることに成功したのである。

「過分」と「少分」――理不尽な規定なのか

式目五条は以上の大原則を前提にしながら、年貢納入の期限を即時か三年以内かという年貢納入の期限（の目安）を示したものである。式目制定の翌年、六波羅探題はこの第五条を根拠にして、地頭に対して早く決算を済ませて未納分があれば支払うように命じている（『鎌倉遺文』四五六三号）。当時多発していた問題であることが分かる。

ところが「過分」と「少分」という基準が明記されていないことに気づくだろう。実例をみると「三百余石」の未進に対して、六波羅探題は三年以内の弁償を命じている（『鎌倉遺文』五三一五号）。三浦周行は「過分」ならば三年という規定は「御家人保護の精神」を示すものであるが、未進額が幾ら以上になれば「過分」になるのかという基準が明文化されておらず、裁判を担当する奉行人の裁量に委ねられている点では「式目の精神」に背くと評価している（三浦一九一九・二〇）。笠松宏至もまた、未進額が多い方が保護されてしまって理不尽であると指摘している（笠松一九八四b）。

この一節の解釈は、実は式目の本質に関わる問題である。式目は各地の守護・地頭に周知が図られており（→総論第一章）、その点をみると、全国の地頭・御家人に公布された法であるようにみえる。そうであれば、未進を重ねた地頭が、式目第五条を根拠にして、自分の未進分は「過分」であるから、即時ではなく三年の猶予を認めてもらうように要求するという事態が起こり得るだろう。

裁判官の裁量

しかし、「過分」とは三浦が指摘したように裁判官の裁量次第なのだとすれば、幕府の担当者が地頭の未納額をみて、すぐに返せなさそうだと判断すれば即時ではなく三年分の猶予を認めるという基準を示しているのに過ぎない。つまり、式目は近代法のように御家人の権利を定めたものではなく、幕府の評定衆や奉行人たちの心覚え、マニュアルという性格があった。これに関連して、長又高夫も第五条は「裁判権者の為の規範であった」と指摘している（長又二〇一七）。近年では、アメリカの中世史家であるトーマス・コンランもまた、笠松が指摘したような矛盾を解決するためだろうか、「地頭が即座に返済できる以上の額の場合」（If the amount be greater than the *jitō* is able to pay at once）というように説明を補って英訳している。つまり「過分」というのを、個々の事例における地頭の返済能力を超えたものとみているのであり、適切な意訳である。

第五条を根拠にして、当事者である地頭が幾ら以上の未進が「過分」に相当するのかを争うという事態は想定されていなかったに違いない。だが、笠松がいうように式目は誰でも知っている「有名な法」になったため、当初想定されていなかったような利用がなされていく。

紛争当事者にとっての目安になる

この条文もまた地頭と荘園領主との間での交渉の際の基準になったようである。鎌倉後期のある相論では、式目の規定を前提にして、「大未進」は三年であるところ特別に五年以内の返済でよいという条件で、領家と地頭とのあいだで和与が実現している（『鎌倉遺文』二五〇五六号）。本所としても地頭解任の結果、未進分を結局回収できなくなるよりは、式目の規定を参考にして、地頭にヨリ譲歩する姿勢をみせることで、地頭と折合いをつけられるのであれば、それに越したことはなかっただろう。新補率法のように地頭の権益を規定するものではなく、一見地味ではあるが、地頭・荘園領主間の相論における基準を示すものとして、案外重要な条文である。

さらに第五条を根拠にして幕府法廷に訴訟が寄せられていく。建治三年（一二七七）に東寺領若狭国太良荘雑掌は地頭の非法を幕府法廷に訴える中で、「関東貞永元年御式条」第五条を全文引用し、二十四年間わずかな支払いもないのだから、今更決算するまでもなく、未納分二百五十五石一斗二升を支払うよう幕府の成敗を求めている（『鎌倉遺文』一二九五八号）。式目の規定は決算したうえで支払えというものであるし、未納分は「少分」とはいえないが、雑掌は地頭未納分の支払い命令を幕府に求める根拠として第五条を全文引用しているのである*5。

荘園制は個々の荘園の個別事情に応じて成立し、もともと全国一律の基準はなかった。だが、地頭・御家人が荘園の内部に生まれ、各荘園の紛争に幕府が関わる中で、鎌倉期の荘園制は整序されていく。御成敗式目第五条は、寿永二年十月宣旨以来の幕府と荘園公領制の関係に由来し、立法時点の制定意図を超えて、一つの参照軸として、新たな機能を担っていくのである。

鎌倉幕府の地方統治を支える守護・地頭が式目においてどのように位置づけられているのかをみてきた。まず確認すべきは、守護・地頭は鎌倉幕府権力の形成とともに生まれたものであり、式目によって規定された存在ではないことである。この点で、現在の「憲法」のイメージをもっていると、第三条の所謂「大犯三箇条」規定の意味などを取り違えてしまう。もう一つ確認すべきことは、鎌倉幕府は荘園制を土台にした権力であり、守護・地頭の機能とその推移は、荘園制の構造の中で考える必要がある。その点を見落とすと、守護・地頭の荘園侵略と一方的な成長というストーリーになる。

そのうえで、式目制定当時の幕府が直面していた問題を式目の諸規定から解き明かしていく必要がある。守護が御家人制の矛盾を現地で体現する存在であったのと同様、地頭職は鎌倉幕府と武士、幕府と荘園制との間の矛盾を調整する存在であった。式目の諸規定からは、単なる制度にとどまらず、当時の社会の抱えていた諸問題が見えてくるのである。

【参考文献】

相田二郎『蒙古襲来の研究』(吉川弘文館、一九五八年、増補版一九八二年)
秋山哲雄『北条氏権力と都市鎌倉』(吉川弘文館、二〇〇六年)
石井進「鎌倉幕府論」(石井進著作集刊行会編『石井進著作集　第二巻　鎌倉幕府論』岩波書店、二〇〇四年、初出一九六二年)
石井進『日本中世国家史の研究』(岩波書店、一九七〇年)
伊藤邦彦『鎌倉幕府守護の基礎的研究』論考編・国別考証編(岩田書院、二〇一〇年)
上横手雅敬『鎌倉時代政治史研究』(吉川弘文館、一九九一年)
上横手雅敬「守護制度の再検討」(『日本中世国家史論考』塙書房、一九九四年)
海老名尚・福田豊彦「『田中穣氏旧蔵典籍古文書』「六条八幡宮造営注文」について」(『国立歴史民俗博物館研究報告』四五、一九九二年)
笠松宏至『日本中世法史論』(東京大学出版会、一九七九年)
笠松宏至「中世の「傍輩」」(『法と言葉の中世史』平凡社選書、一九八四年a、のち平凡社ライブラリー、一九九三年)
笠松宏至『法と言葉の中世史』(平凡社選書、一九八四年b、平凡社ライブラリー、一九九三年)
川合康『鎌倉幕府成立史の研究』(校倉書房、二〇〇四年)
木下竜馬「新出鎌倉幕府法令集についての一考察―青山文庫本貞永式目追加―」(『古文書研究』八八、二〇一九年)
木下竜馬「鎌倉時代の「守護」とは何だったのか」(山田徹ほか『鎌倉幕府と室町幕府』光文社、二〇二二年)
木村英一『鎌倉時代公武関係と六波羅探題』(清文堂出版、二〇一六年)

工藤勝彦「鎌倉時代における在地裁判権に関する一考察」（『古文書研究』三七、一九九三年）
熊谷隆之「鎌倉幕府支配の展開と守護」（『日本史研究』五四七、二〇〇八年）
熊谷隆之「鎌倉幕府の全国支配―鎌倉幕府はいかにして全国を支配したのか―」（岩城卓二ほか編『論点・日本史学』ミネルヴァ書房、二〇二二年）
黒田俊雄『黒田俊雄著作集　第一巻　権門体制論』（法蔵館、一九九四年）
小原嘉記「西国国衙における在庁官人制の解体―安芸国衙関係史料の再検討―」（『史林』八九―二、二〇〇六年）
五味文彦「院支配の基盤と中世国家」（『院政期社会の研究』山川出版社、一九八四年、初出一九七五年）
五味文彦「平氏軍制の諸段階」（『鎌倉時代論』吉川弘文館、二〇二〇年、初出一九七九年）
五味文彦『平清盛』（吉川弘文館、一九九九年）
五味克夫『鎌倉幕府の御家人制と南九州』（戎光祥出版、二〇一六年）
佐藤進一『鎌倉幕府訴訟制度の研究』（畝傍書房、一九四三年、のち岩波書店、一九九三年）
佐藤進一『鎌倉幕府守護制度の研究―諸国守護沿革考証編―』（要書房、一九四八年、増訂版が東京大学出版会、一九七一年）
佐藤雄基「鎌倉時代における天皇像と将軍・得宗」（『史学雑誌』一二九―一〇、二〇二〇年）
佐藤雄基「鎌倉幕府の《裁判》と中世国家・社会」（『歴史学研究』一〇〇七、二〇二一年）
佐藤雄基「鎌倉期の地頭と荘園制」（鎌倉佐保・木村茂光・高木徳郎編『荘園研究の論点と展望―中世史を学ぶ人のために―』吉川弘文館、二〇二二年）
佐藤雄基『御成敗式目―鎌倉武士の法と生活―』（中央公論新社、二〇二三年）
清水亮「鎌倉前・中期の惣地頭・小地頭間相論と西国御家人制」（『鎌倉幕府御家人制の政治史的研究』校倉書房、二〇〇七年、初出二〇〇二年）。

高橋典幸「武家政権と幕府論」(『鎌倉幕府軍制と御家人制』吉川弘文館、二〇〇八年、初出二〇〇三年)
高橋典幸『鎌倉幕府軍制と御家人制』(吉川弘文館、二〇〇八年)
高橋秀樹「鎌倉幕府成立は「イイハコ」になったのか」(『日本歴史』八五二、二〇一九年)
高橋昌明『清盛以前—伊勢平氏の興隆—』(平凡社選書、一九八四年、のち平凡社ライブラリー、二〇一一年)
長又高夫『御成敗式目編纂の基礎的研究』(汲古書院、二〇一七年)
西田友広『鎌倉幕府の検断と国制』(吉川弘文館、二〇一一年)
新田一郎「「大犯三箇条」異説—「常識」の再検討—」(『遥かなる中世』一四、一九九五年)
藤本頼人『源頼家とその時代』(吉川弘文館、二〇二三年)
前田英之『平家政権と荘園制』(吉川弘文館、二〇一七年)
松薗斉「武家平氏の公卿化について」(『九州史学』一一八・一一九、一九九七年)
松本一夫『東国守護の歴史的特質』(岩田書院、二〇〇一年)
三浦周行「貞永式目」(『続法制史の研究』岩波書店、一九二五年、初出一九一九・一九二〇年)
村井章介「蒙古襲来と鎮西探題の成立」(『アジアのなかの中世日本』校倉書房、一九八八年、初出一九七八年)
山田徹「南北朝期の守護論をめぐって」(中世後期研究会編『室町・戦国期研究を読みなおす』思文閣出版、二〇〇七年)
義江彰夫「院政期の没官と過料—中世財産刑形成前史—」(土田直鎮先生還暦記念会編『奈良平安時代史論集』吉川弘文館、一九八四年)
渡邉正男「丹波篠山市教育委員会所蔵「貞永式目追加」」(『史学雑誌』一二八—九、二〇一九年)
Thomas D. Conlan, *Samurai and the Warrior Culture of Japan, 471-1877: a source book*, Hackett Publishing Company, 2022.

【註】

＊1　**大犯三箇条**　高校の日本史教科書にも出てくる有名な用語であるが、式目本文にも追加法にも、「大犯三箇条」という表現はない。新田一郎が指摘するように、「大犯三箇条」という呼称が一般化するのは南北朝期に下り、謀叛・殺害人に加えて、式目三条に「付けたり」として加わる「夜討・強盗・山賊・海賊」が含まれるようになり、室町期には形骸化する大番催促が抜け落ちていく（新田一九九五）。なお、「大犯」三箇条であるのに（犯罪ではない）大番催促が含まれているのは、「大犯三箇条」という概念が（大番催促を含む）式目の「三箇条」にはなく、大番催促が形骸化した中世後期に成立したものだからである。

＊2　**鎌倉幕府の成立**　「鎌倉幕府の成立」には諸説があるが、地頭制の観点から文治二年（一一八六）を重視する見方もあり得る。従来、成立の画期として重視されてきたのは①治承四年（一一八〇）、②寿永二年（一一八三）、③文治元年（一一八五）、④建久元年（一一九〇）、⑤建久三年（一一九二）である。鎌倉幕府の成立は段階的なもので、一つの時点を成立の画期と見出すこと自体に無理があるという見方も近年強まっているが、そもそもこの種の画期論は「幕府の本質とは何か」という各論者の見方と不可分であり（幕府観に応じて、その成立画期が定まってくる）、議論を深めていくためには欠かさない。そこで順番にみていこう。

江戸時代以来、幕府成立の通説だった③文治元年説は、守護・地頭設置を頼朝に認めた文治の「勅許」（天皇の許可）を重視する学説である。戦後、（ｉ）地頭設置が認められたのはすべての荘園ではなく、平氏勢力から没収した所領であることが明らかにされ、（ii）文治勅許で認められたのは、国ごとに置かれた守護でも（個別所領に置かれた）荘郷地頭でもなく、（国単位に設置された）国地頭であるという石母田正の新説がでるなど、新たな研究が進展した。しかし、朝廷からの国家権力の移譲という枠組みは強く残っていた。これに対して根元的な異議申し立てをした川合康は、敵方所領を軍事占領する武士たちの動きが先行しており、幕府も朝廷もそれを「追認」

するかたちで没収所領に地頭が設置されたことを強調した（川合二〇〇四）。鎌倉幕府地頭制は治承・寿永の内乱の結果、新たに構築された制度であり、先行する国家権力を割譲されて生まれたものではないのである。その結果、③は自明の前提ではなくなっている（研究史はさしあたり［佐藤雄二〇一二］）。

③一一八五年説にかわって現在有力視されているのが、④一一九〇（九一）年説である（上横手一九九一）。建久元年末、頼朝が上洛し、右近衛大将に任じられ、後白河院と国制のあり方について協議し、翌年に朝廷の発した「建久の新制」という法令によって、幕府とは朝廷のもとで全国の守護（軍事・警察）を担う存在であるという基本的な枠組み（権門体制）が定まった。その後、全国の武士は御家人か否かを選択し、御家人となった武士には内裏大番役（上洛して内裏を警護する御家人役）を課され、国ごとに御家人を統率する軍政官として守護が設置された。幕府の国制上の位置づけ（諸国守護）と守護制度を重視するならば、④が有力となる。

なお、「イイクニつくろう鎌倉幕府」で知られる征夷大将軍補任の⑤一一九二年説は専門家はほとんど支持していない（［高橋秀二〇一九］によれば、初等教育の教科書で登場した言説らしい）。頼朝が望んだのは「大将軍」補任で、征夷大将軍の官職は朝廷側で選択したものに過ぎないことを示す新史料が発見され、同時代的にみて征夷大将軍の官職に幕府成立の意義は見出されなくなったからである。

ただし、内乱のなか、反乱軍として始まり、東国を拠点とする「もう一つの中世国家」という点に幕府の本質を見出すのであれば、挙兵して南関東を軍事占領した①一一八〇年に幕府の成立を見出す学説も成り立つ（石井一九六二）。これ以外にも、東国政権であることを朝廷から承認された「寿永二年十月宣旨」を重視する②一一八三年説もある（佐藤進一九四三）。②説は幕府の東国行政権という部分が研究史上論点になったが、公権委譲論的でもあり、近年では顧みられることが少ない。しかし、本章で述べたように、京都への年貢納入ひいては荘園公領制の保障と引き換えに現地を支配するという構造に、地頭制度ひいては荘園制における鎌倉幕府権力の基本的な性格を見出すのであれば、その構造を評価する学説として②説はなお有効であると思われる。

それらに対して、筆者は近年、文治二年（一一八六）に注目している。その際、頼朝権力が朝廷との間に「線引き」を行った点を重視している。②で確認される荘園制と地頭制の基本構造が太政官符によって確立したこと（本補地頭制の成立）に加えて、訴訟制度（西国における武士狼藉を停止）や東国・西国の別についても、この年に基本的な枠組みがつくられた。従来、文治二年の動きは、文治元年の（国）地頭勅許に象徴されるような頼朝による朝廷権力の奪取に対する「反動」、すなわち朝廷が「反撃」を開始して、頼朝が急速に拡大した権力を縮小する局面であるととらえられてきた。しかしながら、鎌倉に所在する幕府権力が京都の諸勢力に「線引き」を行いつつ、朝廷をはじめとする諸勢力の再建を促していく点に、鎌倉時代の基本的な構造があるとすれば、源頼朝の「妥協」「譲歩」「後退」ではなく、鎌倉幕府ひいては鎌倉時代の国制の成立史上における画期として積極的な位置づけができるのではないかと筆者は考えている（佐藤雄二〇二一・二〇二三）。

＊3　**御家人の数はどれくらいだったのか**　建治元年（一二七五）に源氏ゆかりの京都の八幡宮を修造するときに費用を負担した御家人のリストが存在しており（六条八幡宮造営用途注文）、それによると鎌倉中一二三人、在京二八人、諸国分三一八人の合計四六九人の名前が列挙されている（海老名・福田一九九二）。諸国分をみると、武蔵国八十四名のように数の多い国もあるが、他は数名、十名前後である。このリストで若狭国は三名の名前があがっているが、若狭国は建久七年（一一九六）時点で国御家人となった三十三名のリストが残っており（『鎌倉遺文』八五四号）、寛元三年（一二四五）には御家人役を勤めることのできる国御家人は十四人であった（『鎌倉遺文』六五〇〇号）。建治元年のリストに載っていない国御家人もいたと思われるが、多くても国ごとに十数名と考えてよいだろう。

＊4　**九州の御家人と式目三十八条**　とりわけ平氏の勢力の強かった九州（鎮西）では、鎌倉幕府は一部の主だった平氏勢力を滅ぼした以外は現地勢力を温存する政策をとった。現地の武士たちは御家人として編成されたが、彼らのもつ所職は地頭職ではなく名主職とされた（東国御家人の場合、もともともっていた下司職や名主職が幕府

の本領安堵によって地頭職とされた）。九州の王家領荘園は郡単位の巨大なものが多かったが、幕府は占領軍の軍政官として惣地頭を設置し、所領内の鎮西御家人（小地頭と呼ばれた）を管轄させた。

＊5　**式目の本文**　地頭職解任は『鎌倉遺文』一二九五八号の引用文では「所職を改める」となっている。式目写本によっては「所職を改易する」になっており、一般にはこちらが流布している（近世に活字印刷とともに流布する清原家系統のテキスト）。実は式目の原本は伝来しておらず、後世の写本が多数残されているが、写本によって式目の文章が微妙に異なっており、研究者が写本をつきあわせてオリジナルの本文の復元（「校訂」という）を行っている（式目の文字異同やそもそも文字異同が激しい理由に関しては［佐藤雄二〇二一］）。したがって、鎌倉期の古文書が式目を引用した箇所に、「改」とあるのは、本文復元の参考となるかもしれない。

二

式目六・三十・四十七条

権門と法圏——幕府「裁判管轄」の意図と現実

黒瀬にな

《読み下し》

第六条

一つ、国司・領《りょう》家《け》の成敗、関東御口入《ごくにゅう》に及ばざる事

右、国衙・庄園・神社仏寺領、本所《ほんじょ》の進止《しんし》たり。沙汰出来《しゅったい》においては、いまさら御口入に及ばず。もし申す旨ありといへども、敢て叙用《じょよう》されず。次に、本所の挙状《きょじょう》を帯びず越訴《おっそ》致す事、諸国庄公ならびに神社仏寺（領）、本所の挙状を以て訴訟を経《ふ》べきのところ、その状を帯びずんば、既に道理を背くか。自今以後《じこんいご》、成敗に及ばず。

第三十条

一つ、問注《もんちゅう》を遂ぐる輩《ともがら》、御成敗を相待たず、権門《けんもん》の書状を執《と》り進《まい》らする事

右、裁許に預かるの者は強縁《ごうえん》の力を悦《よろこ》び、棄て置かるるの者は権門の威を愁《うれ》ふ。爰《ここ》に、得理の方人《かたうど》は頻りに扶持《ふち》の芳恩と称し、無理の方人は窃《ひそ》かに憲法の裁断を猜《そね》む。政道を黷《けが》すこと、職《もと》としてこれに由《よ》る。自今以後、慥《たし》かに停止《ちようじ》すべきなり。或いは奉行人に付き、或いは庭中《ていちゆう》において、申さしむべきなり。

第四十七条

一つ、不知行《ふちぎよう》の所領の文書を以て、他人に寄附する事〈付けたり、名主職《みようしゆしき》を以て、本所に相触れず権門に寄進する事〉

右、自今以後寄附の輩においては、その身を追却せらるべきなり。請け取るの人に至りては、寺社の修理《しゆり》に付けらるべし。次に、名主職を以て、本所に知らしめず権門に寄附する事、自然これあり。然るが如きの族《やから》は、名主職を召して地頭に付けらるべし。地頭無きの所は、本所に付けらるべし。

1　中世社会の多元性と「法圏」の分立

法の分立と裁判権の分立

日本中世社会は、「集権的・求心的側面」と同時に「多元的・分裂的側面」を有しており、この両面性ゆえに、いずれの側面を強調するかによって研究史もまた揺れ動いてきた。これは〔石井進一九七六〕による著名な指摘であるが、その論考の中で石井は、「多元的・分裂的側面」のあらわれとして、「法の分立」「裁判権の分立」という現象を第一に取り上げていた*1。日本中世における諸権力の分立、支配権力の多元性と照応するものとして、法や裁判の多元性は重要なテーマである。

日本中世法は、法史学の祖の一人である中田薫の時代から、公家法・武家法・本所法という三系統に大別して理解されてきた（佐藤雄二〇一二）。これを詳細に整理したのが、笠松宏至・羽下徳彦「中世法」（一九六三）である。今日ではやや旧い部分もあるものの、法や裁判の多元性に関する議論の基盤を作った論文であるので、まずはその説くところを聴いてみよう。中世には「法の主体」として以下の集団が存在し、それぞれに法を有していたとされる。

A　朝廷＝公家政権……………………公家法

寺社・貴族などの荘園領主＝本所……………………………………本所法
鎌倉幕府・室町幕府＝武家政権…………………………………幕府法
地頭・国人・守護大名・戦国大名など＝封建的領主…………封建領主法
B　僧侶集団、武士の族縁集団、村落などといった各種の集団……それぞれの内部規律

Aは「国家的権力とその法」ないし「公権力のもつ法」、Bは「私的集団の法」であり、権力の存立に直接関わらない場面ではAはB内部に不干渉だったという（たとえば悔返《くいかえし》について第Ⅱ部第二章参照）。そして、Aの各法相互の関係について、それら「公権力のもつ法の支配領域」を「法圏《ほうけん》」と呼び、公家法に対抗して本所法が発生したのち、本所法と同じく荘園制を基盤に構築された幕府法がその法圏を拡大するものの、ゆくゆくは封建領主法が本所法（荘園制）を克服しつつ中心的位置を占めていくさまが素描される。この〔笠松・羽下一九六三〕は、「法圏」という語をもって「法の支配領域」（傍点引用者）を論じることにより、法の分立と裁判権の分立とを同時に視野に収めた議論を展開している。

ただし、裁判権の分立は、法の分立と完全に一致・連動するものではないことに注意したい。笠松が指摘するように、法の妥当範囲と裁判権力の及ぶ範囲は原理的には別個の問題であり（笠松一九五九・一九七二）、幕府法廷で本所法が参照されることもありえたし、幕府法の内容が幕府外へ浸透していく現象も起きている（式目八条の知行年紀法が著名。ただし議論あり）。そして、本章で扱う式目六条

と直結するのは、「法圏」問題のうち、裁判権の多元性、ないし「裁判管轄」問題の側面である。

「権門」と「法圏」

ところで、前出の〔笠松・羽下一九六三〕において「公権力」といわれていた朝廷・幕府・領主についての、近年の研究は「権門」と呼ぶ場合が多い。それとも関連して、「公権力のもつ法」と「私的集団の法」も現在はさほど截然《せつぜん》と区別されない傾向にある。その要因は一つではないが、最大のものは、権門体制論の浸透であろう。〔笠松・羽下一九六三〕と同巻の岩波講座にて発表された黒田俊雄「中世の国家と天皇」（〔黒田一九七五〕所収）およびそれに続く諸論考は、中世国家論の議論状況を大きく変えた。天皇を頂点とする国家権力機構の中で、公家・寺家とともに国政を分掌する一門閥（権門）として武家（幕府）を位置づける権門体制論の立場からすると、幕府法ないし幕府裁判の対象領域は、幕府の権門としての性格と不可分の問題としてとらえられることになる。また、門閥という私的な組織が、私的な権勢をもつゆえにこそ公的な国政機能を担いうる、というものの見方も、今に影響していると思われる。

もっとも、その後の研究が権門体制論に圧倒されたともいえず、論者によって立場は微妙に異なる。本書の基点となる『中世政治社会思想　上』（一九七二）は、黒田の権門体制論提起（一九六三）以前に自らの学問を形成した研究者たちによって編まれ、従前の通説的立場（幕府をはじめとする諸権力それぞれについて、個別に国家的性格を観察しようとする）の展開・発展という方向性をもつが、現在もなお権威を有するといえよう。すなわち、中世法の系統分類や裁判権の分立という表層的なレベルにおいて大きな齟齬はないものの、その本質を構造的にあるいは動態的にどう説明するか、「法圏」どうしの関係をどのようにとらえるか、といった点に立ち入ると、合意形成には至っていないのである。

こうした経緯を反映して、「法圏」という発想自体は現在まで継承されているものの、その用語法においては、「各種の公権力のもつ法の支配領域」というさきの定義に規定されながらも、最近はやや広く「各種の法の通用範囲」「各法廷が裁定対象とする事物の範囲」といった意味あいで用いられる*2。

このような研究史をくぐり抜けた現時点の一応の標準的理解として、荘民間の紛争を念頭に置いた村井章介の説明をあげておこう。裁判権の側面から「法圏の分立と重層」を簡明に略説するもので、おおむね以下のような内容である。

①紛争両当事者が同じ荘園の住民であれば、現地の荘家で解決が図られる。
②異なる荘園間であっても、両荘が同じ本所に属するケースでは、本所が裁判する。
③本所を異にする荘園間では、一方の荘園からの訴えは、その本所から相手方荘園の本所へと伝達され、相手方荘園の現地に下される。荘園間・本所間で解決せず裁定が必要になる場合には、朝廷や幕府といったさらに上位の（超越的な）存在が裁くこととなる。

こういった形で、「法圏」は垂直（上下）方向に重層するとともに水平（本所間・権門間）方向に分立しており、朝廷や幕府は自身も権門としての性格を有すると同時に権門間紛争の裁定者という超越的な地位にも立つ、という中世社会特有の構造が見出せるという（村井一九九九）。

なお、次節以降の内容とも関わるが、「法圏」を「ある法が通用する範囲／ある法廷が扱う事項の範囲」ととらえてみると、「支配領域」としてとらえたとき以上に、実態面へ目が向いてくるのではなかろうか。実際のところ、近年の研究は、現実の訴訟過程においては「裁判管轄」区分が自明ではなくしばしば錯綜する動態に注意を払うようになっている（一例として〔黒瀬二〇一九〕）。

以上のような「権門と法圏」の問題を、御成敗式目に即して語るということはつまり、法や裁判権が多元的である中世社会を前提として、鎌倉幕府はそのような多元的状況に対しいかなる方針を表明するのか、を考えることになる。

2　幕府裁判権の外縁

式目六条の内容

本条のおもしろさは、一見あたりまえのことを述べているようでいて、鎌倉時代を通して幕府が抱え込んだ矛盾をよく体現している点にある。この点は後述するとして、まず条文を確認しよう。以下の引用は、説明のため適宜加工している。読み下し文と現代語訳は本章冒頭および巻末を参照されたい。

【一ツ書・事書《ことがき》（見出し）】 国司・領家の成敗、関東**御口入《ごくにゅう》**に及ばざる事国衙領（公領）の国司や、荘園等の領主によってなされる成敗（訴訟裁断・決定・命令）に関して、鎌倉幕府は容喙《ようかい》しないことを定める。「**口入**」は介入・口利きの意*3。

【前段（第1項）】国衙・庄園・神社仏寺領、**本所の進止《しんし》**たり。沙汰出来《しゅったい》においては、いまさら御口入に及ばず。もし申す旨ありと雖も、敢て叙用《じょよう》されず。

冒頭の一ツ書をうけて、その趣旨を詳述している。国衙領・荘園・寺社領といった、本所が進止（支配）する領地に関して、沙汰（訴訟）が出来（発生）しても幕府は関与せず、仮に訴え出てきたとしても断じて叙用しない（取り合わない）、とする。「**本所**」は多義的な用語だが、本条では広義に、荘園・公領・寺社領の最終的経営権者・管掌者を指す。「**進止**」の厳密な語義には諸説あるが、ここでは、誰が当該所領の支配権（訴訟管掌を含む）をもつかをあらわす語と解しておく。

【後段（第2項）】

《事書（見出し）》**本所の挙状《きょじょう》**を帯びず**越訴《おっそ》**致す事

《本文》諸国庄公ならびに神社仏寺（領）、本所の挙状を以て訴訟を経べきのところ、その状を帯びずんば、既に道理を背くか。自今以後、成敗に及ばず。*4

本所進止の地から、本所の「**挙状**」（吹《すい》〈推〉挙《きょ》状。上申の取次ぎ文書の意）を得ないまま幕府へ出訴することを禁じるものである。「**越訴**」は、本来の手続を履《ふ》まないイレギュラーな訴えのこと*5。公式令訴訟条（「凡そ訴訟は皆下より始めよ……」）に象徴されるように、古代中世の訴訟においては統属関係（上下の管掌関係）を順にたどる手続が本則であったから、管掌者たる本所の頭越しに訴えを起こすことは、本則に外れる行為とみなされる。

したがって、荘園（以下、「神社仏寺領」も含めて荘園という）・公領から幕府への訴えについては、それぞれの管掌者・支配者による申し送りがある場合に限って、例外的に幕府の成敗対象となる、というわけである。

幕府裁判の管掌範囲——整序志向とその背景

以上みたように第六条は、幕府の裁判権と、他の権力の裁判権との関係を整序することを狙いとする条文である。

鎌倉幕府の裁判権（法圏）が輪郭をあらわしてくる過程は、二つの側面から考えうる。第一に、国家的公権の行使として訴訟裁断をとらえる、伝統的な論点がある。石井良助は、畿内近国および西国の訴訟事案については基本的に本所が管掌し、本所間で訴訟となった場合は天皇・治天（院政を行う上皇）の聖断対象とされたことを指摘した（石井良一九三九）。さらに佐藤進一は、東国における本所間訴訟は幕府が管轄したと推定し、そのような幕府の訴訟裁断権限は、寿永二年（一一八三）十月宣旨で源頼朝に認められた東国行政権にもとづくものと位置づけた（佐藤進一一九四三）。

第二に、近年の研究では、実態面からのとらえ直しが進んでいる。そもそも平安時代以来、諸権力の裁判権どうしの関係は、実際には流動的であった。院や摂関家といった最上位権門は、必ずしも管掌関係や家産支配にもとづかない訴訟裁断ないし訴訟介入を行っており（権門裁判）、とりわけ全国的に荘園の設立が進む十二世紀には、権門に訴えを託すとともに所領を寄進するような寄沙汰《よせざた》が盛行した。だが、そうした訴訟介入（＝口入）は紛争を泥沼化させがちであったことから、院政期末には、口入の自粛や禁止を定める本所法が登場するなど、本所以外の有力者による訴訟介入を排除しようとする方向性がみえてくる（佐藤雄基二〇一二）。そのような中、新たに台頭した源頼朝勢力も、有力権門として多くの訴えや口入要請に直面し、それらへの対処を迫られることになる。初期幕府の場合はとくに、治承・寿永内乱にともなう武士狼藉が問題の中心となった。ここでいう武士狼藉とは、内乱時の朝敵追討活動において発生する、過剰な兵粮米徴収・所領の押領・新任地頭による年貢抑留といった問題であり、戦闘終結後は、そうした狼藉行為によって混乱した領有秩序を再構築していかねばならない（菱沼二〇一一）。そのために幕府は、地頭設置所領とその所務内容について、整理・確定する作業を進めた（このような「狼藉停止《ちょうじ》」の取り組みは、荘園・公領と地頭御家人との紛争を取り捌《さば》くものといえ、のちの本所—地頭間訴訟〈式目五条〉の淵源とみることができる）。こうした施策を通して幕府は、武家の関与すべき領域の明確化（＝管掌範囲の整序）を試みたのであるが、実際には、京・鎌倉双方に所縁をもつ両属的な武士も多く、画然とした秩序立ては困難であった。また、東国の本所領に関わる訴訟について、幕府の意思としては朝廷による対応を求めており、幕府が管轄権限を勝ちとったというよりも、引きうけざるをえなかったという実態評価もなされている（佐藤雄二〇二一）。

院政期以来の社会的課題であった口入の抑制は、鎌倉幕府という強力な求心性をもつ存在の成立によって、新たな問題状況に突入したといえよう。配下の武士が各地で活動し、社会関係はむしろ複雑化する状況にありながら、朝廷や荘園領主たちとの関係において自らの責任をいかに限局するかという点は、その後の鎌倉幕府にとって核心的な課題であり続ける。

承久の乱（一二二一）は、平衡を回復したかにみえた社会を、再び流動化させた。多くの関東武士が新補地頭として西国に配置され、所務をめぐって荘園領主と揉めたのはもちろんであるが、それ以外の諸処における紛争も見逃せない。御家人領保護令として有名な、天福二年（一二三四）の六波羅探題あて関東御教書（追加法六八条）には、式目六条前段の立法事情が記されている。いわく、本所進止の所職を代々保有する西国御家人の中に、承久の乱後、本所との従前の取り決めを破り、新補地頭に倣って収益の拡大を図る者が出てきた。そのような「国司領家を蔑如《べつじょ》」（ないがしろに）する動きを断つため、「本所御成敗の事においては、関東御口入に及ばざる」旨を定めたという。すなわち、権威を増大させた鎌倉幕府をたのみとして（揉めたら幕府に訴えれば何とかしてくれると期待して）本所とトラブルを起こす西国御家人たちに、当時の幕府は手を焼いていたのである。だからこそここで、「本所裁判権を尊重し、本所の判断に口出ししない」とわざわざ宣言する必要があったといえる。

一方、第六条後段の想定する訴訟は、本所進止下の荘官（非御家人）・百姓（凡下《ぼんげ》）らが御家人の非法（≒狼藉）を幕府に訴えるパターンが中核を占めると思われる。石井良助は、身分的に本所に従属する者は、本所の挙状を帯びない限り、幕府裁判を受ける資格（当事者能力）を欠くと説明する（石井良一九三八）が、ようするに、係争地現地の紛争当事者が訴え出る場合にも、本所―幕府間での権門間交渉の形で訴訟を構成せんとするわけである。

このように、条文に直接書き込まれていない訴訟構造の差異（西国御家人／荘官・百姓という訴人の違い）には留意が必要であるが、総じて第六条は、「承久の乱に勝利を収めた幕府の存在自体からくる混乱の矯正」（羽下一九七五）という、御成敗式目制定の直接的動機がよく反映された条文といえよう。

本所の吹挙と『権門』の口入

式目六条には、「本所の進止」「本所の挙状」という形で、「本所の」という文言が三度も登場する。その意義を、式目中で用いられる『権門』（研究用語としての権門と区別するため『　』を付す）の語と対比して考えてみよう。

式目三十条は、幕府法廷で審理を受ける者が「**権門の書状**を執《と》り進《まい》らす」行為につき、「裁許に預かるの者は**強縁**《ごうえん》**の力**を悦び、棄て置かるるの者は**権門の威**を愁《うれ》う」ることになるという理由で禁じる。『権門』（ここでは権勢者の意）との「強縁」（有力者との縁故）によって口添えを獲得し、幕府訴訟を動かそうとすることを、『権門』の威を借る行為として規制するのである。「権門の書状」は、第六条の

「本所の挙状」とは対照的に、不当な介入として退けられている。さらに、本所と『権門』とを区別する発想は、式目四十七条にもみられる。同条後段は、「本所」に無断で名主職を『権門』に寄附することを禁じている（→第Ⅰ部第一章）。

院政期の権門裁判においては、権限にもとづき管掌・差配する者と、権限なしに介入する者との境目は曖昧だったが、御成敗式目に至っては、本所の吹挙と『権門』の口入が峻別され、前者は正当かつ必要なもの、後者は排除の対象とされたのである（佐藤雄二〇一二）。

幕府はこのように、正当な管掌権限をもつ「本所」、あるいは正規の提訴ルートとしての「本所」を強調する。それは、さきにみたような前史を受けて、幕府から外部へ、また外部から幕府へという両方向の訴訟介入を縮減・抑制しようとする政策志向の一つのあらわれであった。

3　鎌倉後期の状況、およびこれからの研究

本所進止の御家人所職

式目六条に定められた内容がその後どうなったかみていこう。

とくに前段の規定は行き過ぎであったようで、すぐに補足・修正を要している。本所進止の職に関する問題は、原則として進止者たる本所の裁断権の下にあるとはいえ、当事者（職知行者）が同時に御

家人でもある場合、話はややこしくなる。幕府（鎌倉殿）には御家人に対する主人としての責任があるうえ、幕府財政ひいては国家財政にとって欠かせない御家人役を確保する必要から、不介入を決め込んでばかりはいられないのである。

前節で触れた天福二年令を嚆矢《こうし》として、条件によっては幕府が本所の判断（職の改替など）へ介入することを定める法令が、たびたび出された。はじめのうちは、本所課役の未払いといった問題の有無を基準に、本所—幕府間で交渉・調整するという方針だったが、正応五年（一二九二）令（追加法六三三条）に至ると、本所が改易の判断を下したとしても、当該御家人に「殊なる罪科」がない場合は幕府として「所職を安堵」することとされた。これは、御家人に咎めるべき点がないと幕府の側が判断すれば、本所進止の職に対しても幕府が直接（本所との交渉を経ずに）保証するという、踏み込んだ姿勢を表明するものと理解されている（野木二〇二〇）。

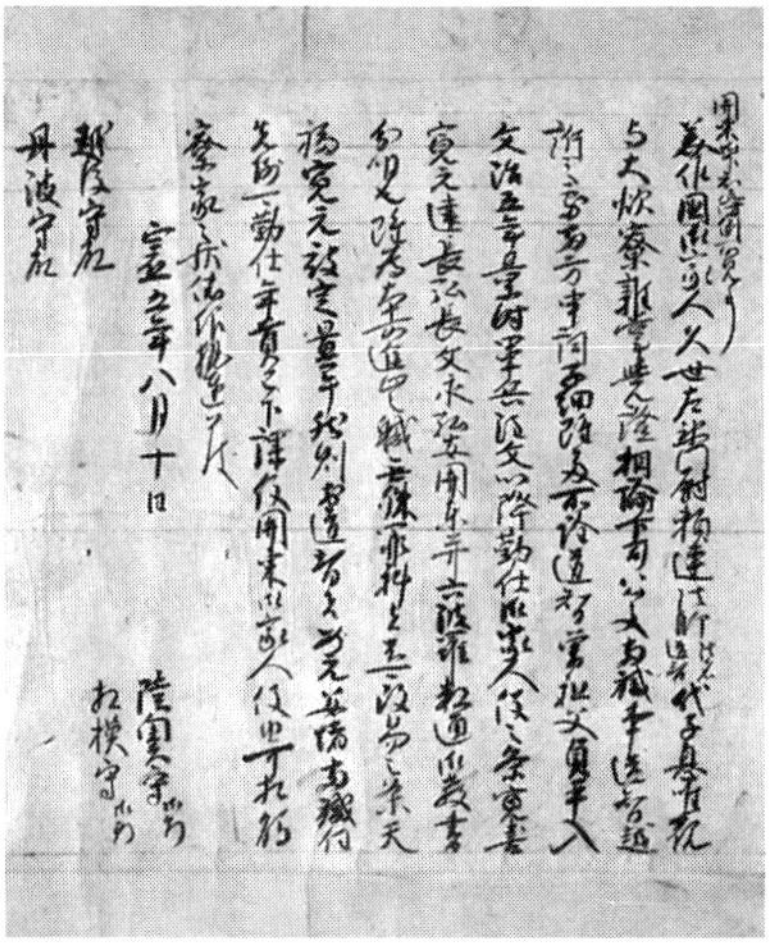

正応五年令への言及が見える同年八月十日付関東御教書案（多田神社文書、多田神社所蔵）

幕府法圏の「拡大」

第六条後段に関連する点として、幕府裁判は、幕府自身が本来想定した範囲を越えて、より多くの人々から求められるようになる。

承久の乱の戦後処置は、本所間・権門間相論に幕府が関与していく呼び水となった。京方から没収された「承久没収地」には公家の所領所職が多く含まれる。後鳥羽院の領有していた皇室領では、幕府から後高倉院へ返進される際、後鳥羽時代に改易された預所職などを旧知行者へ返付するという形で、幕府が領有秩序に介入した。この出来事は一つの由緒となり、承久没収地であることを論拠に所職相論の局面打開策として鎌倉幕府に沙汰を求める動きが散見されるようになる。公家社会は幕府裁判への依存を強めていくのである（高橋二〇〇四）。

また、本所法圏に属する紛争が六波羅へ出訴された事案において、直近に発令された悪党禁圧関係の幕府法が主張の根拠として引用されている（上杉一九九六）。幕府裁判権の発動を求める志向が、幕府法の通用域を民間レベルにおいて押し拡げることにもなった。こうした現象は、モンゴル襲来に対応した体制構築のために朝廷と幕府との連携（公武徳政）が推進される中で、誰をも捕捉し誰でも使えるものとして、公武の法が社会に受けとめられていく経緯と連動している。

なお、幕府裁判としてもともと想定されていた本所―地頭間訴訟においても、本所の訴えに従って地頭へ命令を下す初期の一方的な裁許方式から、幕府法廷に本所方・地頭方の双方を召喚して審理（対決）を行う方針へという変化が生じている（古澤一九九一）。

こうした幕府の振る舞いの変容や存在感の増大をいかに評価するか、という問題は、大きな論点となってきた。［笠松・羽下一九六三］は、幕府法圏が身分的・職的・地域的に一元化へ向かうとしていたが、今日の研究においては、朝幕関係の推移を組み込んで論じることが必須となっている。また、紛争当事者に対する第三者的裁定者への性格変化の中に、幕府の公権力化の程度を測ろうとする従来の問題関心の一方で、近年は、幕府が朝廷・本所の自律的裁判を求めたことが、かえってそうした公家の自律的裁判を督励しうる存在としての幕府への依存を招き、政局を不安定化していったという見方も提示されている（佐藤雄二〇二一）。

何が拡大したのか

本所の判断を尊重し、管掌権限や正規の吹挙ルートにこだわることで、裁許範囲の明確化を打ち出しながら、現実には外部への影響力を増大させていった鎌倉幕府。そうした幕府の展開方向を、式目六条は暗示していた。そのような矛盾を抱える中で幕府が重視した正規手続というものが、今後の研究においては糸口の一つになるかもしれない。

院政期以来、権限論では説明できない訴訟のあり方が広がっていたことをさきに述べた。だが、鎌倉時代を通して考えるのならば、権限にもとづき正規性・正則性を有する行為とそれ以外の行為との関係について、当時の人々がどのようにみていたか、改めて検討する価値があろう（黒瀬二〇二〇）。この点に関して、命令・要請・伝達を区別したうえで、働きかけの強度に着目しつつ、成敗（命令）と口入（要請）との関係を再考することが提案されている（木下二〇一九）。「管掌者＝本所による成敗」と「外部・他権門による口入」は、式目六条においても対比的に（史料用語としての）書き分けがなされていた点にも留意しておきたい。幕府の「法圏」が「拡大」した、幕府「裁判権」が「伸長」した、と一括的にとらえるのではなく、具体的には何が拡大したのか、実際のところは何が伸長したのかという点に、いまいちど注意を向けていく必要がある。

なお、本章でみてきた種々の問題・紛争が実際に持ち込まれた主たる場は、六波羅の法廷であった。六波羅探題の直面した課題が幕府訴訟制度発展の駆動力となっていく様相については、第Ⅲ部第一章などを参照されたい。

【参考文献】

石井進「中世社会論」(石井進著作集刊行会編『石井進著作集　第六巻　中世社会論の地平』岩波書店、二〇〇五年、初出一九七六年)

石井良助『中世武家不動産訴訟法の研究』(弘文堂、一九三八年。桜井英治・清水克行の校訂〈編集協力〉で高志書院より二〇一八年に新版が刊行されている)

石井良助「鎌倉時代の裁判管轄(一)(二)完」(『法学協会雑誌』五七―九・一〇、一九三九年)

上杉和彦『日本中世法体系成立史論』(校倉書房、一九九六年)

笠松宏至・羽下徳彦「中世法」(『岩波講座日本歴史　六・中世二』岩波書店、一九六三年)

笠松宏至「式目の世界―[書評]上横手雅敬著『北条泰時』第五章―」(『中世人との対話』東京大学出版会、一九九七年、初出一九五九年)

笠松宏至校注「御成敗式目」(石井進・石母田正・笠松宏至・勝俣鎮夫・佐藤進一『中世政治社会思想 上』岩波書店、

一九七二年）
木下竜馬「武家への挙状、武家の挙状」（『史学雑誌』一二八—一、二〇一九年）
黒瀬にな「優先的判断事項の争奪と出訴方法」（額定其労ほか編『身分と経済』慈学社出版、二〇一九年）
黒瀬にな「日本中世訴訟研究における「属縁主義」」（『歴史』一三四、二〇二〇年）
黒田俊雄『日本中世の国家と宗教』（岩波書店、一九七五年）
佐藤進一『鎌倉幕府訴訟制度の研究』（岩波書店、一九九三年、初版一九四三年）
佐藤雄基『日本中世初期の文書と訴訟』（山川出版社、二〇一二年）
佐藤雄基「鎌倉幕府の《裁判》と中世国家・社会」（『歴史学研究』一〇〇七、二〇二一年）
高橋一樹『中世荘園制と鎌倉幕府』（塙書房、二〇〇四年）
野木雄大「鎌倉後期における御家人制」（『歴史学研究』九九四、二〇二〇年）
羽下徳彦「領主支配と法」（『岩波講座日本歴史　五・中世二』岩波書店、一九七五年）
菱沼一憲『中世地域社会と将軍権力』（汲古書院、二〇一一年）
古澤直人『鎌倉幕府と中世国家』（校倉書房、一九九一年）
村井章介「中世史料論」（『中世史料との対話』吉川弘文館、二〇一四年、初出一九九九年）

【註】

＊1　**石井進「中世社会論」**（『岩波講座日本歴史　八・中世四』岩波書店、一九七六年。石井著『中世史を考える』校倉書房、一九九一年、および著作集に再録。）
日本中世社会の「難解さ」を認めつつ、その特性を「多様性のなかの統一」ととらえ、古典学説から考古学の

成果にまで目配りして論じるもの。冒頭、トーマス・クーンを引いて、新パラダイムを模索する日本中世史学という問題意識を打ち出したのに始まり、隣接分野における議論にも影響を与えることとなる「イエ支配の自立性」論を展開するなど、大きなインパクトをもった論考である。

＊2　**法圏**　西洋法制史や比較法学の分野では、日本中世史とは異なる意味で用いられるため、議論の際には注意が必要である（日本法制史の研究者は板挟みになって困惑することもある）。ドイツ法制史においては、対象者の全人格を捕捉する身分法と区別して、「特定の法律関係に関する特別法」をRechtskreise（法圏）という場合がある（ミッタイス著／リーベリッヒ改訂／世良晃志郎訳『ドイツ法制史概説　改訂版』創文社、一九七一年）。

比較法学においては、法系（legal systems）・法族（legal families）とほぼ同義で、何らかの基準を設定して世界の法秩序を分類するための概念である。ただし、「法圏」はドイツ語圏と日本語圏の学界以外ではほとんど用いられない（五十嵐清著／鈴木賢・曽野裕夫補訂『比較法ハンドブック 第3版』勁草書房、二〇一九年）。

佐藤雄基「「本所法」とは何だったのか」（有富純也・佐藤雄基編『摂関・院政期研究を読みなおす』思文閣出版、二〇二三年）もあわせて参照されたい。

＊3　**口入**　干渉・周旋などの意味があるが、訴訟の文脈ではとくに、紛争に介入したり、訴訟の口添えをしたりすることをいった。中世社会における縁故ないし人的ネットワークの重要性を象徴する用語である。なお、中世当時は「くちいれ」「こうじゅ」「こうじゅう」といった訓読み・漢音読みが一般的で、「くにゅう」という呉音読みは近世以降に普及し、現在もこれが通例となっている。

＊4　**道理を背く**　現代文法的には「道理に背く」と読みたいところであり、筆者（黒瀬）も意味を正確に取るために普段は「に」で読んでいるが、ここでは中世の言葉遣いを尊重して「を」を採用した。式目の仮名書き本である「御成敗式目仮名抄」（天文二年〈一五三三〉書写、『中世法制史料集　一』所収）は同箇所を「道理をそむく」とする。また、たとえば、仮名表記で「せんき（先規）をそむき……」といった類例（「今堀日吉神社文書」天正

十年〈一五八二〉十二月八日年寄若衆置状）もある。

＊5 **越訴** 律令法においては、下級官司から上級官司へと順を追って上訴することが求められ、これを逸脱する訴え（越訴）は、例外的な場合を除いて禁止されていた（公式令訴訟条・闘訟律越訴条）。ここから派生した〃本来の上申手順を逸脱する訴え〃の意で、式目六条の「越訴」は「本所の頭越しに、幕府へ直接出訴する」と解することができる。

のちに鎌倉幕府では、文永元年（一二六四）、越訴方が設置され、越訴を専門に受け付ける体制が発足した。朝廷においても、伏見親政期に越訴奉行が設けられている（永仁三年〈一二九五〉初見）。これらは鎌倉後期になって新たに制度化された「越訴」であり、［石井良一九三八］以来、判決内容の過誤に対する救済手続、再審の一種と説明される。もっとも、再度の訴えないし再審理が「越訴」（＝本則を外れた訴え）の名で制度化されたことの意義については、色々な評価の仕方がありうる。詳しくは、新田一郎「書評 長又高夫著『日本中世法書の研究』」（『史学雑誌』一一〇―八、二〇〇一年）ほか参照。

三

式目七条

不易法——政治と訴訟との関わりから

下村周太郎

《読み下し》

第七条

一　右大将家《うだいしょうけ》以後代々の将軍ならびに二位殿《にいどの》の御時、充て給はるところの所領等、本主《ほんしゅ》の訴訟に依り改補《かいふ》せらるるや否やの事、

右、或いは勲功の賞に募り、或いは宮仕《きゅうじ》の労に依り、拝領の事、由緒なきにあらず、しかるに先祖の本領と称して御裁許を蒙るにおいては、一人たとひ喜悦《きえつ》の眉を開くといへども、傍輩《ほうばい》定めて安堵の思ひを成し難き歟、濫訴《らんそ》の輩、停止せらるべし、但し当給人《とうきゅうにん》罪科あるの時、本主その次を守りて訴訟を企つる事、禁制《きんせい》することあたはざる歟、次に、代々の御成敗畢《おわ》りて後、申し乱さんと擬するの事、その理なきに依り、棄て置かるるの輩、歳月を歴《ふ》るの後、訴訟を企つるの条、存知の旨、罪科軽からず、自今以後、代々の

成敗を顧みず、猥《みだ》りに面々の濫訴を致さば、須《すべか》らく不実《ふじつ》の子細《しさい》をもって、所帯の証文に書き載せらるべし、

1 ― 第七条と巻首

不易法の定義

本章は不易法《ふえきほう》と呼ばれる第七条を主題とする。不易法の定義について、石井良助は「名将軍・名執権時代の成敗は、その理由のいかんを問わず、後の判決においてこれを改めぬ、すなわちこれと異なった判決はせぬという法」と述べ、適用を受ける期間に下された判決に実質的確定力（既判力《きはんりょく》）を与えるものとした（石井一九三七）。

これに対し、佐藤進一は越訴《おっそ》（不服申立）に関する史料に不易法との関連が見られることから、「越訴提起の期限（即ち越訴許可、不許可の時間上の制限）を画定する法」ととらえ直し、適用を受ける期間に下された判決に形式的確定力（不可取消性）*1を与えるものと論じた（佐藤一九四三）。その後、両説の異同に立ち入った研究はなく、目下、佐藤説が通説となっている。

「易」は「かえる／かわる」と訓じ、「不易」とは「かえない／かわらない」の意である。よって、「不易法」とは、変更されることのない決まり、変化することのないやり方、といった意味になる。

幕府裁判の原則

式目諸条文のうち、第七条と第八条とを指して、佐藤進一は「裁判上の二大原則」と評した（佐藤一九六五）。第七条が不易法であり、第八条は知行年紀法《ちぎょうねんきほう》*2で、いずれも時効を事由に提訴を門前払いする。裁判をする意欲から生まれた式目にあって、裁判をしない場合（ある種の例外）を定めるのが両条である。

第七条を一つ前の第六条と関連づける見方もある。第六条は幕府の管轄下にある地頭・御家人が関わる係争であっても、朝廷の管轄下にある国司《こくし》・領家《りょうけ》の所領で起きた案件については幕府裁判の対象としないとする条項である。早く三浦周行は、第六・七条を訴訟法に関する規定としたうえで、第六条は公家側の国司・領家による処分を尊重し、第七条は武家側の将軍や北条政子による処分を尊重するものととらえ、対応関係を見出す。一方で、続く第八条は物権法に関する規定と見て、第六・七条との関連性を認めない（三浦一九二五）。

近年、長又高夫は、第六・七・八条の三ヵ条を「裁判上の原則」ととらえ直している（長又二〇〇四）。たしかに、当該三ヵ条は提訴を受け付けないケースを規定する点で共通する。そのうえで、第六条と第七・八条との違いを改めて斟酌するならば、裁判をしない理由を、所領の属性という空間上の限界に求める第六条と、時効という時間上の限界に求める第七・八条とに整理できよう。

第七条の本文と構造

改めて、第七条の内容を確認していこう。事書によれば、本条は、源頼朝以来の歴代将軍および北条政子の治世に恩賞として給与した所領に関して、取り戻しを企図する本主（元の領主）が訴えを起こした場合、給与したことを見直すかどうかの規定である。本文は「次」をはさんで前段（第一項）と後段（第二項）とから成っている。前段では、奉公に対して給与された恩給地について、本主が先祖以来の由緒を持ち出して取り戻そうとすることを禁止する。ただし、当給人（現在の領主）に罪科があった場合は容認している。後段では、歴代の成敗に関して、証拠などが不十分で敗訴した者が、歳月を経た後、逆転を狙ってむやみやたらと再提訴することを禁止し、もし再提訴した場合は、以後の予防措置として虚偽等の詳細を所持する証拠書類に書き入れるとしている。

前段と後段とは若干内容が異なるようにも思える。前段は新旧領主間の所領をめぐる係争という特定の事案に関する規定だが、後段は特定の事案に即した規定には必ずしも読めない。式目には本文中に「次」や「又」などをはさみ、その前後で相互に独立性の高い内容を持つ条文が少なくない（三浦一九二五）。佐藤進一は、条文の排列の不自然さなども指摘しながら、現存の式目は延応元年（一二三九）や寛元元年（一二四三）の個別立法が後日付加・編入されたものであって、制定当初の姿ではないと論じた。そして、再編後も全体として五十一ヵ条を維持するため、本来二ヵ条であったものを一つにまとめた形跡があるとし、その実例として第七条をあげている（佐藤一九六五）。佐藤氏の二段階編纂説に対しては批判もあるが（河内一九八二）、第七条のように強引に一つにまとめられたと思しい条文があることなどから、編纂後十年以上たって改訂された可能性は否定できないと見られている（長又二〇〇四）。

「三代」「四代」「代々」

第七条は「二位殿」*3すなわち北条政子の治世を「右大将家以後代々の将軍」の治世と並列させ、一つの時代として括った。源頼朝・頼家・実朝父子にとって、政子は後家にあたる。夫を亡くした妻（後家）がイエを代表すること自体は、当時の家族制度において不自然でない。しかし、源氏将軍家というイエの問題と、鎌倉幕府という公権力の問題とを、（両者が中世という時代において切り離し難いものであることは承知のうえで、あえて）切り分けて考えた場合、政子が幕府の歴代将軍と同列に扱われることは、必ずしも自然な成り行きとは言えない。

なぜなら、政子が事実上の将軍（俗にいう「尼将軍」）として幕政を主導したのは確かでも、女性は征夷大将軍という朝廷の官職に決して任官できないからである。また、九条頼経《くじょうよりつね》という次期将軍就任予定者が現に鎌倉に下っていることも忘れてはならない。事実、彼は式目制定時、正真正銘、将軍に就任してもいる。

承久の乱の開幕を告げる、後鳥羽上皇による北条義時追討命令*4として著名な官宣旨《かんせんじ》（朝廷の公文書の一種）には「わずかに将軍の名を帯ぶといえども、猶もって幼稚の齢にあり」とある。頼経に将軍の実質がないことを示唆する一文だが、任官前にもかかわらず、「将軍」と見なされていることを見逃してはならない。この上皇の挙兵に対し、政子が御家人たちを鼓舞する演説をしたが、『吾妻鏡』によれば、演説では「三代将軍の遺跡を全うすべし」と、「三代」のレガシーが強調された。ところが、当該記事の原史料と目される歴史書『六代勝事記《ろくだいしょうじき》』では、「将軍四代のいまに露《つゆ》ちりあやまる事なき」と、将軍を「四代」と数えている。

『六代勝事記』も官宣旨も、朝廷側の史料であり、貴族社会の認識以上のものを読み取ることには限界もあろう。とはいえ、実朝の死を受けて頼経が鎌倉に迎え入れられたという厳然たる事実を前にすれば、実朝没後の将軍とは、実権はあるが将軍任官の可能性はない政子ではなく、傀儡でしかないが任官を約束されている頼経である、との認識が、御家人たちの間にも一定度存在していておかしくない。式目が、第四代頼経の存在をとりあえず横に置き、政子の時代を頼朝・頼家・実朝の時代に接続したことの政治的意味は決して小さくないと考えられる。

後に追加法《ついかほう》として出される不易法では「三代将軍」と「二位家《にいけ》」と表現されるが（後述）、式目七条は「右大将家以後」の「代々将軍」と「二位殿」と表現している。実朝没後、事実上の将軍（政子）と形式上の将軍（頼経）とがいた中で、将軍の代数をどのようにカウントすべきか――「三代」か「四代」か――。「代々」という表現は、この幕府政局のセンシティブな問いに答えを出すことを棚上げする巧みな言辞と評せるだろう。

巻首の存在

式目には、第七条とは別にもう一つ不易法とされる規定がある。式目全体の冒頭部分で、巻首《かんしゅ》と呼ばれている。

前々の成敗の事においては、理非を論ぜず改《あらため》沙汰《ざた》すること能わず。自今以後にいたりてはこの状を守るべきなり。

これまでの成敗については、当否を問わず改めて審理することはない、今後このことを徹底するように、といった意味である。「前々の成敗」が具体的にいつの成敗を指すかだが、第七条の後段には「代々の御成敗」「代々の成敗」という表現がある。これは同条事書の「右大将家以後代々将軍ならびに二位殿の御時」の成敗に相当すると解するのが自然である。この点から推して考えるに、巻首の「前々」が指す時期も「右大将家以後代々将軍ならびに二位殿御時」と見てよかろう。

さて、本章3節で述べるように、不易法と呼ばれる法令は式目制定以後も随時追加法として発出され続ける。巻首の「改沙汰すること能わず」の箇所は「改沙汰に及ばず」とする写本もあるが、追加法でも「自今以後においては、改沙汰に及ばず」や「是非につき、改御沙汰《あらためおんさた》に及ばず」など共通した表現が使用されている。これら巻首や追加法は不易化の対象を特定の事案に限定していない。恩給地に限定した規定である第七条にもまして、巻首こそが不易法の規定と見なすことすらできる。

式目の写本は数多く伝わっているが、この巻首がある伝本と、ない伝本とがある。巻首が式目制定の当初から存在したか否かは別途検討すべき課題である。

2　訴訟当事者にとっての第七条

式目の活用

式目の制定から七年後の延応元年（一二三九）、第七条の適用が争点となった係争が起きている。出羽国秋田郡湯河沢《ゆかわさわ》内湊《みなと》地頭職の相続をめぐる、御家人橘公業《たちばなのきんなり》の嫡男公員《きんかず》と娘婿藤原頼定《ふじわらのよりさだ》との争いである（小鹿島文書《おがしまもんじょ》）。

元久元年（一二〇四）、公業は妻の藤原氏女《ふじわらのうじのにょ》に当該地頭職を譲与していた。その後、承元四年（一二一〇）に、藤原氏女は夫妻の娘である薬上《くすりのうえ》に譲与し、公業もこれを承認する。そして、薬上は貞応元年（一二二二）に「二位殿」から譲与について承認を得、寛喜三年（一二三一）には幕府の下文《くだしぶみ》（公文書の一種で受給者に権利を付与する文書）も獲得した。しかし、薬上は延応元年四月八日に亡くなってしまう。薬上とその夫である頼定の間には三人の子供がいたが、公業は薬上が親不孝者であったことなどから、薬上の子供たちが相続することを許さず、悔い返したうえで、公員を新たに嫡子に立てて譲与し直した。これに対して、薬上の亡夫である頼定は、自分と薬上の間に生まれた三人の子供たちに相続する権利があると訴え出たのである。

双方の主張の根拠を確認すると、公業は「これを悔い返し、公員を嫡子に立て、譲り給う所なり、式目に載せられ畢んぬ」と述べ、他方、頼定は「二位殿の御時、定め置かるる事、改むべからざるの由、

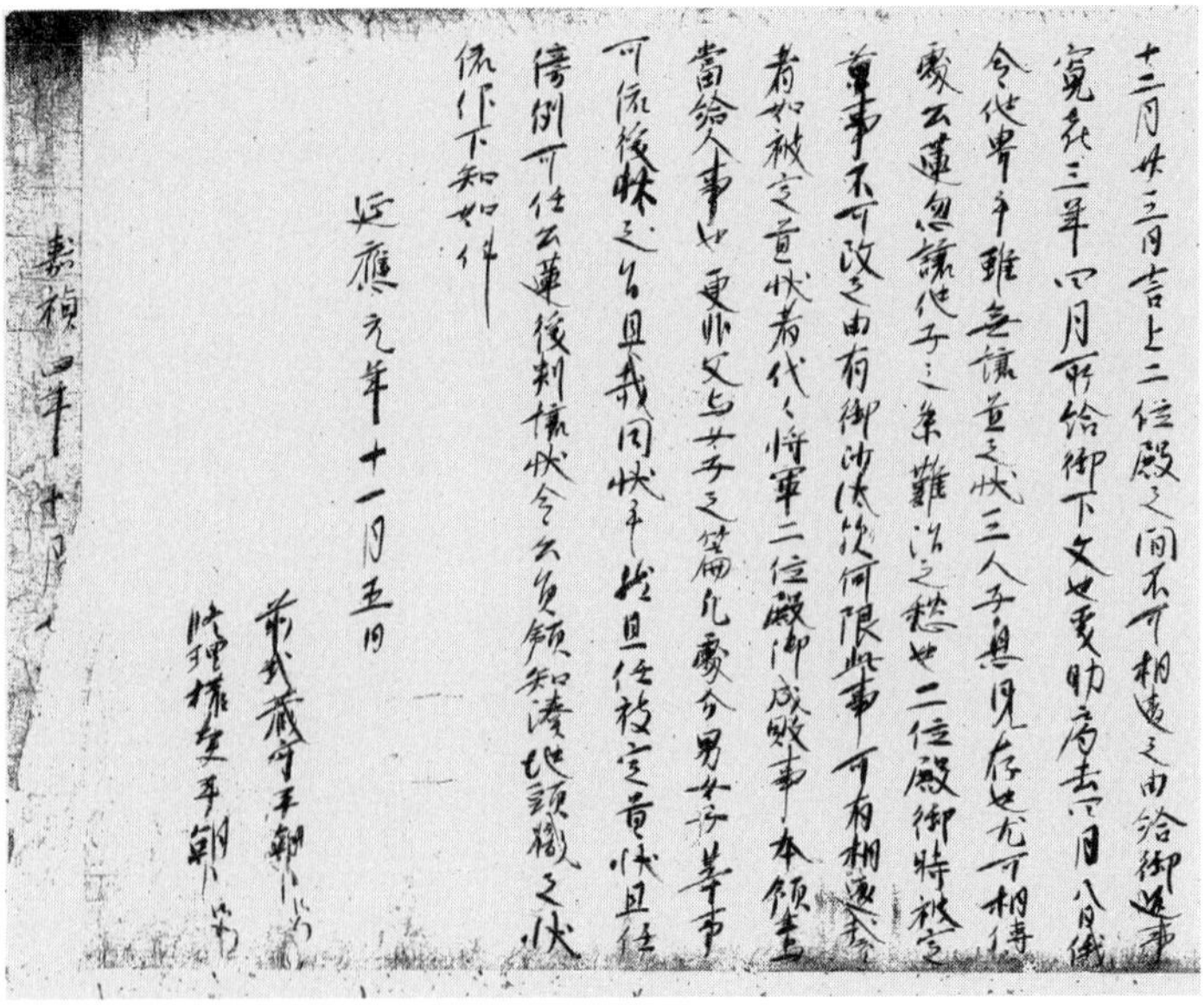

延応元年十一月五日付関東下知状（小鹿島文書、東京大学史料編纂所所蔵）一部、4行目に「二位殿の御時」に関する藤原頼定の主張が見える

御沙汰あるか」と述べる。つまり、公業は親の悔返《くいかえし》を認めた式目十八条を根拠としており、頼定は代々将軍と二位殿の時の決定は改められることはないという式目七条を根拠としている。

　これに対する幕府の司法判断は至って明快だった。幕府は、頼定が根拠とする第七条は、「代々将軍・二位殿御成敗事」についての規定ではあるが、それは「本領主《ほんりょうしゅ》と当給人」（新旧領主間）の係争に適用されるのであって、「父と女子」（親子間）の係争は対象外だとして、頼定の訴えを退けたのである。そして、「男女子等に処分する事、後状に依るべし」という式目二十六条を適用して、公業による悔返（→第Ⅱ部第二章）の有効性を認めたのだった。

式目の制定からさほど年数を経ていない時点で、当事者双方がそれぞれ式目を根拠に自己の正当化を図っている。式目を持ち出すことは、幕府裁判を有利に進めるうえで間違いなく有効な訴訟戦術であった。他方、当事者の訴えに対し、幕府の判決も式目の条文を明示している。式目を根拠とすることで判決は説得力を持ち、当事者も受け入れざるをえなかったのである。

巻首の存否

右の判決で幕府は、第七条は「代々将軍・二位殿御成敗事」に関する規定だが、それは新旧領主間の係争にのみ適用され、親子間のそれには適用できないとした。この条文解釈は紛れもなく正しい。しかし、その一方で、巻首は特定の案件に限定されない。つまり、不易法によって自己正当化を試みた頼定は、第七条ではなく巻首を持ち出せば良かったはずである。幕府も頼定の主張を、第七条ではなく巻首に依拠するものと理解する余地があったはずである。

にもかかわらず、頼定が巻首を標榜せず、幕府も巻首を考慮しなかったのは、式目制定後七年を経た延応元年の段階では、まだ巻首が存在しなかったからではないだろうか。無限定に過去の成敗を不易化する巻首は、式目成立当初は（制定七年後も）存在していなかった可能性がある。

式目の潜在能力

新旧領主間の規定を親子間で持ち出した頼定は、第七条をいわば自己の権利主張に都合よく拡大解釈したことになる。これが内容の無理解からくる意図せざるものなのか、欺瞞を自覚したうえでの恣意的なものなのかは、ただちに判断しえないが、いずれにせよ、頼定の訴えをお門違いの訴えと一蹴できるだろうか。

第七条が恩給地をめぐる新旧領主間の係争を対象とすることは、条文の全体を正しく解釈すれば到達できる認識かもしれない。しかし、当該条文において「本主」と「当給人」との関係に言及がなされるのは前段の但書だけであり、あとは事書に一ヵ所「本主」とあるのみである。条文の一部分だけに目を向ければ、親子間の係争にも適用可能なものとして読むことは不可能ではない。

訴訟当事者が式目の全文を均質かつ正確に受容して裁判に臨んだかは予断を許さない。自分の主張に適合する一節を切り取り、そこをテコに都合よく事を動かそうとしたのではないだろうか。藁にもすがる思いの当事者には、一片の藁しか見えていないのである。成文法は一部が切り取られ、あるいは一部と一部がつなぎ合わされることで、制定者の意図や想定を越えて受容されうる。

そう考えた時、第七条と巻首との関係を次のように考えられないだろうか。第七条は本来、恩給地をめぐる新旧領主間の係争に関する規定であり、それ以上でもそれ以下でもなかった。しかし、頼朝・頼家・実朝・政子の成敗に対して異議申し立てはできないという一面的な理解が、本来の文脈から遊離し、独り歩きしていった。その行き着く先が巻首である、と。式目制定から七年目、第七条から巻首への助走はたしかに始まっていた。

頼定が第七条を持ち出したことは、式目の拡大解釈を推進する力が、式目を制定・運用する幕府側ではなく、式目を訴訟戦術の一環として積極的・恣意的に活用する訴訟当事者側にあったことを示唆する。式目の潜在能力《ポテンシャル》は〝下から〟引き出されていった。

第七条から巻首へ

第七条と巻首に関しては、近年両者の関係性を示す新史料が紹介された。新出の幕府法追加集《ついかしゅう》に、巻首にある「前々の成敗」の解釈をめぐり、時期は不明ながら、幕府内で交わされた議論の様子が記録されていたのである（木下二〇二三）。それによれば、「前々の成敗」に関しては、いかなる事案であっても再審理することはないのか、事案によっては再審理することもありえるのか、との照会に対し、「右大将家以後代々の将軍ならびに二位殿の御時の事」はいかなる事案でも再審理しない、との解釈が採用されたことが判明する。

この議論で注目すべきは、第一に、巻首の「前々」の成敗を、第七条事書の「右大将家以後代々の将軍ならびに二位殿の御時」の成敗に読み替えている点である。式目制定当初はなかった可能性が高い巻首の解釈にあたり、第七条が考慮されたことを示唆する。そして、巻首による不易化の対象が特定の事案に限定されるか否かが幕府内で争点化した理由は、新旧領主間の所領紛争に限定する第七条の解釈にあたり、特に事書と前段との整合性が疑問視されたからだろう。

注目すべきことの第二は、「前々」の読み替えで参考された第七条事書とこれに対応する同条前段とが新旧領主間の所領紛争に限定した規定であるにも関わらず、最終的には特定の事案に限定しないとの結論に達している点である。この結論は第七条のうち事書や前段よりも、むしろ後段との親和性が高い。ここから、本来独立した条文だった第七条の前段と後段とは、この巻首の解釈が議論された頃には、一つの条文（現第七条）にまとめられていた可能性がある。いずれにせよ、湯河沢内湊地頭職をめぐる頼定の主張と同じく第七条を拡大解釈する志向性が見て取れる。第七条の拡大解釈と巻首の解釈確定とは平仄が合っていると言えよう。

巻首の解釈を幕府当局者が厳密に確定しなければならなくなったのは、さまざまな事案について不易化の適用／不適用をめぐる争いが相次いだからであろう。そして、巻首の解釈を第七条との関わりで議論しながら、第七条本来の規定からは逸脱し無限定に不易化を適用することになったのも、そもそも第七条を拡大解釈した訴えが後を絶たなかったからであろう。畢竟、幕府はたしかに式目を制定したが、その解釈は訴訟当事者の声に多分に押されていたのではないだろうか。

3 不易法と幕府政治史の展開

「不易法」という名称

ここまで第七条や巻首を「不易法」と呼んできたが、そもそも条文の中に「不易」や「不易法」といった文言はない。式目には一ヵ所「不易の法」という表現が見える。第二十三条（女人養子事）であるが、そこでは「都鄙の例」と対句になっており、空間的に「どこであっても遍く行われていること」と照応する時間的に「昔から変わらず行われていること」といった意味である。つまり、「不易（の）法」とは、特定の法規・法令を指し示す言葉では必ずしもなく、慣行や法慣習を意味する一般的な言葉なのである。二十三条は、「法意《ほうい》」（律令法）に「大将家御時以来当世に至るまで」広く見られる慣例を対置させる文脈となっている。

では、第七条のような、ある特定の法規を指し示す固有名詞としての不易法の出所はどこにあるのか。それは、一三一〇年代には原形が成立したとされる『沙汰未練書《さたみれんしょ》』と見られる。当該史料には政治や司法に関する用語の解説が載るが、ここに「不易法」が立項されている。その説明は「是非に就き、改御沙汰に及ばざる事なり、武蔵前司《むさしぜんじ》入道殿《にゅうどうどの》・最明寺《さいみょうじ》殿・法光寺《ほうこうじ》殿三代以上御成敗の事なり」というもので、北条泰時・時頼・時宗の時代の成敗に関しては、当否を再度審理することはない（取り消すことはない）ということである。

不易法の追加

不易法が興味深いのは、式目から『沙汰未練書』（→第Ⅲ部第一章註1）までの一世紀ほどの間の変遷を追えることである。すなわち、式目を追従する単行法令（追加法）が幾度か出され、そのたびに不易化の適用期間が順次延長されていった。そして、その軌跡は幕府政治史の動向と見事に重なる。追加で出された不易法の主要なものは**別表**のとおりである。法令の文面は、たとえば文永八年（一

【別表】　追加の不易法

	制定年（政権担当者）	適用期間の上限		適用期間の下限		適用対象者（立場）	準拠	典拠
正嘉二年令	一二五八年（北条時頼）	嘉禄元年	政子の死去→頼経の将軍就任	仁治三年	泰時の死去→経時の執権就任	泰時（執権）	三代将軍・二位家	追加法三二一
文永八年令	一二七一年（北条時宗）	寛元元年	泰時の死去→経時の執権就任の翌年	康元元年	時頼の出家→長時の執権就任	経時・時頼（執権）	三代将軍・二位家	追加法四四六
正応三年令	一二九〇年（平頼綱）	康元元年	時頼の出家→長時の執権就任	弘安七年	時宗の死去→貞時の執権就任	長時・政村・時宗（執権）		追加法六一九
正安二年令	一三〇〇年（北条貞時）	弘長三年	時頼の死去→時宗の得宗継承	弘安七年	時宗の死去→貞時の得宗継承	時宗（得宗）	三代将軍	武家年代記

二七一）令の場合、「寛元々年より康元々年に至るまでの御成敗の事、右、自今以後においては、三代将軍ならびに二位家の御成敗に准え、改沙汰に及ばず」といったものである。寛元元年（一二四三）から康元元年（一二五六）の間の成敗は、今後、頼朝・頼家・実朝・政子の成敗に準拠して取消不可とする、との趣旨である。適用期間の上限は北条泰時が死去し、経時が執権に就任した年の翌年にあたり、下限は時頼が出家し、長時が執権に就任した年である。すなわち、この時、新たに経時・時頼の執権二代が不易化の対象となったのである。

そこで、不易化の適用期間がどのように設定されたかを見ると、式目では頼朝ら将軍が基準だったのに対し、正嘉二年令・文永八年令・正応三年令では執権が基準となり、さらに正安二年令では得宗が基準となった。すなわち、不易法の適用対象が将軍→執権→得宗と変遷するわけである。この推移は、いわゆる鎌倉幕府政治の三段階（将軍独裁→執権政治→得宗専制）と符合する。

不易法の政治性

文永八年令と正応三年令は複数の執権の治世をまとめて不易化の対象にしている。理由は不明とされるが（上横手一九五八）、いずれも下限は歴代執権の中でも得宗に数えられる人物である。すなわち、不易法の追加制定は泰時―時頼―時宗―貞時という系譜を標榜・正統化することを意図しており、得宗家による嫡流工作*5と評価できる。両令は執権という幕府の職制にもとづいて適用期間が設定されているが、制定のきっかけは得宗の立場にある執権の交代であった。幕府の職制とは無関係に、得宗という北条一門内の地位にもとづいて適用期間を設定する正安二年令の歴史的前提をなしていよう。

前述のとおり、幕末の『沙汰未練書』は、不易法の対象を泰時・時頼・時宗という歴代三人の得宗と規定する。それ以前は式目により不易化されているということだろう。同書は「代々の将軍家ならびに執権の時代」を説明し、歴代の将軍と得宗とが一対一対応しているとの歴史認識を示す。すなわち、頼朝―時政、頼家―時政、実朝―義時、頼経―泰時、頼嗣―時頼、宗尊―時宗、惟康―貞時、久明―高時という具合である。この認識の中では、歴代得宗のうち泰時以前の時政と義時の時代は、式目が不易化する頼朝・頼家・実朝が将軍の時代に該当するのである。

留意されるのは、正嘉二年令と文永八年令が「三代将軍ならびに二位家」に準拠して執権の成敗を不易化するのに対し、正安二年令が二位家を除外し「三代将軍」のみに準拠して執権でなく得宗とし

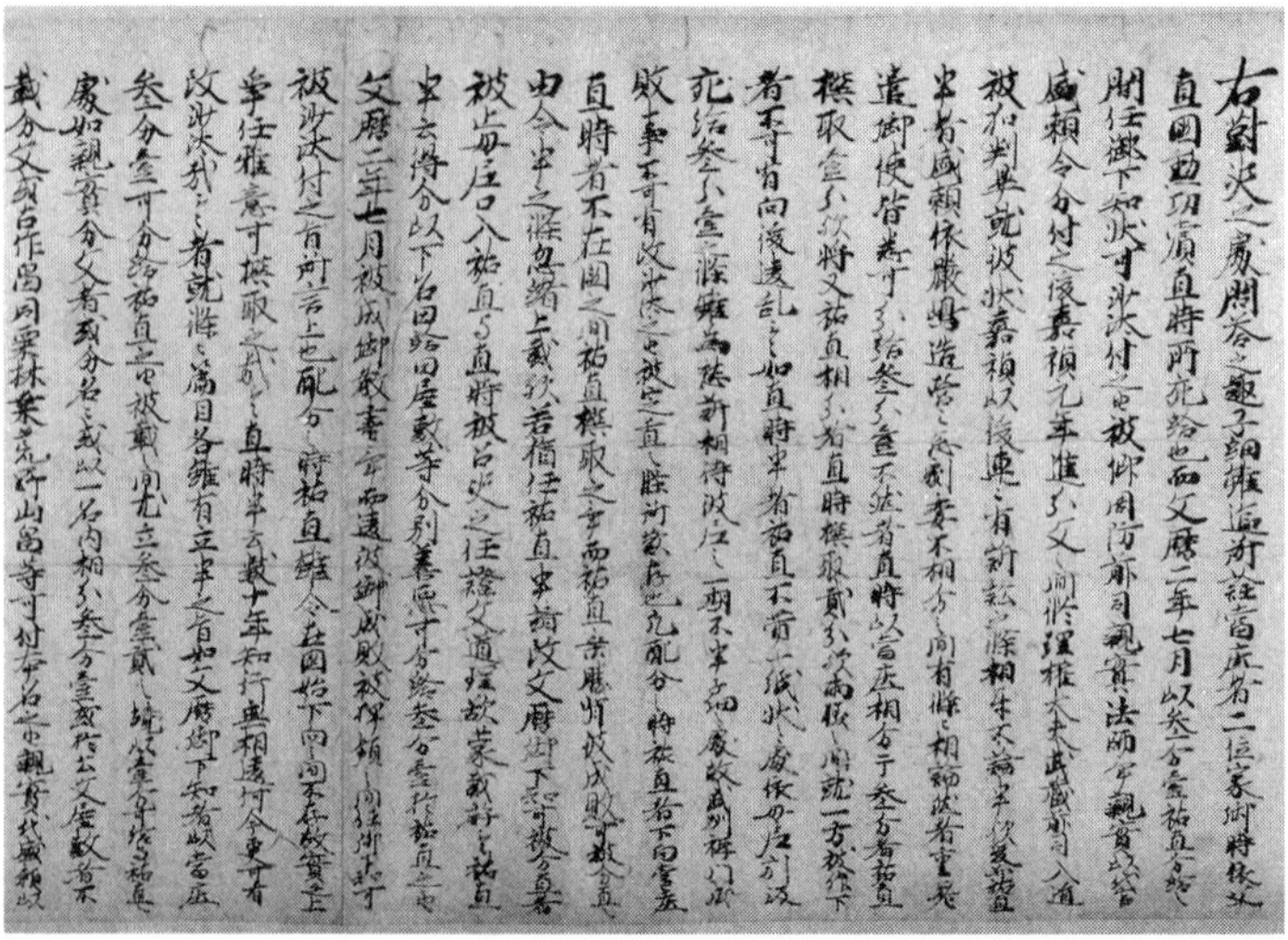

文永元年五月二十七日関東下知状（熊谷家文書、山口県文書館所蔵）一部、10～11 行目に不易法正嘉二年令に関する熊谷直時の主張が見える

ての時宗の成敗を不易化したことである。史料的な検討も必要だが、鎌倉時代末期に至り、将軍と得宗とを一対一対応させる歴史認識が成立し、家族制度における後家（ひいては女性一般）の権利が後退していく趨勢も相まって、頼朝・頼家・実朝（将軍）→泰時・時頼・時宗（得宗）という流れの中に、政子を位置づける必要性が低下したのかもしれない。

不易法の社会的影響

最後に、不易法が追加で出されることの影響を、訴訟当事者の目線から考えてみたい。

鎌倉時代中期、御家人の熊谷直時《くまがいなおとき》・祐直《すけなお》兄弟は、父直国《なおくに》からの所領相続をめぐって相論になっていた（熊谷家文書《くまがいけもんじょ》）。このうち安芸国三入荘《みいりのしょう》は、直国の承久の乱での勲功賞として幕府から直時に給与されていたが、嘉禎元年

（一二三五）、直時は三分の一を弟の祐直に分与することとし、幕府も許可した。これを受けて守護が現地へ派遣した使者により所領を分割する作業がなされ、作成された分文《わけぶみ》（分割の内容を記載した文書）には時の執権・連署である北条泰時・時房の花押も据えられた。

それから三十年近く経って、分割内容をめぐり兄弟間の対立が表面化した。文永元年（一二六四）の幕府の裁許状《さいきょじょう》によれば、直時の主張の一つに次のようなものがある。祐直は分割譲与される立場にはなかったのに、母が干渉して三分の一を分与する羽目になった。自分としては不満だったが、母が存命のうちは我慢して訴えずにいたところ、幕府において「故武州《こぶしゅう》禅門《ぜんもん》の成敗の事、改沙汰あるべからず」（泰時の時代の成敗は取消できない）との決定がなされて（正嘉二年令）、訴え出ることができなくなってしまった、というのである。

分割内容への不満はどちらかといえば祐直の方にあり、直時はあえて訴訟を起こすつもりはなかったと見られる。そのため、不易法により提訴を断念せざるを得なくなったとの主張は詭弁の可能性もある。ただ、不易法の追加制定が訴訟当事者には予知不能だったことは間違いない。突如適用期間が延長され訴訟の機会を逸するというのはありえる話だろう。

式目が頼朝・頼家・実朝・政子の成敗を不易化したことに対して、御家人の間にこれといった不満や驚きはなかっただろう。しかし、その後、ある日突然、将軍の治世ではなく執権、さらには得宗の治世が不易化の対象となることを、どれだけの人が予測できただろうか。

訴訟社会と言ってよい鎌倉時代にあって、司法の公平性と安定性の確保は肝要である。不易法は、第七条の言葉を借りれば、人々をして「安堵の思ひを成さ」しむるのに必要で有効な時効制度であったかもしれない。しかし、追加の不易法がいつ出され、それにより不易化の対象がどこまで拡大されるのか予測し難いことは、人々の訴訟戦術に少なからず影を落としたに違いない。時期を隔てて再燃したり、長期にわたって継続したりする係争の場合はなおさらだっただろう。

【参考文献】

石井良助『新版　中世武家不動産訴訟法の研究』（高志書院、二〇一八年、初版一九三七年）
植木直一郎『御成敗式目研究』（名著刊行会、一九七六年、初版一九三〇年）
上横手雅敬「式目の世界」（『日本中世国家史論考』塙書房、一九九四年、初出一九五八年）
笠松宏至「永仁徳政と越訴」（『日本中世法史論』東京大学出版会、一九七九年、初出一九七一年）
木下竜馬「翻刻　青山文庫本貞永式目追加　その二」（『鎌倉遺文研究』五一、二〇二三年）
河内祥輔「御成敗式目の法形式」（『歴史学研究』五〇九、一九八二年）
佐藤進一「御成敗式目の原形について」（『日本中世史論集』岩波書店、一九九〇年、初出一九六五年）
佐藤進一『鎌倉幕府訴訟制度の研究』（岩波書店、一九九三年、初版一九四三年）
下村周太郎「鎌倉幕府の歴史意識・自己認識と政治社会動向」（『歴史学研究』九二四、二〇一四年）
下村周太郎「鎌倉幕府不易法と将軍・執権・得宗」（『日本歴史』七三二、二〇〇九年）
田辺旬「北条政子発給文書に関する一考察」（『ヒストリア』二七三、二〇一九年）
長又高夫「『御成敗式目』の条文構成について」（『御成敗式目編纂の基礎的研究』汲古書院、二〇一七年、初出二〇〇

四年）
野村育世『北条政子』（吉川弘文館、二〇〇〇年）
三浦周行「貞永式目」（『続法制史の研究』岩波書店、一九二五年）
村井章介「執権政治の変質」（『中世の国家と在地社会』校倉書房、二〇〇五年、初出一九八四年）

【註】

＊1 **実質的確定力と形式的確定力**　過去に裁判所が下した判決に生じる効力のうち、以後において当事者も後訴裁判所も従わなければならない効力を実質的確定力（既判力）といい、上訴など通常の不服申し立て方法では改めて争うことができない効力を形式的確定力（不可取消性）という。佐藤進一は「指したる越訴に非ずは、今さら改沙汰すべからず」（東寺百合文書）という史料表現に注目し、不易法の法文における「改沙汰」を越訴審理（再審理）の意味に解し、また、「沙汰」の語は判決よりも訴訟手続の意味に用いるのが普通と見て、不易法を越訴提起期限画定の法と評価した。なお、佐藤は法文そのものの解釈からは導くことができないものの、法の拡張解釈が進み、不易法が実質的確定力の役割を果たすことが生じてくるとも指摘している。

＊2 **知行年紀法**　年紀法とは中世の時効制度であり、所領の領有に関するそれを知行年紀法と呼ぶ。式目は、第八条において所領に関する年紀制を、第四十一条において奴婢雑人に関する年紀制を規定しており、前者では二十年、後者では十年を経過して領有した場合、仮にその領有が本来不当・不法なものであっても実際に領有している者の権利を認めている。第八条も第四十一条も頼朝の時代の先例を根拠に標榜していることから、かかる時効制度が律令法にはなく、中世の慣行から生じた法制であることを示唆する。式目の知行年紀法は御家人同士の所領争いを念頭にしたものであったが、御家人と荘園領主との間の紛争でも参照されるようになると、宝治元年（一

二四七）になって、地頭が荘園を押領（不当に領有）した場合は二十年以上経過しても知行年紀法の適用外とすることが定められた。いずれにせよ、成文法としては式目を嚆矢とする年紀制の考え方は徐々に浸透し、戦国大名や江戸幕府の法制にも一部継承されている。なお、現行民法は二十年ないし十年という所有権の取得時効を定めるが、その淵源に式目の年紀法を想定する見方もある。

＊3　**二位殿**　物故した貴人を呼称する場合、その人物の極位極官（経歴の中で最高の官位）を用いることがある。たとえば源氏三代将軍の場合、頼朝は「右大将」、頼家は「左衛門督」、実朝は「右大臣」と称された。北条政子は建保六年（一二一八）、熊野詣にあわせて上京した際、従三位に叙され、ついで従二位に昇ったことから、「二位家」「二位殿」「二位尼」「二品禅尼」などと称される。すでに出家していたにもかかわらず叙位が実現したのは、時の最高権力者後鳥羽上皇の乳母として当時の朝廷で権勢を振るっていた藤原兼子の斡旋による。政子は上京中に兼子と会談し、病弱で子供のいない実朝の後継に上皇の子息を迎えることが話し合われたとされる。政子は正式に将軍に任官したわけではないが、鎌倉時代末期の元弘元年（一三三一）頃に原形が成立した『鎌倉年代記』には、三代「実朝」と四代「頼経」との間に「二位家」が記されており、政子を事実上の将軍と見なす認識は鎌倉時代において一定度の広がりを持っていたことが知れる。

＊4　**北条義時追討命令**　承久三年（一二二一）五月十五日、後鳥羽上皇は北条義時追討命令を発して挙兵する。この命令を伝える文書は二種類伝わっている。一つは官宣旨（弁官下文）という形式の文書、もう一つは院宣という形式の文書である。いずれも挙兵の理由を義時の横暴とする点で共通するが、命令の対象と内容は多少異なっている。前者は朝廷の歴とした公文書で、形式上の宛先は「五畿内・諸国」であり、内容的には全国の守護・地頭に対して「義時の身を追討」するよう命じる。一方の後者は、個人に宛てて出される私的な文書であり、幕府の有力者に対して「義時の奉行を停止」するよう働きかけている。すなわち、前者は不特定多数の武士に対する軍事動員であり、後者は特定の関係者に対する政治工作であって、軍略と政略の両面から義時の権力を切り崩そ

うとしたわけである。ただ、挙兵の最終目標が、幕政からの義時個人の排除にあったのか、幕府そのものの解体にあったのかについては見解が分かれている。

＊5　**嫡流工作**　北条時頼は北条氏の嫡流であったが、もともと父時氏を早くに亡くしており、さらには兄経時の夭逝によって半ば偶発的に執権に就任した。このため、義時を共通の祖とする名越《なごえ》光時《みつとき》や極楽《ごくらく》寺《じ》重時《しげとき》らは庶流とは言いながらも、北条一門内において時頼の立場を相対化しうる存在であった。時頼は重時が出家した康元元年に執権職を重時の子長時に譲るが、『吾妻鏡』によれば長時は、「家督」の時宗が「幼稚」の間のあくまで「眼代《がんだい》」（代役）とされ、事実上時宗への地位継承が企図されている。そして、この二年後に時頼は泰時の成敗を不易化するのである。こうして、北条一門内における義時―泰時―（時氏）―時頼―時宗の流派が、他の諸流に対して卓越した位置にあることを誇示しようとしたと考えられる。

コラム ①

御成敗式目四十二条の法的位置

木村茂光

第四十二条の位置

第四十二条は、事書が「百姓逃散の時、逃毀《じょうき》（にげこぼち）と称して損亡せしむる事」とあるように、「百姓の逃散」について規定した条文である。重要なテーマだけに、この条文を巡ってはこれまで多様な視点から議論されてきた。

この議論の内容については後で少々紹介するが、その前に、御成敗式目全五十一ヵ条のなかで、この条文が「百姓」に関して規定した唯一の条文であることを確認しておきたい。なぜなら、鎌倉幕府が御成敗式目全五十一ヵ条を編纂するにあたって、百姓に関連する条文として「百姓の逃散」に関する内容を選んだことを意味しているからである。これは、「逃散」に関する規定が幕府と百姓との関係を示すうえでもっとも重要かつ適切な内容である、と幕府が認識していたことを示している。

このような視点から、第四十二条の内容と法的位置について検討することにしたい。

第四十二条の内容

では、第四十二条は百姓と「逃散」の関係をどのように規定しているのであろうか。それほど長い条文ではないのでまず全文を引用しよう。

一 百姓逃散の時、逃毀と称して損亡せしむる事

右、①諸国の住民逃脱の時、その領主ら逃毀と称して、妻子を抑留し、資財を奪ひ取る。②所行の企てはなはだ仁政《じんせい》に背く。③もし召し決せらるるの処、年貢所当の未済あらば、その償ひを致すべし。然らずば、早く損物を糺し返さるべし。④ただし、去留においてはよろしく民の意に任すべきなり。（①～④と傍線は木村が付したものである）

事書から、この条文が「百姓の逃散＝逃脱」に関するものであることは明らかである。そして、主文①から百姓が逃散した時、領主＝地頭が「逃毀」と称して百姓を「損亡」してはいけない、というのが主旨であり、その「損亡」とは「妻子を抑留し、資財を奪ひ取る」ことであった。そして、その行為は「仁政に背く」ので禁止すべきである（②）、というのが幕府の制定意図であった。さらに③には、もし「召し決せらるる」＝裁判[*1]になっても「年貢所当の未済（未納）があればその分を納入すればよいし、未済がない場合は「損物」＝地頭が逃散を理由に抑留した物を百姓に返すように」とも記されている。

すなわち①～③の条文による限り、幕府は百姓の「逃散」行為をまったく問題にしておらず、幕府が規定しているのは「逃散」を口実として百姓の「妻子」や「資財」を「損亡」してはいけな

い、という点であった。これらから、中世において百姓の逃散は禁止されていないだけでなく、実際に逃散したとしても刑罰の対象にしてはならなかったことがわかる。これは、中世の百姓には「逃散権」が認められていたことを示している。

「但し書き」解釈の問題点

ところが、これまでの第四十二条に関する主な議論は、これら①〜③の主文ではなく、条文末尾④の「ただし、去留においてはよろしく民の意に任すべきなり」という但し書きをめぐって展開されてきた。すなわち、百姓に「去留」＝移動の自由があったか否か、さらに展開して百姓は「自由民」であったか否か、という議論である。

これらの議論によって、中世百姓の多様な性格が明らかになったことは認めるが、しかし、この条文が「百姓の逃散」に関わる条文であるにもかかわらず、「但し書き」の解釈・評価に重点が置かれ過ぎたという点に大きな間違いがあったと私は考える。その間違いが「逃散」の理解にも影響を与えてきたことはいうまでもない。

多様な解釈の要因と問題点

これまでの研究史を振り返る余裕はないが（鈴木二〇〇一）、第四十二条をめぐって多様な評価が出されてきた主な要因として以下の三点をあげることができよう。

第一は、中世百姓の性格をめぐっては、それを封建制下の「農奴」と理解するか、奴隷制下の「奴隷」と理解するかという、時代区分論に関わる「中世封建制論争」の重要な論点であったことである。「逃散」の権利の有無、「去留」の意味などをめぐって議論されてきたのはこのことに拠る。第二は、このような重要な研究課題に接近するための基本史料であるにもかかわらず、先の引用のように第四十二条の記述が簡単なうえ関連する法令も少なく、比較検討が十分に行えなかったことである。第三に、短い条文のなかに「逃散」「逃毀」「逃脱」「去留」など内容的に似かよった用語が多用されていることである。すなわち、中世百姓は農奴か奴隷かという中世社会の性格規定に関わる重要問題が、第二、第三の要因と複雑に絡み合うことによって、第四十二条の多様な解釈が生み出されてきたのである。

一方、多様な解釈を生み出してきたこれまでの研究には次のような共通する問題点もあった。第一は、第四十二条の条文構成を確定しないまま議論を進めてきたこと、第二に、前述のように条文の解釈としては④の「但し書き」に重点を置き過ぎたこと、さらに第三に、第四十二条から導き出せる法意と実際の社会関係の中で「逃散」をめぐって生じる歴史事象とを混同して解釈しすぎたこと、などである。

第四十二条の構成と意味

前述の条文解釈のとおり、私はなによりも第四十二条の条文構成を確定したうえで、そこから導き出せる解釈を確定することが重要であると考えた（木村二〇一四）。そこで、中世法制史研究者の笠松宏至の第四十二条解釈（笠松一九七二）に依拠して、前述のように、傍線部①②を第四十二条の主文――①は地頭の非法の内容、②はそれに対する幕府の判断――と考え、③を「若し」裁判になったときの対処方法であると理解し、第四十二条の制定意図は①・②・③で完結していると考えた。そして④「但し書き」は、笠松の理解に従って①〜③とは直接関係しない「本条本文との（略）かかわりから偶然にもここに露呈された」「既知の一般原則」であると理解した。

このように条文構成を理解することによって、何よりも第四十二条は、百姓の逃散権を認めたうえで、それを地頭が「逃毀」と称して妻子を抑留したり資財を奪い取ることなどして妨害することは「仁政に背く」ので禁止する、というのが第四十二条の法意＝幕府の判断であると考えた。すなわちすでに入間田宣夫が指摘したように（入間田一九八六）、年貢皆済などの「逃散の作法」に則った中世百姓の逃散は合法的な行為として認められていたのである。

「但し書き」の意味

とすると、④の「但し書き」はどのように解釈できるだろうか。それは①〜③の主文の解釈の法源にすでに現れている。すなわち、百姓の逃散を口実に「妻子を抑留し、資財を奪ひ取る」ことが禁止された法源である。

これらが禁止されたのは、大山喬平（大山一九七八）や飯沼賢司（飯沼一九八二・八三）らが明らかにしたように、中世の「イエ」にはその内部に上位権力者を含めた他者が介入することできない不可侵性が認められており、かつ妻にはイエ内部の財産――家財に対する強固な所有権が認められていたためであった。すなわち、「逃散」を口実にしたイエ内部への介入だから禁止されたのではなく、いかなる理由であれ、他者が中世のイエ内部に介入したり妻を抑留したりすることは認められないという中世法の原則が前提にあったのである。

このような理解に立てば、笠松のいう「既知の一般原則」とは、幕府法の根幹にある中世百姓のイエ（と妻）の自立性と不可侵性に関する一般原則、すなわち地頭の非法な行為に対する百姓の自由・自立を保障したものであったと理解できる。

したがって、この④「但し書き」から中世百姓の移動の自由や自由民としての性格を直接導き出せないのは当然である。

第四十二条の重要性

以上のように、第四十二条は「百姓の逃散」に対する領主・地頭の非法を禁止・排除することを目的とした条文であったが、その中には(1)「百姓逃散」の合法性、(2)イエと妻の不可侵性と自立性、(3)地頭の非法からの自由と自立の権利という、中世百姓の基本的な法的地位に関する内容が凝縮して組み込まれていた。ここに、鎌倉幕府が御成敗式目を制定するにあたって、百姓に関する唯一の条文として「第四十二条」を採用した意味があったと考える。

＊1　「召決」の主体を「幕府」とする理解もあるが、そのような裁判が行われる可能性は「現実にはきわめて小さい」（笠松一九七二）ことから、本コラムでは「領主」と解釈した（巻末「現代語訳」参照。今後も検討を要する）。

【参考文献】

飯沼賢司「中世イエ研究前進のために（上・下）」（『民衆史研究』二三・二四、一九八二・八三年）
入間田宣夫「逃散の作法」（『百姓申状と起請文の世界』東京大学出版会、一九八六年。初出一九八〇年）
大山喬平「中世の身分制と国家」（『日本中世農村史の研究』岩波書店、一九七八年。初出一九七六年）
笠松宏至「御成敗式目・校注」（『中世政治社会思想　上』岩波書店、一九七二年）
木村茂光「「御成敗式目」四二条と中世百姓」（『日本中世百姓成立史論』吉川弘文館、二〇一四年。初出二〇〇九年）
鈴木哲雄「「去留の自由」と中世百姓」（『中世日本の開発と百姓』岩田書院、二〇〇一年。初出一九八八年）。研究史に関しては当面本論文を参照されたい。

コラム②

御成敗式目一・二条を仏教思想から考える

生駒哲郎

式目一・二条と仏教

式目一条は神社の修造・修繕に関すること、式目二条は寺院の修造・修繕に関することである。法制史という立場からは、佐藤雄基の総論第二章を読んでいただき、そのうえで宗教史の立場からみるとどう解釈できるだろうか、というのが本コラムの目的である。

とくに中世においては神仏習合しているので、仏教の視点から考える。神仏習合はいわゆる仏教側からみた考え方だからである。

六道と天下

仏教には、十界《じゅっかい》という世界観がある。天台宗を中心とした考え方で、大きく四聖《ししょう》と六道《ろくどう》からなっている。四聖は、人が亡くなった後、悟りを開いた人が進む世界で、声聞《しょうもん》・縁覚《えんがく》・菩薩《ぼさつ》・仏と順次進んでいく。六道は迷いの世界で、天・人・修羅・畜生・餓鬼・地獄からなっている。

本コラムで問題とするのは、六道なのであるが、私たちの人道《にんどう》の世界を含めて、天・人・修羅を三善道《さんぜんどう》、畜生、餓鬼、地獄を三悪道《さんあくどう》と区別されている。

これら六道の世界は、何処に存在しているのか。私たち人道を基準にすると、天道と修羅道は人道の遥か上空にあるとされ、地獄道は人道の遥か地下にあると考えられている。畜生道と餓鬼道は、人道と同じ空間にあると考えられている。畜生は、人間を除いた牛、魚、鳥、虫などで、畜生が人と同じ空間というのは理解できる。しかし、餓鬼は何気に理解に苦しむ。餓鬼は人と同じ空間にいるが、人には見えないと考えられていたのである。『餓鬼草紙』などで描かれる餓鬼が人々と一緒にいるが、周囲の人々が餓鬼を気にしていないのはそういう理由である。

日本には神々が存在し、神々を祀っているのが神社であるが、中世においては神と仏は一緒に信仰されている面がある。神仏習合しているからである。そうすると、仏教では日本の神々はどういう存在かというと、天道に属すると考えられていた。

天道は先ほど述べたように人道の上空に存在し、六欲天《ろくよくてん》と言われ、他化自在天《たけじざいてん》・楽変化天《らくへんげてん》・兜《と》率天《そってん》・夜摩天《やまてん》・忉利天《とうりてん》・四天王衆天《してんのうじゅてん》（四天王天）の六天からなる。

これら天道の衆生を天人《てんじん》ともいうが天神《てんじん》（いわゆる菅原道真を祀った天神様ではない）ともいう。それに対しに日本にいる神々、つまるところ人道と同じ空間にいる神々を、天神に対して地神《ちじん》・神祇《じんぎ》（土地の神）という。また、いわゆる人道の上にある天道を天上《てんじょう》、人道と同じ空間で祀る神々を天下《てんか》という。天下＝日本の領土とする考え方もあるが、それはあくまで小さな村落でも、偏狭な場所でも鎮守の社が祀られている範囲を意味するのである。

天下人

古代以来、日本は神々によって創り上げられ、天皇は神の末裔とされる。日本の神々と唯一交渉できるのが天皇なのである。したがって、天皇のことを天下人《てんかびと》というのである。天変地異による災害が起こると、その理由を知るために使者が立てられた。これを奉幣使《ほうべいし》という。平安時代に京の都周辺の奉幣する神社が選定された。日本の神々の代表としてお伺いを立てる二十二社である。朝廷の行う伊勢神宮を含めたこれらの神社に奉幣する神事が「二十二社奉幣《にじゅうにしゃほうべい》」である。

奉幣の結果、災害は、日本の神々や仏菩薩（仏教は後述）をちゃんと祀っていないからという理由の場合が多々あった。したがって、神社の修造や修繕は朝廷にとっては非常に重要であった。これらの日本全国に所在する神社の修造・修繕を新たに担うことになったのが武家である。各地の地頭《じとう》が、地域の神主とその任にあたれというのが、式目一条なのである。武家にとっては、祭主としての天下人＝天皇を補助する重要な条文である。だから第一条目なのである。

「寺社」と「社寺」

式目二条は、寺の修造・修繕に関する条目である。「寺社異なるといえども」とあり、寺と神社で異なっているけれど、式目一条と同じく寺に対しても修造・修繕を行えということである。注目するのは、「寺社」という言葉である。

「寺社」は寺と神社というような意味だが、現在では「神社仏閣」という場合が多い。つまり「社寺」である。しかし、神社を先にするのは幕末以降で、特に神仏分離された現代に入ってからと言ってもよい。中世の史料はほぼ「社寺」ではなく「寺社」と記載される。なぜなら神仏習合されるなかで、仏教と神道とは並立ではなく、仏が上位で神は仏の守護神と考えられていたからである。

ところで、『西遊記』という中国の説話が有名であるが、そもそも玄奘三蔵《げんじようさんぞう》は天竺に何しに行くのかというと、史実はインド地方に仏典を求めて、中国に持って帰るという命を受けての旅路である。その途中で沙悟浄《さごじよう》＝深沙大王《じんしやだいおう》が三蔵の下で仏教に帰依し、深沙大王の眷属《けんぞく》であった十六《じゆうろく》善神《ぜんじん》が仏教の守護神になる。日本において神仏習合した寺院ではこの『十六善神画像』を本尊にした「大般若会《だいはんにやえ》」の儀式が行われていた。この儀式の転読に用いる折本版本の『大般若経』にはこの『十六善神画像』が挿絵されている。

「大般若会」は、折本の『大般若経』六百巻を各巻ごとにパラパラと広げては閉じて、その間に経名・巻数・訳者のみを声を出して読み上げることで、その巻の本文を読んだ功徳《くどく》と同様の功徳が得られるというもので、仏と神を結びつける重要な仏教行事であった。

日本において比叡山延暦寺が寺社強訴で、寺の要求を通すため洛中に日吉大社《ひえたいしや》の神輿を担ぎだしたりしたが、中世において日吉大社は、延暦寺の末社であり、延暦寺の要求を実現するため矢面に立つのが日吉大社なのであった。神は仏を守護する立場だからである。

付嘱と無縁寺

寺院には大きく分けて二つの性格があり、祈願寺（祈禱寺）と菩提寺に分けられる。一つの寺院に両方の側面がある場合も当然あるが、明確に区別される場合もある。わかりやすい例としては、近世ではあるが徳川家康の遺言がある。家康は江戸における祈願寺（祈禱寺）を天台宗の浅草寺（東京都台東区）、菩提寺を浄土宗の増上寺（東京都港区）と定めた（実際には家康没後に三代将軍家光によって祈願寺は寛永寺〈東京都台東区〉となる）。

鎌倉時代でいえば鎌倉五山の建長寺（神奈川県鎌倉市）で、源頼朝以下源三代・北条氏の追善供養が執り行われ、園城寺（滋賀県大津市）の僧などによる武家祈禱も行われていた。

このように自身の祈願寺や菩提寺を保護し奉加《ほうが》するのは理解できるのだが、その土地を治める者は、自身と関係のない宗派の寺院にも保護を加えなければならなかった。それを仏教側からの視点では「付嘱《ふぞく》」されるという。

付嘱とは「仏から任される」ことを意味し、その土地を治める有力の檀那は、仏教の布教を仏から託されるということである。「有力の檀那」は前世に釈迦が定めた戒律を守った因縁によって現世に「有力の檀那」として生まれたという。中世において身分の下の者は、自身が信じる一つの宗を信仰していればよいとされるが、仏の付嘱を受けた者は、大小の寺院を興隆し、諸宗を流通させ、万人を悟りの道に導くと誓うべきであるとされる。

つまり、その土地の為政者は、そこに暮らすさまざまな立場の人々のために、為政者が信仰する寺院だけではなく、その他の寺院も保護しなければならないとされるのである。したがって、為政者の祈願寺・菩提寺以外の寺院にも修造・修繕などが加えられた。その結果、為政者との仏縁がない寺にも保護が加えられたが、そうした寺を「無縁寺」と呼ぶことがあった。無縁＝アジールと捉える見方もかつてあったが、「無縁」だからではなく、「寺」だから保護されただけである。また、式目二条の僧にたいする寺院の修造・修繕命令や寺用の財産の私的流用の禁止など、本来は朝廷によってなされるものである。それを幕府が担うようになる。それは、武家による「付嘱された者の意識」と考えることができるかもしれない。

仏物欺用の罪

式目二条には、「勝手に寺のために用いるべき財物を着用し、その務めを果たさない者は、速やかにその職を改易する」とある。寺院には荘園が寄進されたが、その名目は、本尊を守るための寺用《じよう》を基本としている。その寺用のなかでも寺の修繕費や、仏事を行い維持するための費用、僧の生活に充てられる費用など区別されていた。

したがって、寺の住僧《じゆうそう》は、これらの費用を勝手に使うことは禁じられていたのである。式目二条は、私用に寺の財産をむさぼる僧は追放しろということである。

平安時代後期の『今昔物語集《こんじやくものがたりしゆう》』にはこれに関連する話が採録されている。巻第二十第三十四話には、上津出雲寺（現在はない。京都市上京区あたりに所在していたともいわれている。天台宗）の別当浄覚《じょうがく》が、夢で亡父から仏物欺用の罪で鯰《なまず》に生まれ変わったことを告げられたが、それにもかかわらず、鯰を食べてしまい、喉に骨が刺さって死んでしまう。この話の最後は、「此レ、他ニ非ズ、夢ノ告ヲ不信《しんぜ》ズシテ、日ノ内ニ現報《げんぽう》ヲ感ゼル也」と結ばれている。

仏教では、私に財を蓄えることを「愛欲《あいよく》」と言った。現在では何か不思議な感じがするが、中世において、私財を蓄えすぎることは妻や子にたいする愛情過多によるものであると考えられていた。つまり、一生涯で使いきれない財を欲するのは、妻や子にその財を残そうとするからであるという解釈である。したがって財を貪ることは「愛欲」の一種だと考えられていたのである。現世に「愛欲」が強い者は、来世に悪道に堕ちるとされ、悪道のなかでも畜生道に輪廻転生《りんねてんしょう》すると考えられていたのである。別当浄覚の父は、前住職であったときに仏物欺用の罪を犯した。結果、来世に畜生の鯰に生まれたのである。

式目二条は、僧といえども寺用を貪った者は、追放しろと述べられていた。なぜなら、来世に畜生道に堕ちる者が人々を仏道に導けるわけがないからである。

現報と夢

さて別当浄覚は、夢で鯰が自分の亡くなった父だと知らされたが食べてしまった。その結果、浄覚は喉に骨が刺さって死んでしまったのであるが、その様子を浄覚が「現報」を受けたとして話を結んでいる。「現報」とは、この世であまりに重い罪を犯し、地獄に堕ちるなどの来世の罪ではなく、この世ですぐに仏教の罪の報いを受けることを意味する。

浄覚は、夢で亡父だと告げられた鯰を見て、父親だと思ったけれど食欲には勝てなかった。鯰の頭に金杖を突き立てて殺し、鍋に入れてグツグツ煮て食べてしまった。すると鯰の骨が喉から突き出て浄覚は亡くなったという。現報は、この世で行った罪の行為がそっくり自分に返ってくるということである。鯰の頭に金杖を突き立てた浄覚は、自分の喉に鯰の骨を突き刺され亡くなったのである。この話で浄覚の喉から骨が突き出ていたことが強調されるのは現報だからであった。父親である鯰と同じ死因ということになるであろう。

しかし、現代人は、亡父の生まれ変わった姿だとはいえ鯰を殺すことが現報を受けるほどの罪なのだろうかという感覚になる。鯰＝父親とされ、それが絶対的とされたのは、それが夢中で告げられたからであった。中世の夢は現代人とはまったく感覚が異なっていた。なぜなら、夢は他界の者から見せられるものであったからである。この話の場合は、畜生道から人道へということになる。ただし、多くの場合夢は、仏菩薩から見せられるものであった。したがって、夢を蒙った者にとっては絶対的に信じなければならないものであった。

寛和二年（九八六）に慶滋保胤《よししげのやすたね》や源信《げんしん》を中心とした比叡山横川《よかわ》の首楞厳院《しゅりょうごんいん》において結ばれた念仏結社、二十五三昧会《にじゅうござんまいえ》が創始された。その二十五三昧会の運営規定を記した『二十五三昧式』には、同年（九八六）五月二十三日付けの『楞厳院二十五三昧根本結宗二十五人連署発願文』が所収されている。同願文には、極楽に往生することができたか、それとも悪道に堕ちたか、現世の人間界に残った人たちに夢で示せ、ということが書かれている。

こうした規定を受けて、中世の往生伝などには、夢で往生を遂げたことを知らせる話などが散見される。つまり、夢のなかで鯰＝父親と告げられた以上、その鯰を殺して食することは、この世で父親を殺害するのと同じ罪になるのである。現報を受けるほどの罪ということになるのであろう。

以上、式目二条の「寺のために用いるべき財物を着用し」の解説から、あらぬ方向に話が展開してしまった。しかし、愛欲・現報・夢の当時における仏教の考え方がわからなければ、式目二条関連の「仏物欺用」の話が理解できないのではと考え解説した。『今昔物語集』のこの話は、鎌倉時代の『宇治拾遺物語集』などにも再録され、結構中世にも流布された話である。

仏と神

天変地異は、神によるものとされた。何故に天変地異が起こるのか、その理由を聞き改善するのが天皇であるともいえる。ただし、神仏習合しているなかで、仏はどうかというと、仏は目に見える罰は下さないのが基本である。仏に何かあると荒ぶるのは仏を守護する神だからである。

天皇は神祇の祭主者であるので、天皇である限りにおいて出家しない。出家するのは上皇になってからである。つまり、天皇は神祇の頂点に立つのであるが、仏教ではどうかというと、出家しない天皇の分身が存在した。それは親王のなかでも出家した親王である法親王《ほっしんのう》の役割であった。法親王を介して天皇は仏教の頂点に立つともいえる。つまるところ、神祇と仏教の両方の頂点に立つのが天皇であったのである。

式目一・二条は、神社と寺院に関することであるが、両方の頂点に立つ存在が天皇である。それを武家が補塡することになっていく。こうした条文を受けて、鎌倉時代はもとより南北朝期以降でも、石清水八幡宮や日吉大社の修造・修繕など、幕府の協力がなければ成り立たない状態へと進んでいくのである。

【参考文献】

生駒哲郎『畜生・餓鬼・地獄の中世仏教史―因果応報と悪道―』（吉川弘文館、二〇一八年）
笠松宏至『法と言葉の中世史』（平凡社、一九九三年、初刊一九八四年）
佐藤弘夫『神・仏・王権の中世』（法藏館、一九九八年）
佐藤弘夫『起請文の精神史―中世世界の神と仏―』（講談社、二〇〇六年）

第Ⅱ部

中世の人びとは何を争ったのか

——犯罪と財産相続——

第Ⅱ部では、「中世人は何を争ったのか—犯罪と財産相続」と題して、刑事法関係の規定と（渡邉俊第Ⅱ部第一章）家族法関係の規定と（神野潔第Ⅱ部第二章）を扱う。

中世、特に鎌倉時代の犯罪と刑罰については、網野善彦・石井進・笠松宏至・勝俣鎮夫のいわゆる「四人組」による『中世の罪と罰』などの人気もあって注目され、中世の法意識を理解する格好の素材とされてきた。式目でも刑事法関係の条文は多く（数え方にもよるであろうが）合計で十条分にも及んでいる。具体的に、刑事法として該当する条文は、謀叛、殺害、刀傷、悪口、殴人、謀書の犯罪について規定する第九条から第十五条までと（これらの犯罪を補足する規定として、縁坐、連坐についても定められている）、強盗、窃盗、放火、姦通、辻取について規定する第三十二条から第三十四条までである。

式目の刑事法関係規定には錯簡があるとし、第三十二条から第三十四条までは本来第十一条と第十二条とのあいだに入るべきだったとする説があるが、そのように考えて条文を並べ直してみると、謀叛、殺害、刀傷、強盗、窃盗、放火、姦通、辻取、悪口、殴人、謀書の順になるであろうか。基本的に、重い犯罪から軽い犯罪へと並んでいることになり、これは、式目が参照したと言われる『法曹至要抄』の並び順と類似している（ただし、悪口は『法曹至要抄』にはなく、鎌倉幕府が独自に犯罪として規定したものと見られる）。このうち、渡邉の第Ⅱ部第一章においては、謀叛、殺害、強盗、窃盗と、（盗賊行為と結びつくと考えられる）山賊・海賊・夜討、悪口について説明していく。また、刑罰はそれぞれの犯罪に対して規定されていたが、死罪が定められている条文は少なく、流刑と所領没収が基本であり、このことは鎌倉幕府法の特徴の一つであった。刑罰についても第Ⅱ部第一章で整理する。

刑事法関係の規定と同様に、式目の中で一定のボリュームを持つのが、家族法関係の規定である（第十八条から第二十七条までの十条分である）。その中心となるのが財産相続に関する条文であり、特に悔返については規定が目立つが、これは当該時期において御家人たちの中で、相続と悔返に関わる問題が頻発していたことが影響しているのであろう。財産相続については、無足の兄、女人養子、改嫁した後家について規定があり、悔返については、女子、郎従、亡くなった被譲与者、離別された妻妾などについて列挙されていて、財産相続そのものについての基本的な規定や、悔返の定義を示したような規定は存在していない。これは、式目の一つの性格を示すものとして、しばしば言及される点である。これらの他に、財産の未処分についての規定もある。

家族法関係規定も、中田薫・三浦周行以来、鎌倉時代の法制度・法生活・法意識をよく伝えるものとして、注目されてきた。譲与そのものへの関心はもちろんであるが、悔返、女性の財産相続、女性の改嫁、処分と未処分など、多くの先行研究が蓄積されている。神野の第Ⅱ部第二章の内容についても、それらの先行研究にもとづいて（いわば「巨人の肩に乗って」）まとめられたものであることを強調しておきたい。

最後に、この第Ⅱ部には、式目三十四条について詳細に読解したコラム（野村育世）も用意した。この条文は刑事法の規定ではあるが、（その前半については）家族の問題も関わるものであり、全体として「性の問題に踏み込んだ法」ともいえるものである。野村による丁寧な条文読解は、鎌倉幕府法を研究していく上で模範となるものであるが、このコラムがそのような意味だけに留まらず、ジェンダーの視点で鎌倉幕府法を見てみるきっかけとなれば幸いである。

（神野　潔）

一 罪と罰

式目九〜十五・三十二〜三十四条

渡邉 俊

《読み下し》

第九条

一 謀叛人の事

右、式目の趣兼日定め難きか。且は先例に任せ、且は時議によってこれを行はるべし。

第十条

一 殺害・刃傷罪科の事〈付たり。父子の咎、相互に懸けらるるや否やの事〉

右、或は当座の諍論《じようろん》により、或は遊宴の酔狂によって、不慮のほか、もし殺害を犯さばその身を死罪に行はれ、ならびに流刑に処せられ、所帯を没収せらるるといへども、その父その子相交はらずば、互ひにこれを懸くべからず。

次に刃傷の科の事、同じくこれに准ずべし。

次に或は子、或は孫、父祖の敵を殺害するにおいては、父祖たとひ相知らずといへども、その罪に処せらるべし。父祖の憤りを散ぜんがため、たちまち宿意を遂ぐるの故なり。次にもしくは人の所職を奪はんと欲し、もしくは人の財宝を取らんがため、殺害を企つるといへども、その父知らざるの由、在状分明ならば縁坐に処すべからず。

第十一条

一　夫の罪過によって、妻女の所領没収せらるるや否やの事

右、謀叛・殺害ならびに山賊・海賊・夜討・強盗等の重科においては、夫の咎を懸くべきなり。ただし、当座の口論により、もし刃傷・殺害に及ばばこれを懸くべからず。

第十二条

一　悪口《あっこう》の咎の事

右、闘殺の基、悪口より起る。その重きは流罪に処せられ、その軽きは召籠《めしこ》めらるべきなり。問注《もんちゅう》の時、悪口を吐かば、すなはち論所を敵人に付けらるべきなり。また論所の事その理なくば他の所領を没収せらるべし。もし所帯なくば流罪に処せらるべきなり。

第十三条

一　殴人の咎の事

右、打擲《ちようちやく》せらるるの輩はその恥を雪《すす》がんがため定めて害心を露はすか。殴人の科、はなはだもって軽からず。よって侍においては所帯を没収せらるべし。所領なくば流罪に処すべし。郎従以下に至っては、その身を召禁ぜしむべし。

第十四条

一　代官の罪科を主人に懸くるや否やの事

右、代官たるの輩、殺害以下の重科有るの時、くだんの主人その身を召進めば、主人に科を懸くべからず。ただし、代官を扶《たす》けんがため、咎なきの由を主人陳じ申すの処、実犯露顕せば主人その罪を遁れ難し。よって所領を没収せらるべし。かの代官に至っては召禁ぜらるべきなり。兼ねてまた、代官或は本所の年貢を抑留し、或は先例の率法に違背せば、代官の所行たりといへども主人その過に懸けらるべきなり。しかのみならず代官、もしくは本所の訴訟により、もしくは訴人の解状につきて、関東よりこれを召され、六波羅よりこれを催さるるの時、参決を遂げず、なほ張行せしめば、同じくまた主人の所帯を召さるべし。ただし、事の躰に随ひて軽重あるべきか。

第十五条

一　謀書の罪科の事

右、侍においては所領を没収せらるべし。所帯なくば遠流に処すべきなり。凡下の輩は火印をその面に捺さるべきなり。執筆の者また与同罪。次に論人帯ぶるところの証文をもって、謀書たるの由、多くもってこれを称す。披見の処、もし謀書たらばもっとも先条に任せてその科あるべし。また文書の紕繆《ひびゅう》なくば、謀略の輩に仰せて神社・仏寺の修理に付けらるべし。ただし無力の輩に至っては、その身を追放せらるべきなり。

第三十二条

一　盗賊・悪党を所領の内に隠し置く事

右、件の輩、風聞ありといへども露顕せざるによって断罪に能はず。炳誡《へいかい》を加へず。しかるに国人等差し申すの処、召上ぐるの時はその国無為なり。在国の時はその国狼藉なりと云々。よって縁辺の凶賊においては、証跡に付きて召禁ずべし。また地頭等賊徒を隠し置くに至っては、同罪たるべきなり。まづ嫌疑の趣につきて地頭を鎌倉に召置き、かの国落居せざるの間は身暇を給ふべからず。次に守護使の入部を停止せらるる所々の事、同じく悪党ら出来の時は不日守護所に召渡すべきなり。もし拘惜《こうじゃく》においては、且は守護使を入部せしめ、且は地頭代を改補すべきなり。もしまた代官を改めずば、地頭職を没収せられ、守護使を入れらるべし。

第三十三条

一　強・窃二盗の罪科の事〈付たり。放火人の事〉

右、すでに断罪の先例あり。何ぞ猶予の新儀に及ばんや。次に放火人の事、盗賊に準拠してよろしく禁遏《きんあつ》せしむべし。

第三十四条

一　他人の妻を密懐する罪科の事

右、強姦・和奸を論ぜず人の妻を懐抱するの輩、所領半分を召され、出仕を罷めらるべし。所帯なくば遠流に処すべし。女の所領同じくこれを召さるべし。所領なくばまた配流せらるべきなり。

次に道路の辻において女を捕ふる事、御家人においては百箇日の間出仕を止むべし。郎従以下に至っては、大将家御時の例に任せて、片方の鬢髪を剃り除くべきなり。ただし、法師の罪科においては、その時に当たり斟酌せらるべし。

1　重罪視された犯罪

謀　叛

先行する公家の法書『法曹至要抄《ほっそうしようしょう》』に影響を受けつつ、編纂時点での幕府の関心によって式目上に並べられた罪と罰の内容に本章では迫っていく。

式目が重罪視した犯罪（重科）に、謀叛・殺害・山賊・海賊・夜討・強盗がある。これら罪を犯した者たちは「重犯」とよばれ、守護による犯人の拘束が求められた（式目三条・四条）。

なかでも謀叛の罪はとくに重い。式目の第九条〜第十五条そして第三十二条〜第三十四条が現在の刑事法に相当する条文であるが、その筆頭にあげられている罪科が第九条の謀叛である。謀叛と認定された場合、張本人はもちろんのこと、否応なく妻子・親類・従者にまでその罪が及ぶ（式目十一条、追加法二九条）。式目の注釈書「御成敗式目栄意注」第九条が引用する嘉禄三年（一二二七）の追加法をみると、謀叛の場合、田畠・住宅・資財・従者のすべてが没収されたことがわかる。条文排列の面からいっても、縁坐・連坐の面からいっても、そして用意されている刑罰の面からいっても、とにかく謀叛の罪が重いことは明らかなのである。しかし、肝心の式目の記述そのものはとてもあっさりしていて、謀叛人の事についてはあらかじめ定め難いので、先例と「時議《じぎ》」によって処分するのだという。ここでいう「時議」とは、文字どおりに解釈すれば、その状況に応じて対処するという意味である。

「清原宣賢式目抄」をはじめとする式目の注釈書も、その時々の、罪の軽重を勘案しての判断といった具合に「時議」をとらえている。ただしこの「時議」を、最高権力者である将軍の意思（「時宜」）とみる学説があり（佐藤一九八八）、いずれが正しいのか判断がつかず、なんとも悩ましい（→第Ⅱ部第二章）＊1。

殺　害

謀叛人の量刑を先例と「時議」とに委ねる曖昧な記述に比べると、同じ重科に属する殺害については具体的な定めがみえる（式目十条）。

たとえ突発的な争いや酒に酔った勢いが招いた犯行であったとしても、情状酌量の余地はない。計画性の有無にかかわらず、殺害については死刑または流刑に処され、所領も没収される。ただし父と子とが共謀していなければ、父の罪が子に、その反対に子の罪が父にまで及ぶことはない。同様に、妻もまた無罪である（式目十一条）。財産目的の殺人も同じく、たとえばその企みを知らない父は無罪とされた。

しかし敵討ちについては、厳しい縁坐の適用を想定している。子や孫が父祖の敵を討ち果たしてしまった場合、加害者のみならず、父祖が存命であればその父祖までもが罪に問われた。父祖の私憤が結果として子や孫を殺人者に仕立てあげてしまうことから、父祖が共犯とみなされたのだろう。また、存命の父祖が今度は被害者側の標的とされる恐れもあるから、「やられたらやり返す」際限のない報復の連鎖を断ち切る目的があったのかもしれない。

律令や『法曹至要抄』は、意図した殺人を故殺、未遂・既遂を含め計画的な殺人を謀殺と呼ぶなど、殺害を事例別に細かく分類する。ところが式目は、故意か否かであるとか計画性の有無であるとかにはあまり目を向けず、縁坐の適用範囲にこだわっている。この、縁坐や連坐に強い関心を示している点が、式目のもつ大きな特徴である*2。

盗

盗については、謀叛と同様、式目の定め自体はとてもあっさりしている（式目三十三条）。強盗・窃盗は「断罪」の先例があるので、その先例に従った処置をせよ、続いて放火については盗賊に準拠して取り締まれというのである*3。この「断罪」が、謀叛のところでみた「時議」と同様、これまた解釈に頭を悩ます厄介な記述で、死刑を意味する場合もあれば、広く処罰を意味する場合の両方がある。そこで、「断罪」の意を把握するために、式目制定の前年に発せられた幕府法（追加法二二条）を参照してみる。すると、強盗・殺害の共犯は鎮西への流刑、主犯は「断罪」すると述べていることがわかる。当然のことながら、共犯に科される流刑よりも主犯に科される「断罪」のほうが重いはずなので、強盗を「断罪」するとは、すなわち死刑に処すということでよさそうだ。

一方、窃盗を「断罪」するとは、死刑に処すことではない。贓物《ぞうもつ》（盗品）の多少によって量刑に幅があった。たとえば贓物を銭に換算した場合、百文から二百文程度であれば軽罪として扱われ、贓物の二倍分を弁償すれば無罪放免とされた（追加法二一一・二二一・二一九条）。しかし、弁償すれば無罪放免という幕府の姿勢はさすがにまずかったようで、再犯が後を絶たないという理由から、後年には贓物が少額であっても再犯であれば処罰すると定めた（追加法二六三・二八四条）。少しの物を盗んだだけなのに、その身を「断罪」（死刑）に処すというのでは過法の誹りを免れない。撫民の政治理念にも背く。それでは仮に、死刑ではなく流刑や拘禁刑といった自由刑に処すとしても、少しの物を盗んだ犯人をいちいち捕まえて相応の処分を下していたら科刑者側の負担が増すばかりである。そうかといって、弁償によって無罪放免が叶うようでは、犯罪の抑止力が無いに等しい。

これまで指摘されてきたことではあるが、中世においては、盗に対する重罪観と軽罪観とが並存していた。そのような社会にあって式目は、重罪と軽罪の両端を行き来できるように、つまり量刑に幅をもたせて盗に対応することができるように、あえて不明瞭な書きぶりにしているのかもしれない。

山賊・海賊・夜討

山賊・海賊が、山と海とを舞台に盗賊行為をはたらく罪であるのに対して、夜討とは、戦国期の式目注釈書「清原宣賢式目抄」が説くように「夜陰に紛れて姓名を知らせず人を討つ」行為をいう。加えて、住宅・館に討ち入る行為を指す。

夜討によって生じる結果は殺人であったり強盗であったり多様であったとみられるが、式目やその他の幕府法をみると、夜討はとくに盗賊行為に結び付けられて取り扱われている形跡がある。そもそも式目では「夜討強盗山賊海賊」がセットで登場するし、関連する幕府法では、「山賊海賊夜討強盗」の罪科を確定するには贓物露見《ぞうもつろけん》（贓物を証拠品として提示すること）が必須とされていたように、夜討には盗品が付きものであると認識されていたからである（追加法二八二条）。犯行現場の別はあれど、また、犯行時間の違いはあれど、山賊・海賊・夜討には集団による盗賊行為といった犯罪の性格がつきまとう。それゆえ、たとえば夜討の張本人は強盗と同様に「断罪」（死刑）に処され、共犯者たちは関東や夷島《えぞがしま》（現在の北海道）への流刑とされた（追加法八六条）。他方、山賊・海賊・夜討は「盗賊悪党」（式目三十二条）の類ともみなされたが、この悪党の跳梁がやがて幕府を苦しめることになる。

2　どのような刑罰が科されるのか？

流刑と所領没収

ここで視点を変えて、刑事法関係の条文を今度は制裁の面から通覧してみる。すると、流刑と所領没収の組み合わせ、または一方のみによる処罰が、式目の想定する代表的な刑罰であることがわかる。明確に「死罪」をうたっている条文は、実は、先ほどみた殺害・刃傷に関する第十条くらいしかない。

流刑は、刑事法関係の条文にほぼ登場する。殺害・刃傷はもとより、「殴人の咎」（第十三条）や讒訴（第二十八条）・密懐（第三十四条）、そして後述する「悪口《あっこう》の咎」（第十二条）や「謀書の罪科」（第十五条）などに流刑が用意されていた。所領没収との組み合わせで流刑が科されることもあれば、没収する所領が無い場合の代替措置として流刑が単独で科されることもある。当時、各荘園において一般的に科されていた刑罰が、荘園すなわち居住領域からの追放と犯人住宅の処分の組み合わせであったことをふまえると、配所先を特定する流刑を式目が多く採用している点は、他の本所法《ほんじょほう》（荘園領主の法）にはみられない注目すべき式目の特徴であると評価できる。このように式目が、追放ではなく流刑を随所に散りばめている理由は、承久の乱後、日本の各地に流人を送ることができるだけの広域性をもつ支配圏が築かれたことと、それを可能とする体制が幕府に備わったことの両者による。

東国およびその周辺地域までを主な支配圏とした幕府の初期段階においては、本拠地鎌倉からどんなに遠く離れたとしても、遠江国までの範囲内で流刑が執行されていた（『吾妻鏡』寿永元年十二月十六日条）。ところが、たとえば文治五年（一一八九）の奥州合戦後に幕府の勢力が奥羽両国にまで及びはじめると、夷島への流刑にまで関与しはじめる。さらに承久の乱後には、幕府の勢力がとくに西国方面に伸張するため、鎮西をはじめとする西国への流刑もさかんに行われるようになった。具体的には、大番役をつとめるために各地から京へのぼった御家人たちであったり、京と鎮西あるいは京と関東とを行き来する御家人たちであったり、守護であったりに、たとえば京で拘束されている流人の身柄を預けるのである。預けられた守護をはじめとする御家人は、流人の監視・護送の任務を負いながら各々の本拠地へと流人を送りとどけた（追加法二二一・一〇一条）。式目が定める幕府の流刑は、都鄙を駆け巡る御家人たちによって支えられていたのであった。

身分によって異なる刑罰

式目中の多くの犯罪に対して流刑という刑罰が規定されていた一方、所領をもつ侍身分の者には所領没収が科された。侍とは、御家人・非御家人を含む武士身分を指し、侍の従者を含むそのほかの一般庶民を示した凡下《ぼんげ》とは明確に区別される。

式目およびその他の幕府法では、この侍への所領没収にふれた規定が多くみられる。まさに所領を紐帯とする社会集団にふさわしい処罰である。

具体的にみてみよう。文書偽造を咎める「謀書の罪科」（式目十五条）の場合、侍であれば所領没収、もし所領が無ければ遠流、凡下であれば火印（顔に焼印を捺される身体刑）に処された。強姦行為である道路の辻での女捕《めとり》（式目三十四条）については、御家人であれば百箇日の出仕停止、凡下であれば片《かた》鬢《びん》剃《そ》り（頭髪の片方を剃り落とすこと）と定められている（→第Ⅱ部コラム）＊4。火印や片鬢剃りは凡下にのみ科され、侍に執行されることはない。この、同じ罪を犯したとしても身分によって用意される刑罰が異なる点も、式目のもつ特徴である。

3　ユニークな罪

口は禍いのもと

式目は、「口」にも注意を払っている。第十二条が定める「悪口の咎」である。現在でいえば、侮辱罪・名誉棄損罪がそれに近い。

式目が参照した可能性のある『法曹至要抄』と式目とを比較すると、刑事法に関する部分はだいたい条文排列が似通っている。しかし、この悪口罪だけは『法曹至要抄』には無く、式目特有のものだという。式目編纂以前から幕府の裁判法廷では悪口が咎められており、たとえば将軍親裁の場において三浦義村にむかって「盲目」と罵った波多野忠綱の悪口が罪に問われている（『吾妻鏡』建保元年五月七日条）。こういった、法廷での紛争相手を貶める暴言を裁断するケースが蓄積されてきたため、式目編纂時に幕府が独自に「悪口の咎」を立法化したものとみられる。

具体的には、「重い」悪口ならば流刑、「軽い」悪口ならば召籠すなわち拘禁刑に処すのだという。乱闘・殺人の引き金となる悪口に、式目は法の網をかけようとしたわけである。

しかも、問注つまり裁判の法廷といった具体的な場面を想定して立法されている点がユニークである。裁判にて悪口を吐いてしまうと、たとえ論所《ろんしょ》（係争地）に対する権利が認められて勝訴の判決を得たとしても、その論所自体は敗訴者に付与される。ましてや論所に対して「理」が無い、つまり敗

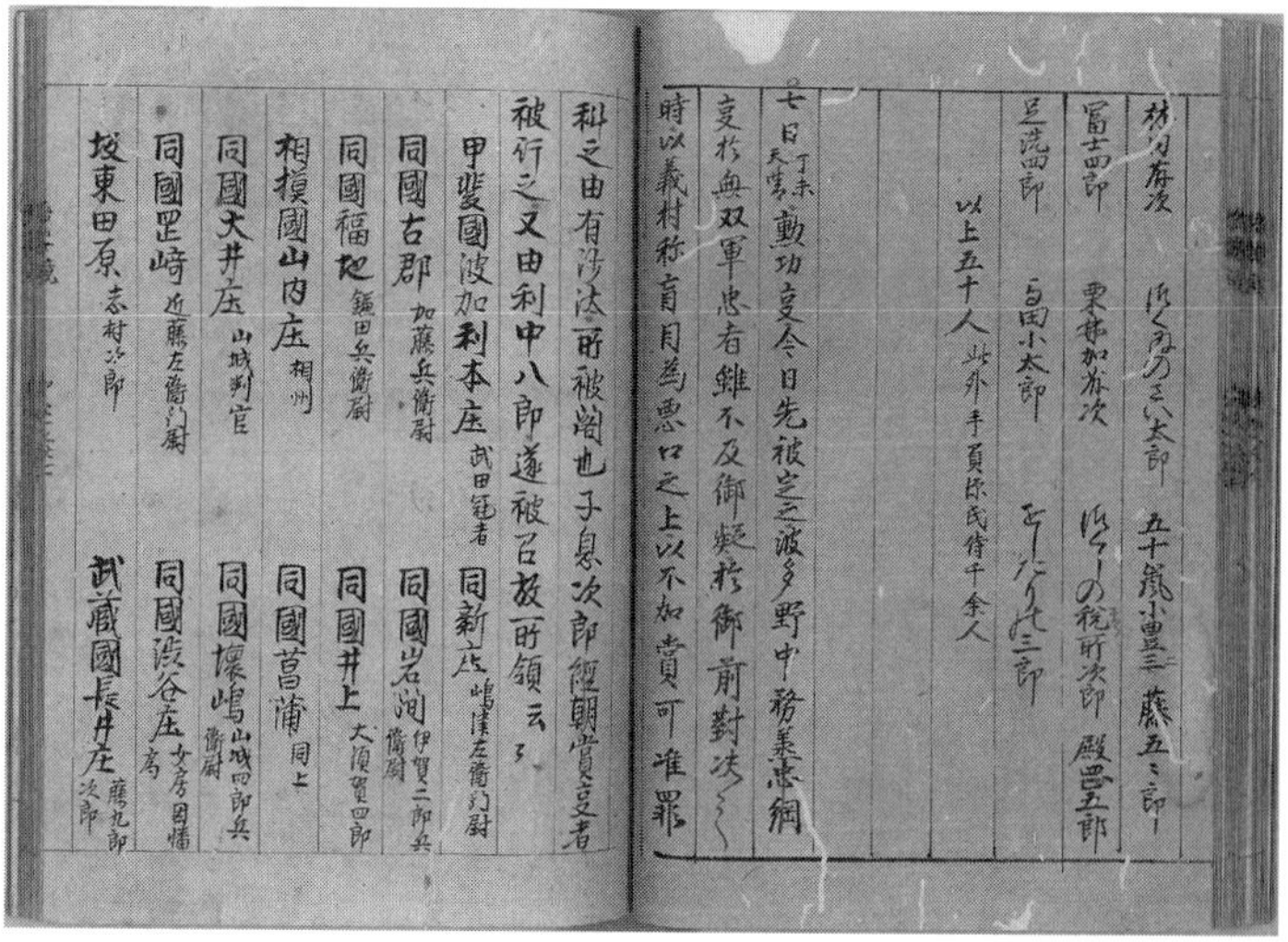

『吾妻鏡』建保元年五月七日条の３行目に波多野忠綱の「悪口」が見える
（国立公文書館所蔵）

訴してしまうと、自身の手持ちの所領が没収されて相手に渡されてしまう。差し出す所領すらない場合は、身柄が流刑に処されるという定めであった。

これまで指摘されてきたように、幕府が実際に認定した悪口とは、相手の社会的地位や立場を不当に貶めることを意図した言葉であることが多い。「盲目」「放埒乞食」のほかに実例をあげるとすれば「恩顧の仁」「若党」「甲乙人」といった言辞がそれに該当した。母子相姦を意味すると考えられる「母開」（ぼかい・ははまき）という悪罵すらあった当時の社会にあって、幕府が裁断した悪口は、裁判法廷上での相手の地位・立場を貶める発言に限ったものが圧倒的に多い。

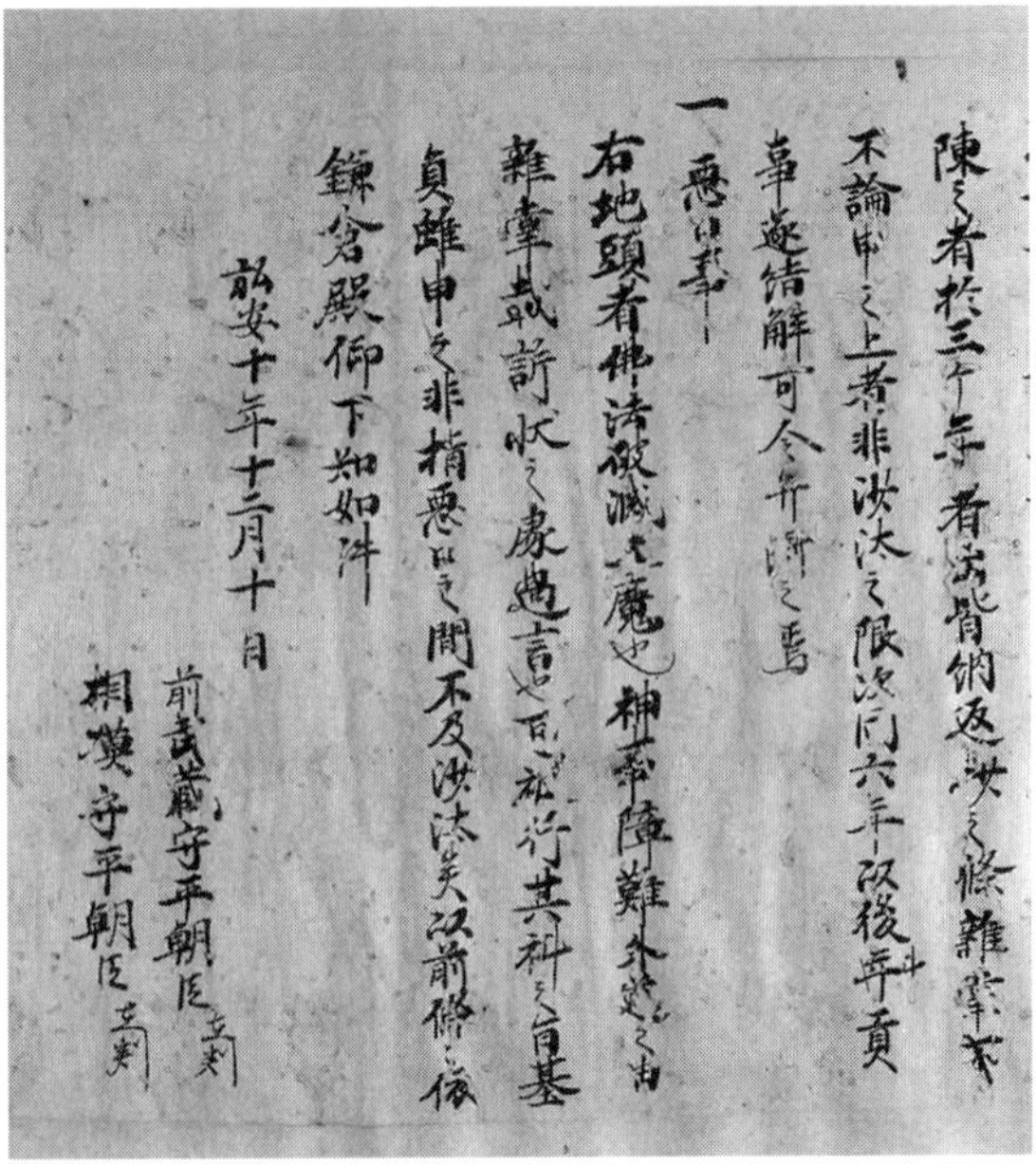

弘安十年十二月十日付関東裁許状案（一部）の４行目に「悪口」の文字が見える（東寺百合文書、京都府立京都学・歴彩館所蔵）

法廷秩序を維持するために

そうかといえば幕府は、「悪口の咎」の適用には慎重であったようにも見受けられる。「還俗の身だから侍所に参上するな」「おまえの祖父は小舎童だ」（薩摩新田文書、『鎌倉遺文』六八九〇号）といった言辞が悪口かどうか問われた際、結局、幕府の側は枝葉の問題なのでとりあげないと判断することになったし、正応三年（一二九〇）にいたっては、相手の遺産相続権を否定するための「おまえは子息では無い」といった類の発言については、今後は悪口罪には問わないとした（追加法六一六条）。

配下の者が悪口罪を濫用して私腹を肥やすことにも幕府は悩まされた。悪口を吐いたとして「雑人」から過料を責め取った地頭に対しては、「雑人」の悪口にまで踏み込んで処罰することを幕府が咎めている（山田文書、『鎌倉遺文』二〇四七六号）。「悪口の咎」を幕府が設定した結果、悪口と書かれていることをよいことに、それを利用しようとする多くの個人・集団があらわれ、逆に幕府の方が振り回されているかのようである。

書かれているのか、書かれていないのか。書かれているとすれば、それはどういう趣旨なのか。式目を利用しようとしてもちだす当事者はもとより、幕府すらも式目の「解」をもち得ずに両者のやりとりが繰り広げられる結果、式目の「解」らしいものが社会に散らかっていく[*5]。

そのような中にあって、裁判法廷上での相手を貶める発言をとくに悪口と認めていったところをみると、結局「悪口の咎」とは、かつて石井良助が評したように「法廷の秩序維持のために採られた手段」（石井一九三八）であったとみられる。つまり、法廷を安定的に運営するための悪口の抑止策である。悪口のみならず、謀書（式目十五条）や讒訴（式目二十八条）といった裁判に関係する不法行為が、あえて罪として式目中に立法化されている点から判断すると、いかに幕府が裁判法廷の秩序維持に気をつかっていたのかがわかる。さらにいえば、頻発する所務沙汰と密接に関係しながら、罪が式目の法文上に立ち現れるその様をみてとることができるのである。

【参考文献】

網野善彦・石井進・笠松宏至・勝俣鎮夫『中世の罪と罰』（東京大学出版会、一九八三年）。
池内義資編『中世法制史料集別巻　御成敗式目註釈書集要』（岩波書店、一九七八年）。

石井進・石母田正ほか校注『日本思想大系新装版 中世政治社会思想　上』（岩波書店、一九九四年）。

石井良助『新版　中世武家不動産訴訟法の研究』（高志書院、二〇一八年、旧版初出一九三八年）。

植田信廣「鎌倉幕府の〈検断〉に関する覚書（一）」（『法政研究』五八—四、一九九二年）、同「鎌倉幕府の〈検断〉に関する覚書（二）」（『法政研究』五九—一、一九九二年）。

植田信廣「鎌倉幕府の殺害刃傷検断について」（西川洋一・新田一郎・水林彪編『罪と罰の法文化史』東京大学出版会、一九九五年）。

海津一朗「中世武家流刑の手続き文書—囚人預状を中心に—」（『古文書研究』三七、一九九三年）。

佐藤進一「御成敗式目の原形について」（『日本中世史論集』岩波書店、一九九〇年、初出一九六五年）。

佐藤進一「合議と専制」（『日本中世史論集』岩波書店、一九九〇年、初出一九八八年）。

佐藤進一・池内義資編『中世法制史料集　第一巻　鎌倉幕府法』（岩波書店、二〇〇一年）。

清水克行『耳鼻削ぎの日本史』（文藝春秋、二〇一九年）。

長又高夫『御成敗式目編纂の基礎的研究』（汲古書院、二〇一七年）。

西田友広『鎌倉幕府の検断と国制』（吉川弘文館、二〇一一年）。

羽下徳彦「検断沙汰おぼえがき」（『中世の窓』四〜七、一九六〇年）。

山口道弘「鎌倉幕府法縁坐規定を遶る二、三の問題に就いて」（『國家學會雑誌』一一二—九・一〇、二〇〇五年）。

山本幸司「恥辱と悪口—式目悪口罪ノート—」（網野善彦・笠松宏至・勝俣鎮夫・佐藤進一編『ことばの文化史　中世2』平凡社、一九八九年）。

渡邉　俊『中世社会の刑罰と法観念』（吉川弘文館、二〇一一年）。

渡邉　俊「中世前期の流刑と在京武士」（『文芸と思想』八〇、二〇一六年）。

【註】

＊1　**第九条は空文か？**　「時議」がその時々の判断の意であるとすると、先例と「時議」とによって謀叛を処罰するとした第九条は、何かを定めているようで実は何も定めていない空文に限りなく近づいてしまう。そのため、式目には欠陥があるとか、逆に、式目にそのような空文があるはずはないので何か別のはっきりとした意味があるはずだ、とかいう見方を生じさせた。ますます悩ましくなるのだが、こういった見方からいったん離れ、書き込むこと自体に意味があったと考えてみてはどうだろうか。明瞭には書けないけれど、他の法書にもみえる重罪中の重罪の謀叛を書かないわけにはいかない。つまり、条文構成上の要請（佐藤一九六五）という視点から第九条をみた方が、より実態に近づけるように思うのである。同様に、曖昧な記述に終始する盗・放火を定めた第三十三条にも、条文構成上の要請が影響しているのかもしれない。

＊2　**縁坐・連坐**　親族にも罪が及ぶことを縁坐、親族関係にもとづかずに連帯責任を負うことを連坐という。よくよく式目をみてみると、縁坐・連坐の適用条件やその範囲に言及した条文がいくつかあることに気づく。刑事法についていえば、第十条のほか、夫の罪が妻に縁坐するか否かを定めた第十一条、代官の罪が主人に連坐するか否かを定めた第十四条がそれにあたる。罪そのものについてというよりも、縁坐・連坐を定めることの方に主眼を置いているようにすらみえる。式目が、いかに親族や主従といった人間関係に注意を向けていたのかがわかる。

＊3　**放火**　盗について定めた式目三十三条のなかに、放火についての規定が無理やり押し込められているようにもみえる。おそらく盗と放火とは、もともとは別個の条文で、先に「強窃二盗」が、そして後条にて「放火人」が定められていたのだろう。それが一条にまとめあげられたと考えられる。それにしても盗と放火とが、ひとまとめに扱われている点は面白い。これが、『法曹至要抄』の条文の並び（「強窃盗事」の後に「放火事」が登場する）

に影響を受けているのか、それとも別の理由にもとづいているのかはわからない。別の理由があるとすれば、それは、住居内の物を略奪して宅・館も焼くといった財産犯の性格を放火が兼ね備えていることに求められるのだろう。ちなみに盗と放火とを結び付けて扱う例は、式目に限らず、たとえば高野山領などにもみられる（高野山文書、『鎌倉遺文』一〇八三九号）。

＊4 **髪は命** 片髪剃りを、一時的な苦痛だろうなどと軽く考えてはいけない。中世においては、それこそ場合によっては死刑に匹敵するくらいの大変に重い名誉刑であった。髻を切ったり、鬢髪の片方を剃ったりするなどということは、成人男性の人格を強く否定することに他ならないものだからである。それでは、髻がない女性や剃髪してしまった僧侶に対しては、似たような刑罰はなかったのだろうか。実は、ある。それは耳鼻削ぎである。死一等を減じられた女性や僧侶は、往々にして耳や鼻が削がれた。また、場合によっては死に相当する罪を犯した成人男性もまた耳や鼻を削がれた。髻・鬢髪・耳・鼻といった身体の部位に手をかけ、強制的に異形の姿にしてしまうことの意味と深刻さについては、清水克行氏の著書に詳しい（清水二〇一九）。

＊5 **式目の「解」はあるのか？** はたして幕府は、式目を文言どおりに正確に理解してそれを適用しようとしていたのだろうか。どうも、そのようには思えない。たとえば、父の遺領をめぐって、その娘が自身の叔父と幕府法廷で争ったケースをみてみよう。娘は敗訴したものの、叔父が悪口を吐いたということで叔父の所領の「半分」が娘の側に明け渡される判決が出た（長門熊谷家文書、『鎌倉遺文』一一九四五号）。ところが、この判決が叔父の反論によって取り下げられることになる。なぜか。なんと裁定者である幕府の側が「式目の趣旨を取り違えている」からだった。勝訴者の悪口が咎められる場合は論所を失うだけで済むはずなのに、所領の「半分」を差し出すなんて式目のどこにも書いていないだろう、というのが叔父の言い分であった。結果、幕府はこの言い分を認めて、何事もなかったように裁定をやり直すわけである。このような、とんでもない話がまかり通っている点からすると、幕府すらも式目の「解」をもっていなかったと考えざるを得ない。式目が世に放り出された後は、式

目を利用しようとする側と、裁定者である幕府の側とが、やりとりを繰り広げるなかで式目の「解」らしいものが見出され、そして社会に散らかっていくというのが実態なのではないだろうか。

二

式目十八・二十・二十六・二十七条

悔返と未処分

神野　潔

《読み下し》

第十八条

一　所領を女子に譲り与ふるの後、不和の儀あるによって、その親悔い還すや否やの事

右、男女の号異なるといへども、父母の恩これ同じ。ここに法家の倫《ひと》申す旨ありといへども、女子はすなはち悔い返さざるの文を憑《たの》みて、不孝の罪業《ざいごう》を憚《はばか》るべからず。父母また敵対の論に及ぶを察して、所領を女子に譲るべからざるか。親子義絶の起りなり。教令違犯の基《もとい》なり。女子もし向背《きょうはい》の儀あらば、父母よろしく進退の意に任すべし。これによって、女子は譲状を全うせんがために忠孝の節を竭《つく》し、父母は撫育《ぶいく》を施さんがために慈愛の思ひを均《ひと》しうせんものか。

第二十条

一　譲状を得るの後、その子父母に先だち死去せしむる跡の事

右、その子見存《げんぞん》せしむるといへども、悔い還すに至っては何の妨げあらんや。いはんや子孫死去の後は、ただ父祖の意に任すべきなり。

第二十六条

一　所領を子息に譲り、安堵の御下文を給はるの後、その領を悔い還し、他の子息に譲り与ふる事

右、父母の意に任すべきの由、具《つぶさ》にもって先条に載せ畢んぬ。よって先判《せんぱん》の譲につきて安堵の御下文を給はるといへども、その親これを悔い還し、他の子に譲るにおいては、後判《こうはん》の譲に任せて御成敗あるべし。

第二十七条

一　未処分の跡の事

右、且《かつう》は奉公の浅深に随ひて、且は器量の堪否《かんぷ》を糺《ただ》し、おのおの時宜《じぎ》に任せて、分かち充てらるべし。

1　御家人と相続

式目の家族法関係規定について

式目にはいわゆる家族法*1関係の規定も多くあり、それらは第十八条から第二十七条までにまとめられていると見るのが一般的な理解である（佐藤一九六五）。もっとも、家族法とはいっても、親族関係や婚姻関係などの親族法の内容が充実しているわけではなく、そこに（およそ体系的とはいいがたいかたちで）並べられていたのは、もっぱら相続関係の規定であった。このことは、式目の制定段階において、鎌倉幕府が相続制に関わる重要な問題を多く抱えていたことを示唆している。

本章では、法制史の分野を中心に蓄積されてきた相続制研究の成果に学びながら（初期のものとしては、三浦一九一九、中田一九二六などがある）、式目の家族法関係規定の中のいくつかについて、簡単に紹介していくことにしたい。なお、第十六条から第二十七条までをひとまとまりと考えて、「所領所職の相論に関する規範」だととらえる見方もあり（長又二〇〇五）、また安易に家族法という近代法的な概念を用いるべきではないかもしれないが（↓総論第一章註5）、本章では一般的・通説的な理解にもとづいて見ていくことにしたい。

鎌倉幕府は、御家人一族内の問題に干渉しないことを原則としていた。式目の家族法関係規定も、当時の御家人の生活において広く行われていた慣習を幕府側が受容したものといわれている（笠松・羽下一九六三、石母田一九七二)。そのため、当時の公家法とは異なる内容を持つものも多かった。たとえば(本章で詳しく取り上げることはできないが)第二十三条の女人養子(子のない女性が相続のために男子の養子を取ること、↓総論第二章)や、第二十四条の後家の亡夫遺領相続(夫と死別した女性が改めて嫁いだ場合、亡き夫の遺領相続権を失う)などは(↓総論第一章)、公家法とは大きく異なる内容であった(長又二〇〇五)。

譲与の性質

御家人の財産相続には、処分*2と未処分の二つがあり、処分には、被相続人が生きているあいだに相続人に財産が移転する生前処分と、被相続人の死によって移転する死因処分とがあった。一般的な形態だったのは生前処分で、死因処分は何か特別な約束が定められた場合に限って行われた。式目が制定された頃、御家人の処分は分割相続が基本であり、どのように分割するかは被相続人の自由であった(新田一九五六)。このような処分に対して、未処分とは被相続人が処分をすることなく亡くなった場合のことをいう(↓本章第3節)。

御家人の財産相続を説明する際には、親の権利(処分権)の強さが強調されるのが一般的である。たとえば、悔返は親の処分権の強さを示す典型的な行為だといえるし(↓本章第2節)、式目二十二条には、嫡子であっても幕府に対するたいした奉公がなく不孝であれば、親の判断で財産相続の対象から外されることが示されている。一方で、この第二十二条には、推挙されて幕府に奉公しながら、継母の讒言や他の子の寵愛などによって相続の対象から外された子については、嫡子とされた子の相続分を削ってその五分の一を譲り受けるべきだと規定されている。つまり、ここから、子の側が持っている相続権を重視する意識もまた強くあったことがわかる（この意識は、未処分の場合に行われる配分とも深くつながっている。〈↓本章第3節〉）。この相続権というものが、分割相続という相続のあり方の一つの法的な要因にもなっていたのである（近藤一九八九）。なお、この規定では、幕府への奉公の有無が救済されるかどうかの判断基準になっており、幕府との主従関係という観点も持ってとらえる必要がある。

譲状と置文

生前処分であれ死因処分であれ、処分の大多数を占めるのは、被相続人が譲状を作成して相続人に渡す譲与であった。この譲与という行為は、かつては、譲与者（被相続人）と被譲与者（相続人）の「双方的行為」という性質を持つとする考え方が有力であったが（中田一九二六）、現在では、譲与を譲与者の「一方的行為」とする見方が定着してきている（西谷地一九九六、小瀬二〇一二）。たとえば、「出羽市河文書」文永二年（一二六五）閏四月十八日関東下知状には、御家人中野忠能が譲状を作成するにあたって、被譲与者たちに立ち会わせなかった様子が描かれている。

譲状は、「譲」「譲与」などの譲与文言を持ち、譲与する所領や財産を記載した文書である。また、譲与の際には、被譲与者やその子孫に対する譲与者の遺言などを記した置文《おきぶみ》も作成されることが多かっ

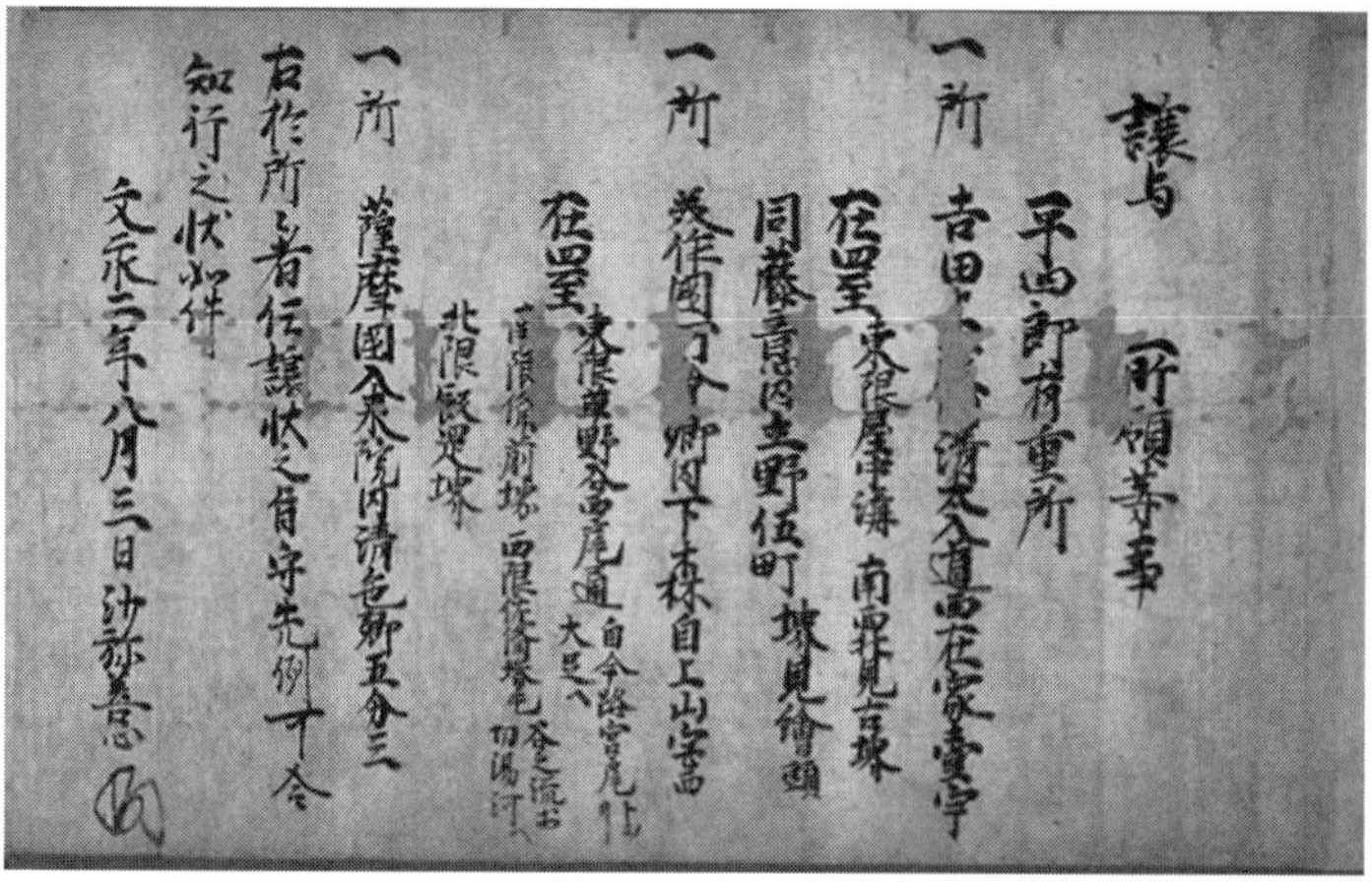

文永二年八月三日渋谷善心（明重）譲状（入来院文書、東京大学史料編纂所所蔵）
書き出しに「譲与」とあり、続けて被譲与者の名や譲られる所領などが記されている。

た。置文[*3]は、本来は口頭で伝えるべき内容である被譲与者の義務を、後世のために記録しておくという目的をもって作成された文書であって、譲与の効力を補完する機能を持っていた（田中二〇二〇）。

なお、鎌倉幕府は、譲状ではない文書であっても、文書の中の文言から被相続人の意思（「本主《ほんしゅ》素意《そい》」）が確認できるということであれば、処分は成立すると考えていた。譲状はこの「本主素意」をもっとも明確に表す文書であるが、譲状がないからといってそれは未処分であるということにはならず、被相続人の「本主素意」が確認できない場合に限って、未処分だということになった（小瀬二〇一二）。

譲与安堵

譲状が作成されて相続人の手に渡ると、相続人は鎌倉幕府に申請を行なって、安堵状の給付を受けた。安堵状の中には、「○年○月○日の譲状に任せて」というように、譲状の存在が明記されるのが一般的であった。安堵＊4にはいくつもの種類があったが、譲与安堵は鎌倉幕府の安堵においておそらくもっとも一般的なものであったといえるだろう。

鎌倉後期に成立した鎌倉幕府奉行人によるマニュアル『沙《さ》汰《た》未《み》練書《れんしょ》』には、安堵の申請が行われた場合、その所領が当知行であるか、異議申し立てをする人はいないか、などの調査が行われると説明されている。つまり、ここに描かれる安堵状には当知行を証明する効力があるということになるが、式目が制定された段階では、このような安堵の手続は整っていなかった。安堵は、主人が従者の土地支配を承認する行為ではあったが、客観的な正当性を保障するという意味での承認行為ではなく（土地に対する権利証明としての効力を本来的には持つわけではなく）、いわば主人の従者に対する保護義務の表明といえるものであった（近藤二〇〇八）。

2　悔返と孝養

女子への譲与と悔返――式目十八条を読む

ここまで見てきた相続についての基礎的な情報を前提として、この第2節では、式目の中にある悔返に関する規定を紹介していくことにしたい。悔返とは、一度行われた処分が、相続人の不孝などを理由にして被相続人自身によって取り消され、財産が取り返される行為のことをいう。

式目には悔返に関わる規定が複数見られるが、悔返を定義づけるような基本原則を明示したような規定は存在せず、悔返の存在を前提とした規定が、第十八条・第十九条・第二十条・第二十一条・第二十六条とあまり体系的ではないかたちで収められているだけであった。一般的に、式目には鎌倉幕府法の原則と呼べるような規定は置かれず、それらはむしろ式目の条文の前提として存在していたとされ、悔返についても同様であった（笠松一九七九）。

悔返関係規定の中で、第十八条は、悔返について公家法とは異なる内容を明示した重要な規定である。ここでは、女子に譲与した所領についても、男子に譲った場合と同じように親が悔返をすることが可能であることを定めている。なお、女子への相続は、鎌倉後期には一期分（女子の実家で未来領主を決めておき、女子の後はその人物が相続するというやり方）の譲与が広く行われるようになるが、式目制定の頃はいわゆる永代譲与が一般的であった（野村二〇〇六）。

ここでは、「法家の倫《ひと》申す旨ありといへども」として、公家法の立場から異論が出ることも想定している（つまり、公家法とは異なる考え方を採っていることを明示している）。とはいえ、女子に譲与した所領を悔い返すことができなければ、女子は親に対して不孝を働くことに抵抗がなくなるであろうし、また親の側もそれを恐れてそもそも女子に所領を譲らなくなってしまう。このようなことは、親子の義絶につながり、また「教令違犯」のもとになるので避けるべきである、というのがこの規定の内容である。

公家法からの異論、ということについては、鎌倉初期に作られた公家法の法律書『裁判至要抄《さいばんしようしょう》』二十八条の記述から、既婚の女子に対する譲与の場合には、「夫婦同財」の考え方から、親の悔返は禁止されていたことがわかっている（よって、未婚の女子への譲与の場合には悔返はできたと見られる）。式目十八条では、この公家法の考え方とは異なって、既婚・未婚を問わず女子への譲与については広く悔返を認めたものであり、わざわざ「法家の倫」という言葉を用いて、武家法と公家法の違いを明確にしたのである（長又二〇〇五）。その背景には、すでに述べたとおり、親の権利（処分権）の強さがあった。

子の死去と悔返――式目二十条を読む

続いて第二十条の内容を紹介しておこう。ここには、譲与した後で子・孫が親より先に亡くなってしまった場合、子・孫が生存していても親の悔返に差し支えがない以上、子・孫が先に死去した場合も同じように、悔返をして別の子・孫への再度の譲与が可能であることが規定されている。

公家法では、相続人が被相続人より先に亡くなり、そしてその相続人に妻子がいた場合には、その妻子が次の相続人となると定め、もとの被相続人による悔返を認めていなかった。これに対して、親の処分権の強さを背景とする式目の規定では、もとの被相続人が悔返をして次の相続人を決めることを認めたのである。

当時の裁許状（鎌倉幕府が作成した裁判の判決文）には、子の死去の後に悔返をし、それが発端となって訴訟となった事例を見ることができる。ただし、死去したことだけを理由に親が好き放題に悔返をしていたということではなく、あくまでも（やはり）悔返の理由は不孝であった。たとえば、延応元年（一二三九）十一月五日関東下知状には、御家人橘公業夫妻が出羽国湯河澤湊地頭職を次女薬上に譲与したが、不孝と死去によって悔返をし、嫡子として橘公員に譲与し直した様子が描かれている。この事例では、薬上の夫である藤原頼定は、薬上には三人の子息があるので彼らに相続させるべきである、と主張していたが、結局公業からの「後判之譲」を持っている公員の勝訴に終わっている（第二十六条についての説明も参照、→第Ⅰ部第三章）。

この他、第十九条では郎従を対象とする悔返について、第二十一条では咎があって離別された妻妾を対象とする悔返についての規定がある。両規定の前提として、「他人和与」すなわち「他人」に与えた所領の「悔返」についてはできないという原則がまずあり、「他人」ではない男子に対しては「悔返」を行うことができるが（もっとも一般的であったはずの男子への譲与に対する悔返が御成敗式目に規定されていないのは、前述のとおり、それは当然に認められているという意識があったからと考えられる）、「他人」か否かの境界にあるとも言えるような「他人」に嫁した女子、本主の「子孫」から見た郎従（式目十九条の規定は単なる主人―郎従ではなく、郎従と主人の子孫の関係であろう）を、式目は問題にしていると見てよいであろう。

「後判之譲」――式目二十六条を読む

続いて第二十六条を紹介していこう。この規定は、悔返を争点とする相論が発生した場合の、証拠の優先順位を明記した裁判規範である。

この規定では、親の判断により悔返を行うことができるということは、「先条」に規定したとおりだと述べたうえで（この「先条」は第二十条のことであろうか）、親の悔返を端緒とする訴訟においては、先の日付を持つ譲状が作成されて、それが鎌倉幕府に申請されて安堵状の給付を受けていたとしても、親が悔返をして他の子息に再度の譲与をした場合には、後の日付を持つ譲状（これを「後判之譲《こうはんのゆずり》」という）が訴訟の場において証拠となる、と規定されている。鎌倉幕府の裁判所は、悔返という行為の具体的な中身の正当性について判断する気はなく（つまり、悔返の理由となった不孝が本当にあったかどうかというようなことについては口出しせず）、譲状の日付という文書の証拠のみにもとづいて、相続したのは誰なのかを判断した。その際には、鎌倉幕府の安堵状も、法的な効力を持つことはなかった。

鎌倉前期・中期において、親の悔返が争点となって判決が下された鎌倉幕府の裁許状を読んでいくと、訴人が悔返を根拠にして自らの正当性を主張する場合も、訴人が悔返を認めない側（悔返によって不利益を受けたと感じている側）の場合も両方存在するが、そのうちのほとんどにおいて、第二十六条をもとに、「後判之譲」を証拠として判決が下されている。鎌倉幕府の訴訟において、この第二十六条は裁判規範として強い拘束力を持っていた。式目には、時に空文化してしまったような条文も見られるが（→第Ⅲ部第一章）、第二十六条は、鎌倉幕府の裁判では極めて厳密に適用されていたといえるだろう（神野二〇一九）。

3 未処分について

未処分地と配分安堵

ここまではもっぱら、処分が行われた後のことを見てきたが、ここからは未処分についての規定である第二十七条を読んでいくことにしたい。第二十七条の大まかな意味は、被相続人が処分を行わないで亡くなった場合に、奉公の浅・深や器量の有・無によって、「時宜《じぎ》」*5にもとづいて未処分の所領の配分を行うというものである。

「時宜」という文言については、第九条に見られる「時議」と同じ意味だと見るべきかどうかでも意味は変わってくるが（↓第Ⅱ部第一章）、ここでは社会集団における最高権力者（式目においては将軍）の意思と理解しておきたい。

さて、未処分の場合に必ず第二十七条が適用され、将軍（幕府）による配分が行われるのかというと、そういうことではなかった。相続権者の間で協議が整えば、幕府はそのままそれを承認するのが基本であり、幕府が未処分地の配分を行うのは、相続権者たちが自分たちで配分を行うことができず（そもそも未処分かどうかを争っている場合もあった）、ついに相論となった場合に限られていた（近藤一九八九）。

つまり、相続権者たち（得分親という）の間で協議が終了して配分が決定されれば、それに対して幕府は安堵を行うだけであったが、相続権者たちで配分が解決できず、相論となった場合には、幕府は配分と安堵の両方を行った（このような安堵を配分安堵という〈七海二〇〇一〉）。ただし、鎌倉中期頃までは、鎌倉幕府は未処分＝一族内の問題という意識を強く持っていて、訴訟において未処分の判決を下すことに積極的ではなかったと推測される。また、判決として未処分を認定した場合でも、幕府は大まかな配分をするだけであって、その後にもう一度御家人の一族内で、より具体的な配分を決定していたのではないかと筆者は見ている。鎌倉幕府は御家人一族内の問題に立ち入らないのが基本であったので、未処分地の配分についても、かなり〝遠慮がち〟であった。

しかし、鎌倉後期に入ると鎌倉幕府は態度を変え、訴訟において未処分だという判決を下すことも増加し、また配分を行う際には、詳細な調査を行って最終決定にまで関与するようになっていった（神野二〇一九）。

「関東御式目」における式目二十七条の解釈

第二十七条を読んでいくうえで重要になるのが、式目注釈書の一つである「関東御式目」の記述である。「関東御式目」は式目注釈書の中でも「御成敗式目唯浄裏書」についで古く、「唯浄裏書」を下敷きに、解釈面での補充・修正を加えたものと考えられ、奥書に永仁四年（一二九六）の記載がある。六波羅探題の官僚である斎藤唯浄《さいとうゆいじょう》によるもので、この時代の奉行人の幕府法に対する姿勢を読み取ることができる（↓総論第三章）。

「関東御式目」に示された、第二十七条の解釈を紹介しておこう。

一　未所分篇

式目、奉公の浅深に随いて、器量の堪否《かんぷ》を糺《ただ》すなり、載せられたれども、均分之法あり、時宜によるべきか、法意たとい布七十五端わくるに嫡母廿端、継母二十端、嫡子二十端、庶子十端、女子五端と云々。武家も大概これを模さるか、ただし後家は三男程か、法意は嫡子後家等分なり（後略）

ここには、第二十七条では未処分地の配分は奉公・器量にもとづくとされているが、「均分之法」を使うことも合わせて時宜によるべきこととされている。そして、養老令戸令二三応分条（文中の「法意」はこれを解釈したものであり、配分の割合が示されている）での配分割合のルールを模倣するようなかたちで、鎌倉幕府法にも一定の配分割合のルールとしての「均分之法」ができあがっていることが示されている。

実際に、御家人の渋谷氏や禰寝氏の一族内での財産相続争いに対して、鎌倉幕府が行った未処分地の配分を見てみると、ここに示された「均分之法」にかなり近い割合で、配分がなされていることが理解できる。もちろん、鎌倉幕府は常にこの「均分之法」を用いて配分したわけではないだろうが、未処分地を配分する際の、一つの判断基準となっていたことは間違いないだろう。

そもそも、第二十七条は少し変わった条文である。先に述べたとおり、この規定は鎌倉幕府が基本的に立ち入らないとしていた御家人の一族内の問題に入り込む意味を持っていた。また、「時宜」、すなわちその時々の将軍の判断という要素を持ち込んでいる点も、式目の他の規定と比べると不思議なところがある（式目全体の方向性としては、鎌倉殿の人格と結びついていた権力を、鎌倉幕府としての権力に転化する意味を持ち、言い換えれば、執権による第三者的な統治のかたちを明瞭にさせていくベクトルであったはずである〈↓総論第一章〉）。とはいえ、未処分となってしまった場合の相続をどうするかは、鎌倉幕府にとっては立ち入らざるを得ない大きな問題であった。そして、立ち入らないとしている点に立ち入らざるを得ないからこそ、その立ち入りの正統性を保障するものが必要であったのであろう。そこで用いられたのが、将軍という存在であった。

しかし、式目の制定から時間が経つと、将軍の存在にもとづく不明瞭な判断よりも、第三者的公平さを保障するような判断基準（つまり「均分之法」）が重宝されるようになっていったのである（神野二〇一九）。

【参考文献】

笠松宏至・羽下徳彦「中世法」（『岩波講座日本歴史　六・中世二』岩波書店、一九六三年）
笠松宏至「中世の法典」（『日本中世法史論』東京大学出版会、一九七九年）
小瀬玄士「鎌倉幕府の財産相続法」（『史学雑誌』一二一―七、二〇一二年）

近藤成一「中世財産相続法の成立―分割相続について―」(『鎌倉時代政治構造の研究』校倉書房、二〇一六年、初出一九八九年)
近藤成一「安堵状の形態と機能」(『鎌倉時代政治構造の研究』校倉書房、二〇一六年、初出二〇〇八年)
佐藤進一「御成敗式目の原形について」(『日本中世史論集』岩波書店、一九九〇年、初出一九六五年)
佐藤進一『新版　古文書学入門』(法政大学出版局、二〇〇三年)
神野潔「鎌倉御家人の法生活と訴訟―悔返・未処分を中心に―」(松本尚子編『法文化(歴史・比較・情報)叢書一七　法を使う／紛争文化』国際書院、二〇一九年)
神野潔「「御成敗式目」二十七条の基礎的考察」(『鎌倉遺文研究』四四、二〇一九年)
田中大喜「将軍の文書と武士団の文書」(小島道裕・田中大喜・荒木和憲編、国立歴史民俗博物館監修『古文書の様式と国際比較』、勉誠出版、二〇二〇年)
中田薫『法制史論集1』(岩波書店、一九二六年)
長又高夫『日本中世法書の研究』(汲古書院、二〇〇〇年)
長又高夫「『御成敗式目』成立の背景―律令法との関係を中心に―」(『御成敗式目編纂の基礎的研究』汲古書院、二〇一七年、初出二〇〇五年)
七海雅人『鎌倉幕府御家人制の展開』(吉川弘文館、二〇〇一年)
西谷地晴美「中世前期の譲状と証文」(『神戸大学文学部紀要』二三、一九九六年)
新田英治「中世の相続制」(日本法社会学会編『家族制度の研究』上、有斐閣、一九五六年)
野村育世「『家』と親族をめぐる試論―鎌倉期・武士層を中心に―」(『家族史としての女院論』校倉書房、二〇〇六年)
三浦周行『法制史之研究』(岩波書店、一九一九年)

【註】

＊1　**家族法**　狭義では、現行民法のうち、結婚・離婚・親子関係・相続などについて規定される第四編新続編と第五編相続編のことを指しているが（嫡出推定や再婚禁止期間など、多くの課題と論点を含んでいた規定が改正され、現在は「家族法改正の時代」といって良いであろう）、広義では時代を超えた家族関係の法全般を指している。ただし、たとえば、中世の財産相続の形態である譲与について、家族法の範疇で考えるべきか、それとも和与の一つとして財産法の中でとらえるべきか、意見の分かれる点であるようにも思われ、だとすれば家族法・財産法というような近代法的な区分を持ち込むこと自体が、あまり生産的ではないのかもしれない。

ところで、式目の時代の武士の家・家族について考えようとする時、北条泰時の弟重時（本文で紹介した泰時の二通の書状を宛てられた人物である）が残した二つの家訓『六波羅殿御家訓』と『極楽寺殿御消息』は、非常に興味深い史料であると言えよう。内容は多岐に渡るが、「妻子眷属ニイタルマデ、常ニウチ咲テ」（『六波羅殿御家訓』）、「親の教訓をば、かりそめなりとも違へ給ふべからず」（『極楽寺殿御消息』）などは、武士の家と親族関係、家内部の親子の関係などを考えるうえで示唆に富んでいる。

＊2　**処分**　かつては、譲与文言を記載した譲状がなければ、処分は成立しないと考えられていた。佐藤進一は『古文書学入門』の中で、「島津家文書」正応五年四月十二日の裁許状を引用し、その中に「彼の状は置文なり、譲状にあらず」とあることから、ある文書がその譲状としての効力を否定されている（置文では処分は成立しない）と述べている。

しかし、小瀬玄士は、処分の中心になるのはたしかに譲与であるが、鎌倉幕府は、譲与ではなくても（譲状が作成されていなくても）譲与についての譲与者の意思が確認できる場合には、処分は認められていたとしており（「島津家文書」の例では、置文の中に「付ける」という表現があったことによって、処分は認められた）。筆者も小瀬の説を全面的に支持している。小瀬は、処分の成立に必要なのは「本主の意思」であることを強調し、これを指す用語として、十四世紀頃から幕府法廷でも「本主素意」という用語が見られるようになることを指摘している（小瀬二〇一二）。

＊3　**置文**　公家・武家の一族内部や寺社などにおいて、将来にわたって守るべき事項を記載した文書のことを置文という。寺社の場合には規式などを定め置き、公家や武家などの場合には、子孫に対して遺訓のようなかたちで置文を残した（譲状に似た内容を持つ場合もあるが、譲与文言がない点で譲状とは異なっており、また特定の個人を対象とした文書ではなくて、将来にわたって子孫全体に対して作成された点に特徴がある）。

鎌倉期の御家人の置文として、たとえば、「入来院文書」の中には渋谷氏が残した置文が複数残されている。渋谷氏は代々所領の譲与の際に置文を残していたことがわかり、またその内容については、公事諸役の配分（京都大番役、鎌倉御神事役など）、鎌倉の屋敷地や動産の配分、子どもたちの不法な振る舞いに対する制裁、撫民の規定もあり、中には政治的な動向が反映されたものもあった。

＊4　**安堵**　安堵とは、本来あるべき状況に回復させることを言う。安堵の中で、本領安堵（先祖が開発・相伝してきた所領に対してうける安堵）がもっとも本質的な安堵であると考えられ、主従関係を支えるおもとども言えるものであった。鎌倉幕府の成立期にはこの本領安堵が中心であるが（鎌倉殿と御家人との間で、主従関係を形成・確認する際に使われた）、やがてそれは譲与の際に行われる譲与安堵へと変わっていった。

譲与安堵に際しては、当初は調査などが行われることはなく、よって安堵状が強い法的効力を持つということはなかった（だからこそ、式目二十六条のように、後判の譲状が安堵を得ている先判の譲状を破ることになる）。しかし、『沙汰未練書』には安堵を申請してきた者が所領を知行しているか否か、その者に対して異議申立人の有無などを確認することなどが記されており、十三世紀末には、訴訟と近いレベルでの厳格な安堵の「フロー」ができあがっていたと考えて良いであろう。

＊5 **時宜**　第二十七条には「時宜」という文言があり、第九条には「時議」という文言がある（第九条については、写本によって「時議」の場合と「時宜」の場合とがあるが、第二十七条は基本的に「時宜」である）。第Ⅱ部第一章で説明されるとおり、佐藤進一は、第九条の「時議」という言葉の意味を、第十七条については言及しなかったものの、「時議」と「時宜」を同じ意味とする理解を示していた。本文における第二十七条の理解も、佐藤進一のこの理解に従ったものである。

第Ⅱ部第一章「九条は空文か？」では、「条文構成上の要請」から、「時議」によると規定する九条を置いた（つまり、ほとんど何も定めていないような規定を置いた）可能性を指摘している。「時宜」によると規定した第二十七条についても、同様の「要請」であったと言えなくもないが、第九条には、『法曹至要抄』の配列から影響を受けて犯罪を列挙する中で謀叛もあげておかないわけにはいけないという「要請」があるのであり、この状況は未処分には当てはまらないであろう。

第二十七条は、（おそらく当時頻繁に起きていた）未処分に関する判断の根拠を、全面的に将軍の権力に委ねる内容を持っている。幕府は基本的に御家人の家内部の問題には不介入であり、そこに立ち入ることを正統化するためにはどうしても将軍の権力を用いざるを得なかった。そのことを再確認（念押し）するために、明文化しておく必要があったのではないか、と考えておきたい。

コラム

密懐と辻捕——御成敗式目三十四条の背景

野村育世

式目密懐法

式目三十四条は、式目中唯一、性の問題に踏み込んだ法である。

一 他人の妻を密懐《みっかい》する罪科の事

右、強姦・和姦を論ぜず人の妻を懐抱《かいほう》するの輩、所領半分を召され、出仕を罷《や》めらるべし。所帯なくば遠流《おんる》に処すべし。女の所領同じくこれを召さるべし。所領なくばまた配流せらるべきなり。

次に道路の辻において女を捕ふる事、御家人においては百箇日の間出仕を止むべし。郎従以下に至っては、大将家御時《たいしょうけのおんとき》の例に任せて、片方の鬢髪《びんぱつ》を剃《そ》り除くべきなり。ただし、法師の罪科においては、その時に当たりて斟酌《しんしゃく》せらるべし。（第三十四条）

まず、前半部分から検討する。密懐とは、『日本国語大辞典』によれば、「男がひそかに他人の妻と、また、夫のある女が他の男と通じること」である（同辞典は「びっかい」として立項）。つまり、「既婚・不婚を問わない男」と「既婚の女」が、密かに性関係を持つことである。

条文は、男性に対し、他人の妻との性行為を、合意の有無に関わらず禁止し、破ったら所領半分没収、幕府への出仕を止め、所領がなければ遠流、とする。厳罰であるのは、密懐がしばしば闘諍に発展するからだろう。たとえば、源頼家は安達景盛の妾《しょう》を奪い、景盛が恨みを抱いていると聞くと、逆に景盛を討とうとし、鎌倉中が騒動となった。結局、母北条政子が自ら渦中に入って収拾したのである（『吾妻鏡』正治元年七月二十日条、八月十九日条、八月二十日条）。当時、夫が、妻を奪った男を「女敵《めがたき》」「妻敵《めがたき》」と呼んで殺害する「女《め》（妻）敵討《がたきうち》」という私的制裁の慣習があった（勝俣一九七九、石井一九七四）。「女敵、親の敵は宿世《すくせ》の敵」と言う言葉もあった。ただし、妻に制裁を加えようという発想はまったくなかった。

こうした自力解決に対し、式目は法によって規制しようとしたのである。式目には、女敵討についての記述は特になく、第十条で禁じる殺害・刃傷の中に入るのだと考えられる。

女の所領も同じく半分を没収する、所領がなければ遠流にする、という条文が加えられたのは、当時、所領を持つのは男だけではないので、不公平を防ぐためだろう。しかし、「強姦・和姦を論ぜず」というのでは、女は強姦の被害者であっても罰せられるという、まことに奇妙な話になる。女の夫にとっても、妻が強姦された上、夫婦の家を支える妻の所領を奪われ、または妻が遠流にされてしまったのでは、たまったものではない。これでは私的制裁を制限することはできなかったであろう。

それでは、実際に第三十四条が適用された例を見よう。まず、『吾妻鏡』には、次のようにある

（仁治二年六月十六日条）。これは、式目がそのまま適用された例である。

小河高太入道直季、出仕を止めらる。これ源八兼頼（筑後国御家人）妻女を密懐するの科に依るなり。その上、男女とも所領半分を召し放たるべしと云々。

また、『相良家文書』寛元元年十二月二十三日の裁許状では、相良頼重が、伯父から、兄の妻と密懐していると訴えられ、所領半分が没収されて他人に与えられている。伯父は甥兄弟の不和を訴えて、自分が所領を奪うつもりだったのだが、密懐の件を持ち出したばかりに、一族の所領が他人に流れる結果となった。なお、この判決では、兄の妻の所領には言及がなく、没収されなかったようである（『鎌倉幕府裁許状集』上、七四号）。

式目密懐法は、後の武家社会では継承されなかった。戦国法では、女敵討の慣習の方を法制化して、「人の妻を密に嫁ぐこと、男・女共にもって誡め殺すべきなり」（『塵芥集』一六二条）のように、妻の殺害をも求めるようになる。

辻捕の罪科

第三十四条後半は、辻捕に関する規定である。辻捕りとは、道路の辻で女を捕える事であり、御家人は百日の出仕停止、郎従以下は片方の鬢髪を剃る、と規定されている。密懐より軽罪である。こちらは、捕られた女は罰せられない。ただし、法師の罪科においては、時によって斟酌する、という。

辻捕とは、女性を略取することのようだが、黒田日出男は、『御伽草子』「ものくさ太郎」の辻捕に注目し、辻捕にも作法があることを指摘した（黒田一九八六）。ものくさ太郎は、清水の辻で、棒を持ち、大手を広げて仁王立ちになる。そこに姫君が通りかかり、「あら恐ろしや、きたなや、何を抱かんとて、大手を広げて立ちたるらん」と言って通り過ぎる。繁華な辻に目立つ姿で立ち、姫たちに品定めされる若い男は、出会いが目的であって、強姦目的ではない。

説話集には、路上で女性に声をかけ、結婚する話が見られる（野村二〇〇六）。たとえば、貧しい女が、清水に参籠した帰りに五条大橋の上を一人歩いていると、大番役の武士に声を掛けられ、よくよく語り合って夫婦となり、幸せに暮らしたという話がある（『沙石集』巻二―四）。また、女から声を掛ける話もある。地蔵のお告げを受けた若い女房が、頼もしい武士入道と出会い、声を掛けようと立ち止まる。馬から降りてきた武士に、女が話を伝えると、武士の方も良縁を求めて地蔵に通っていることがわかり、二人は夫婦になった（『沙石集』巻二―六）。これは、女の側からの辻捕である。

このような男女の路上の出会いが、本来の辻捕なのであろう。だが、中世はすでに「強姦のある社会」であり、辻捕が男の一方的な意思で合意なく行なわれる場合も多かった。辻捕は「女捕《めとり》」とも呼ばれ、式目はこれを取り締まろうとしたのである。

法師の罪科は斟酌する

最後の「法師の罪科は時によって斟酌する」とは、どのような意味だろうか。僧は俗人よりも大目に見て容認する、という解釈もあるが（笠松一九八四）、戒律を守るべき僧の性的放縦が、俗人より軽いというのはおかしい。

まず、考えるべきは、法師すなわち僧には鬢髪を削ぐ刑罰は適用できないことである。鬢髪を削ぐ刑とは、烏帽子をかぶった男、すなわち国家的な官位・官職体系の中に位置づけられた男に対して適用される、人としての身分を損ない異形にする刑であり、恥辱であった。しかし、僧の場合は、もともと髪はないのだし、たとえ髪を生やしていたにせよ、鬢を剃られても異形にはならず、別段、恥辱にはならないのである。

その点も含めて、僧の罪科については、別の刑罰を考えなければならないわけだが、それが「斟酌する」ということであろう。そもそも、僧の犯罪は、俗人に比して軽いのか重いのか。

出家者ゆえに刑罰が軽くなった例はある。若い尼が、介護していた夫の老僧を殺そうとして、取り押さえられ、地頭の問注に持ち込まれた。地頭は慈悲ある人で、この尼は本来、手・足・首を切るべきなれど、出家者ゆえに、堺の外に追放するとした（『沙石集』巻四―六）。

逆に、僧ゆえに厳罰になった例もある。広沢池の畔の遍照寺の承仕《しようじ》（雑役僧）は、寺堂の中に餌をまき、数知れぬ雁が堂内に入ったところで戸を閉め、慌てふためく雁たちを捕まえては、ねじ殺していった。その騒ぎに驚いた村の男たちによって僧は捕えられ、検非違使庁は、彼の首に殺した鳥を掛けて獄に入れた（『徒然草』一六二段）。

彼は、寺の食事を担当していたのだろう。猟師が山野で鳥を捕っても罪にはならない。彼が罰せられたのは、殺し方の凄惨さとともに、僧にあるまじき殺生（肉食）を、寺の堂内で行なったからである。

僧侶の罪科には俗人とは異なる事情があり、状況に応じてその都度考慮することが必要だった。第三十四条の「斟酌」とは、僧の辻捕を容認することではない。俗人と異なる僧ならではの事情や地位をよく考え合わせ、よくよく考慮する、という意味なのである。

【参考文献】

石井進『中世武士団』〈日本の歴史一二〉（小学館、一九七四年）
石井進・石母田正・笠松宏至・勝俣鎮夫・佐藤進一『中世政治社会思想　上』〈日本思想大系〉（岩波書店、一九七二年）
笠松宏至「式目はやさしいか」（『法と言葉の中世史』平凡社、一九八四年）
勝俣鎮夫「中世武家密懐法の展開」（『戦国法成立史論』東京大学出版会、一九七九年）
川瀬一馬校注・訳『徒然草』（講談社文庫、一九七一年）
黒田日出男「物くさ太郎の着物と髻」（『姿としぐさの中世史』平凡社、一九八六年）
瀬野精一郎編『鎌倉幕府裁許状集』上（吉川弘文館、一九七〇年）
野村育世「辻捕の光景」（『家族史としての女院論』校倉書房、二〇〇六年）
渡邊綱也校注『沙石集』〈日本古典文学大系〉（岩波書店、一九六六年）

第Ⅲ部

どのように裁判を行ったのか

——裁判手続と文書——

第Ⅲ部では、「どのように裁判を行ったのか―裁判手続と文書」と題して、第三十五条召文（工藤祐一）、第五十一条問状（木下竜馬）を取り上げている。何かを訴える人がいて、「お上」が何らかの判断を下す、その構図自体は普遍的なものだと感じる人もいるだろう。しかし、その裁判の仕組み自体に中世社会の特徴が典型的にあらわれており、第三十五条と第五十一条は中世史研究上、大きな争点となってきた条文なのである。

高校の教科書にはしばしば鎌倉幕府の訴訟制度として「三問三答」の図が載せられている。原告（訴人）が訴えると、幕府の担当者（奉行人）はその訴状を被告（論人）のもとに送付する。「Aさんがあなたのことを訴えているけど、Aさんの訴えていることは本当ですか?」と。被告が原告の訴えを認めて、「請文」と呼ばれる回答状を幕府に提出すれば、その時点で「相論」（文字どおり訴訟当事者双方が対峙して争っているのである）にはならずに、原告に「裁許」（関東下知状と呼ばれる文書が発給されるのが一般的である）が下される。被告が原告の訴えに反論し、「陳状」とよばれる抗弁状を提出すれば、その時点で「相論」になる。幕府奉行人は「陳状」を訴人Aに送付して、「あなたの訴えに対して、Bさんはこう反論しているけど、そうなのですか」と。このやり取りを「一問一答」という。このやり取りを三回繰り返す、正確にいえば三回を限度として行う、このことを「三問三答」という。この仕組みは、「沙汰未練書」という鎌倉末期の奉行人向けのマニュアルに描かれており、鎌倉幕府はその末期に至るまで訴訟制度を発展させていたことが知られる。こうしたやりとりだけみると、現代の裁判制度にも通じる。

最大の違いは、「訴状を論人に届ける／陳状を訴人に届ける」のが必ずしも裁判所の人間ではなく、訴訟当事者である場合があったということだろう。注意しなければならないのは、必ず訴訟当事者が届けなければならないという理念があった訳ではないということである。訴訟当事者が訴状・陳状を自ら届けるような事態を研究史上「当事者主義」と呼ぶが、裁判所（この場合は幕府）はそれが望ましい姿であると考えている訳ではなく、一種の怠慢の産物だった。この辺りの機微を知りたければ、「問状」をめぐる第五十一条の研究史が大いに参考になる。

三問三答ののち、幕府は両訴訟当事者を法廷に呼び出す。そこで直接当事者に尋問が行われる。一種の口頭弁論であり、これを経て判決を下す。口頭弁論の前に、担当奉行人のもとで訴状・陳状の内容を訴訟当事者とともに確認する「内問答」というプロセスがある。この場で、当事者同士の「対話」がなされ、和解（「和与」）が成立することもある。「沙汰未練書」に「悪い奉行人は判決を出して、良い奉行人は和解を成立させる」と書かれているように、幕府としては紛争が解決されればよいのであり、両当事者を交渉のテーブルに引き出すことに裁判制度の意義があるといってよい（工藤祐一）。しかし、最大の問題は、訴訟当事者がなかなか法廷に出頭しないことだった。第三十五条はその葛藤を物語る。

幕府が判決よりも和解を望むのはなぜか。判決を出したところで、当事者が納得しなければ、結局紛争は収まらないからである。そして、判決を出しても、それが実現しないとなると、幕府の威信が損なわれたと意識されるようになっていく。幕府の命令に違反した者への厳罰化は鎌倉後期に強まっていくことが指摘されているが（古澤直人）、それも一因となって幕府は判決を出すよりも和解を奨励するようになる。式目自体に規定はないが、「和与」に関するコラム（西村安博）をお願いした。一方で、強制執行の不在は鎌倉前中期の幕府裁判の大きな特徴であるが、むしろ強制執行がないのにもかかわらず、どのようにして幕府裁判は機能していたのかが問われるべきだろう。

第三十五条と第五十一条以外にも「庭中」に言及した第二十九・三十条など、訴訟手続きに関連して重要な条文は多い。

（佐藤雄基）

一

式目三十五条

召文違背の咎——幕府裁判と社会との接点を読み解く

工藤祐一

《読み下し》

第三十五条

一　度々召文《たびたびめしぶみ》を給ふといへども参上せざる科《とが》の事

右、訴状につきて召文を遣はす事三ヵ度に及び、なほ参決《さんけつ》せずんば、訴人理《ことわり》あらば直《じか》に裁許せらるべし。訴人理なくんば、また他人に給ふべきなり。ただし所従・牛馬ならびに雑物《ぞうもつ》等に至りては、員数に任せて糺《ただ》し返され、寺社の修理に付けらるべきなり。

1　召文違背とはなにか

幕府裁判の分類と訴訟手続

鎌倉幕府における裁判は、鎌倉後期に成立した幕府奉行人のマニュアルである『沙汰未練書《さたみれんしょ》』＊1に描かれているように、訴訟手続的な面において高度に完成されていたとされる。とりわけ、不動産を扱う民事訴訟と措定された所務《しょむ》沙汰をはじめとして、雑務《ざつむ》沙汰＊2（債権や動産を扱う民事訴訟）、検断《けんだん》沙汰＊3（刑事訴訟）などに分類された。

幕府裁判は、所務沙汰を例に取ると、訴人（原告）が訴状と具書案（証拠書類の写し）を問注所などの幕府裁判所に提出してから動きはじめる。そして、引付（建長六年〈一二四九〉に設置された訴訟審理機関）で論人（被告）に対して反論を求める問状が作成され、論人は陳状を提出した。訴人と論人は担当奉行を仲介役として訴状・陳状を交換し（これを「訴陳を番《つが》う」と呼ぶ）、このやりとりは三度まで行われたが（三問三答）、相手方から回答がないまま重訴状・重陳状が出されるケースもあった。訴陳状の応酬だけでは理非が明らかにならない場合、両当事者が引付に呼ばれ、対決（口頭弁論手続）が行われた（三問三答の途中で対決が要請されるときもあった）。その際、論人に応答および出頭を命じる文書が召文である。対決は訴人・論人が奉行からの質問に答えるかたちで進められた。審理が終了すると引付での評議が行われ、その結果が評定へ上程されて裁決がなされれば、裁許状（判決文）が作成されて勝訴者に交付された(出口ほか二〇一八)。

式目における規定

ここで注目したいのが、論人に対して応答・出頭を命じる召文の存在である。式目三十五条は、その召文に関する規定であり、送付回数は原則として三度までとされた。さらに、なおも出頭しない場合は「召文違背《いはい》」に問われ、訴人に道理があれば論所《ろんじょ》(訴訟の対象物件)は訴人に給付し、道理がなければこれを没収して第三者に給付すると定められた。つまり、召文違背という事実認定がなされた場合、その当事者は一方的に不利な扱いを受けることになっていたのである。

この召文違背については、関連する追加法令群を含めて、主に幕府裁判の方向性や社会の規範性の角度から考察が進められ、理解が深められてきた(石井一九三八、佐藤一九四三、植田一九七八、古澤一九九一、新田一九九五など)。本章では、式目制定以前を起点として、幕府が召文違背をどのように認識し、措置を講じてきたのかとともに、訴訟当事者の動きにも注目しながら見ていくことにしたい。

2 式目以前――式目三十五条の歴史的前提

承久の乱の戦後処理

承久三年（一二二一）、鎌倉殿の北条政子（→第Ⅰ部第三章註3）や執権北条義時などを中心とする鎌倉幕府は、挙兵した後鳥羽院方に勝利を収めた（承久の乱）。京都には、幕府方の大将軍であった北条泰時・時房らが残り、乱の戦後処理にあたった。のちに六波羅探題*4と呼ばれるようになり、幕府の出先機関として整備・拡充されていくこととなる。六波羅探題には、京都周辺の治安維持とともに、西国の所領に関する幕府裁判の一翼を担うことが期待された（熊谷二〇〇二、森二〇〇五、木村二〇一六など）。その背景には、約三千ヵ所におよぶ承久没収地が御家人に給与され、その結果、御家人と荘園領主との間での紛争が急増したことがあげられる。貞応三年（一二二四）に執権・連署となった泰時・時房は、六波羅探題宛に訴訟手続に関する指示を通達しているが、約三年にわたって紛争解決にたずさわっていた経験が反映されていると考えられる。それらのなかで特に注目されるのが、式目以前に発令され、式目三十五条の淵源とされる追加法十八条、十九条および三十条である（古澤一九九一・二〇一八）。

出廷しない地頭・地頭代

まず、嘉禄三年（一二二七）に出された追加法十八条を見てみよう。前半部分では「諸国庄々の地頭の中、非法濫妨《らんぼう》を致すの由、訴訟出来《しゅったい》の時、両方を対決し、是非のために、京都において沙汰人《さたにん》・預所《あずかりどころ》と問注を遂ぐべきの旨、下知せらるるのところ、正員《せいいん》に触るると称し、地頭代面々に対捍《たいかん》し、参決せしめず」と述べられている。すなわち、地頭側が所領の侵奪や所務の妨害などをしていると荘園領主側から訴えられた際、紛争当事者が出廷して対決を行って是非を明らかにするために、京都（六波羅探題）において当事者間での問注（書面審理手続）を実施すると通告を受けたにも関わらず、地頭代が「地頭（正員）に報告する」と説明するのみで、それを口実に陳状などによる反論を拒んでいることを問題視している。

実は、これまで幕府は、荘園領主からの提訴に対し、地頭・地頭代から反論を徴することなく、荘園領主側から提出された訴状・証文のみによって判決を下す〝「事実者《ことじちたらば》」型裁許〟（「一方的裁許」ともいう）を基調としていた（山本一九八五、古澤一九九一など）（→第Ⅲ部第一章）。これは、荘園領主側が鎌倉殿と御家人との主従関係を利用し、幕府へ御家人を処罰するよう要求した結果、出されたものだった（新田一九九五）。このように御家人側ではなく荘園領主側に有利な判決を下していた事実があるため、地頭やその代官のなかには、自己に不利な裁定が下る可能性が大きい幕府法廷での審理を忌避する傾向にあったと見られている。追加法十八条は、このような地頭やその代官が六波羅探題からの召喚命令に応じない、召文違背という現状を受けて出されたものであった。

そして追加法十八条の後半部分は、「代官たりといへども、いかでか難渋せしむべけんや。自今以後、なほ事を左右《そう》に遁《のが》れ、催促に随《したが》はざるの輩《ともがら》においては、殊なるご沙汰あるべきなり。定めて後悔あるか。かねてこの旨をもつて触れ知らせしむべし」と結ばれている。すなわち、幕府は六波羅探題に対し、代官を含め、命令に従わない者に「殊にご沙汰あるべし」と周知するよう指示している。つまり幕府は、六波羅探題を問注・対決によって合意を形成・調達する「対話の場」として設定し、そのうえで問注・対決の成立を妨げる召文違背は看過できないという強いメッセージを発することで、まずは紛争当事者となった地頭・地頭代を出廷させ、円滑な紛争解決を志向したのである（工藤二〇一六）。

召文の発給回数

しかし、その後も地頭らが六波羅探題における問注・対決を回避する状況は改善しなかった。そこで幕府は、寛喜二年（一二三〇）に追加法十九条を立法した。まず前半では、「西国の庄公の新補地頭幷《なら》びに本補《ほんぽ》の輩の中、領家・預所の訴訟により、あるいは一決を遂げ裁断を被り、あるいは証文（によりて）下知を加ふる事など、重時朝臣・時盛執行せしむといへども、正員及び代官、承引せざるの族《やから》その数ありと云々。かつうはご成敗事行《ことい》かざるに似、かつうは諸人の訴訟落居せざるの条、かたがたもつて不便《ふびん》なり」という現状が語られている。ここでは、西国所領の新補・本補地頭らのなかに、領家・預所からの訴訟により、六波羅探題から対決のための召文や荘園領主側から提出された証文などにもとづく非法の停止命令を下しても、地頭や地頭代が受け入れないケースが多く、紛争解決が進まず訴訟が落居しないので不都合であることが述べられている。

このような状況への対応策として、法令の後半では、「下知せしむるの上、なほ叙用せずんば、注し申せらるべきなり。傍輩向後相い鎮むの様、お計らいあるべし。定めて後悔出来かの由、かねて遍く触れ仰すべし」と見える。つまり、六波羅探題からの命令にしたがわない者は幕府へ注進すること、その者らに対して幕府は何らかの処置を行うので、不承引をつづければきっと後悔することを広く触れるように六波羅探題に伝えている。このように、追加法十九条では、後述するような三度目の違背があった際、その事実を六波羅探題が幕府へ注進することを規定しており、この部分こそが本法令の中核であったと考えられている（古澤一九九二）。

この追加法十九条を原史料として、鎌倉後期（具体的には十三世紀末から十四世紀初頭）に作文されたとおぼしい『吾妻鏡』（吉川《きっかわ》本）寛喜二年十一月七日条では、「西国の庄公の地頭の中、領家・預所の訴えにより、糺断せらるるの時、二ヶ度下知せしむるの上、なほ叙用せずんば、注し申すべきの由、また六波羅探題に仰せらる」とある。つまり、領家・預所の訴訟により、「糺断」が行われる際に、二ヶ度までは下知し、それでも叙用しないのであれば、幕府に注進するよう、ふたたび六波羅探題に通達したことが記されている。「糺断」とは、追加法十九条にある「あるいは一決を遂げ裁断を被り、あるいは（訴状や）証文（により）下知を加ふ」に相当すると見られる。つまり、幕府・六波羅探題における訴訟処理について示しているのである。

一方、『吾妻鏡』の記事に「二ヶ度」という回数規定が明示されている点は注目に値する。本章でも引用している『中世法制史料集』では、追加法十九条の頭注に『吾妻鏡』の記述のほうが適切であるという編者の推定が載せられている。もちろん、追加法十九条の底本となった「新編追加」や対校本となった「近衛家本追加」に記載される前に、追加法十九条に本来あった「二ヶ度」の文字が欠落したという可能性は否定できない。しかしながら、『吾妻鏡』の地の文は鎌倉後期に作文されたものであるという前提に立つのであれば、この「二ヶ度」の文字は、この記事を作文した人物の認識や価値判断が反映されていると見るべきであろう。すなわち、『吾妻鏡』編纂時にすでに存在していた式目三十五条の「二度までは召文を発給する」という条文の内容を念頭に置きつつ、この追加法十九条や、後述する追加法三十条の内容を解釈・要約したものが、『吾妻鏡』の当該記事であったと考えられるのである。

さらに、『吾妻鏡』の記事中の「また六波羅採題に仰せらる」という箇所のうち、「また」とある点も重要である。作文者にとって、追加法十九条に先行する類似の法令は、追加法十八条であった。したがって、遅くとも『吾妻鏡』が編纂された鎌倉後期には、追加法十八条および十九条が、式目三十五条に規定される召文違背に関わる一連の法令として理解・認識されていたのである（なお追加法十九条が召文違背に関わる法なのか、あるいは下知違背という別の罪科についてのものなのかは議論が分かれている。[長又二〇一八][古澤二〇一八]も参照）。

六波羅探題の「優如」

ところが、地頭・地頭代による召文違背の状況は変わらず、しかも、六波羅探題から幕府への注進が行われなかったようである。そこで追加法十九条が出された翌年に、あらためて追加法三十条が立法されている。

前半部はおおむね追加法十九条と重なる部分が多いが、そのなかで「先日仰せ下され」た内容として、二度までは召文を下すが、三度に及び、召文違背となった場合は幕府へ注進することをあげていることに注目したい。これは追加法十九条の内容を示すものとして想定できるものであり、先ほどとりあげた『吾妻鏡』寛喜二年十一月七日条の記事を作文する際、式目三十五条とあわせ、原史料として参照された可能性が極めて高い。

また後半部では、六波羅探題が「優如《ゆうじょ》の儀」（召文違背を大目に見ること）によって幕府に注進しないという「聞こえ」があるが、それでは狼藉が鎮まらないため、今後は「容隠」することなく幕府に言上するように述べている。ここから、追加法十九条の立法趣旨が違背者の注進にあることを示す一方で、六波羅探題に対し、問注・対決の実施という幕府裁判の一翼を担う存在としての自覚と相応のふるまいを要求していることがわかる。換言すれば、幕府は六波羅探題で問注・対決が可能であると認識しているからこそ、このような立法に至ったと考えられるのである。

このように、式目三十五条が制定される以前より、幕府は召文違背に対する規定を設けていった。その背景には、すでに行われていた「事実者」型の判決による荘園領主側の圧倒的な勝訴率（逆に言えば御家人側の圧倒的な敗訴率）をふまえ、幕府法廷での審理を忌避する御家人らを出廷させ、スムーズな紛争解決を志向したからであった。その環境整備として、承久の乱後に成立した六波羅探題において問注・対決を実施し、紛争当事者どうしの対話の場として機能するよう、追加法によって法制化・

制度化していったのである。

しかしながら、召文違背に関する追加法が繰り返し立法されるということは、召文違背が依然として続いていた現実を示している。それにもかかわらず、追加法十八条・十九条・三十条の段階では、召文違背に対する具体的な罰則規定が存在しなかったのはなぜだろうか。さらに、六波羅探題は幕府から違背者の注進を求められていたが、実際に注進に及ぶことが少なかったことはどのように理解したら良いのだろうか。

これらの事実からは、幕府・六波羅探題が、問注・対決の成立を積極的に志向していたことを読み取ることができよう。すなわち、幕府裁判の重心が、これまでの「一方的裁許」から「理非を審理し、双方の合意を得た上での裁許」へと移動したことをあらわしている。それは、幕府が承久の乱で勝利したことで、東国のみならず西国においても政治的な存在感を増し、その結果、社会のあらゆる階層から紛争解決を期待される存在となったことに起因する。そして「理非」を明らかにし、合意形成・調達をはかる上で、問注・対決の成立が必要不可欠であった。そこで、まずは幕府法廷を忌避する地頭・地頭代らを「対話の場」につかせるため、あえて罰則規定を設けず、注進も行わなかったと考えられるのである。

3　式目三十五条の制定と運用実態

画期としての弘安年間

召文違背に対するこのような幕府の姿勢は、式目が制定されてから弘安年間（一二七八〜八八）にいたるまで、約五十年にわたって変わることがなかった。この期間における幕府裁判において、式目三十五条を適用した事例がほとんど検出できないことが指摘されている。むしろ、四回以上召文が発行されるほうが一般的であり、場合によっては五十回以上に及んだこともあった。さらに、たとえ召文違背の罪に問われても、最終的に出頭さえすれば不問とされるのが通例であった（古澤一九九一）。

ここから、幕府が意図的に式目三十五条の適用を見送っていたことは明らかであろう。すでに述べてきたように、幕府は式目制定以前より、紛争当事者（とくに地頭・地頭代）を問注・対決の場へ誘導しようとしており、式目制定後もその志向は継続していたのである。

ただし、召文違背自体がなくなったわけではなく、式目制定後も、召文違背に関する追加法が立法されている。たとえば、式目の制定直後に出された追加法五十条では、理由なく問注・対決に不参の場合は敗訴となることを確認しつつ、そののち証文を帯びて申し立てた場合は調査することを定めている。また、宝治元年（一二四七）の追加法二六〇条の後半部で、召喚命令が出てから二十日を過ぎた場合、審理に入らず訴人の申状のとおりに「御成敗」すると述べている。ほかにも、建長七年（一二五五）の追加法三〇三条には、遠国は百五十日以内に、近国は召文に記載されている期日までに出頭しなければ敗訴となるとともに、出頭したのちも問注を六十日以上遁避した場合、ただちに敗訴となることを規定している。このように、式目三十五条を意図的に適用せず、一方で施行細則を整備することによって、引き続き問注・対決への誘導をはかっていったのである。

しかしながら、弘安年間を過ぎるころを転換点として、幕府は積極的に式目三十五条（召文違背の咎《とが》）を適用するようになった。先行研究では、裁許状を分析した結果、とりわけ十四世紀に入ってから、召文違背の咎の適用数が大幅に上昇していることが指摘されている。東国管内では、十三世紀末から十四世紀初頭にかけて一～二割で推移していたが、幕府滅亡直前期になると八割まで上昇している。六波羅探題でも、二割から五割まで増加している。そして鎮西探題では、四割以上だった割合が、十四世紀に入ると六～七割まで適用されていることがわかっている。十四世紀における幕府裁判では、全体としておよそ二件に一件の割合で、召文違背の咎が適用される事態が出現したのである（古澤一九九一）。

このように、幕府裁判において召文違背の咎が適用されるようになった背景について、これまで、蒙古襲来を契機とする幕府権力の変質、具体的には「専制化」や「強権化」から説明されてきた（古澤一九九一）。一方、幕府権力の変質ではなく、社会的な規範の存在を重視する考え方もある。すなわち、召文違背は一般的に遵守されるべき手続や規則に違反しており、ゆえに相応の制裁が課されるべきだ、という社会的な規範が十三世紀末ごろ成立したことによって、式目三十五条にもとづく判決の有効性が期待されるようになった、という見解も提出されている（新田一九九五）。

「召文違背の咎」の適用要求

ところで、召文違背の咎に関する裁許状を確認すると、式目三十五条にあるような、論人（被告）不在のまま訴人（原告）による訴えの理非を審査するという手続ではなく、先述したような「一方的裁許」に近い文言が載せられている。つまり、召文違背の咎の適用が拡大したからといって、それがそのまま式目三十五条の適用を示すとは限らないのである。そしてなによりも、この裁許状を受け取った側にとっては、幕府から自身に有利な判決を引き出すことに成功したことを意味する。先行研究ではあまり注目されてこなかったが、荘園領主側が、地頭・地頭代との紛争のなかで、式目三十五条を念頭に召文違背の咎の適用を要求し、自己に有利な判決を獲得しようとする動きが想定される。この点について、実際の紛争事例から観察してみたい。

東大寺領美濃国茜部荘《あかなべのしょう》では、地頭代である伊藤行村が先例に背き粗末な絹綿を納入したため、本所である東大寺はその納入を禁止したが聞き入れなかった。さらに年貢の未進分を年内に完済しなかった上、百姓を酷使するなど、行村による非法行為は数え切れないとして、東大寺は文永三年（一二六六）に六波羅探題へ提訴した（東京大学文学部所蔵文書、『鎌倉遺文』九五四五号）。東大寺の狙いは、この訴訟を通じて茜部荘の地頭請《うけ》の解消と直接支配を実現させようとしていた点にあった。

東大寺の訴えを受理した六波羅探題は、すぐさま地頭代の行村に陳状の提出を求める問状を発給し、それだけではなく地頭の長井泰茂を通じて提出を求めたが、応答はなかった（東大寺文書、『鎌倉遺文』九五四三号）。翌年、東大寺があらためて詳細な訴状を提出したことをうけて、六波羅探題は行村に対し、再三にわたって召文を発行したが、召文違背が繰り返された（東大寺文書、『鎌倉遺文』九七四二・九七六二号）。そこで東大寺は、「度々の召符に背き参洛せざるの罪科」、すなわち式目三十五条を想起させるような文言によって、地頭請の停止を求めたのである（同文書、『鎌倉遺文』九八一八号）。

　このような式目三十五条の適用要求は、明らかに東大寺側に有利な判決を引き出すための訴訟戦術であり、幕府が事実上運用を停止していた措置を「復活」させるよう、幕府へ圧力をかけたものであった。しかも、地頭が長井泰茂であったことも強力に作用したとみられる。長井氏は評定衆クラスの家格で法運用に関わる一族であり（細川二〇〇〇）、泰茂自身は六波羅評定衆だった（森二〇〇五）。

　文永五年（一二六八）には四度目の召文が使節（現地の御家人で、幕命の伝達を命じられた者）に下されたが不調に終わり（同文書、『鎌倉

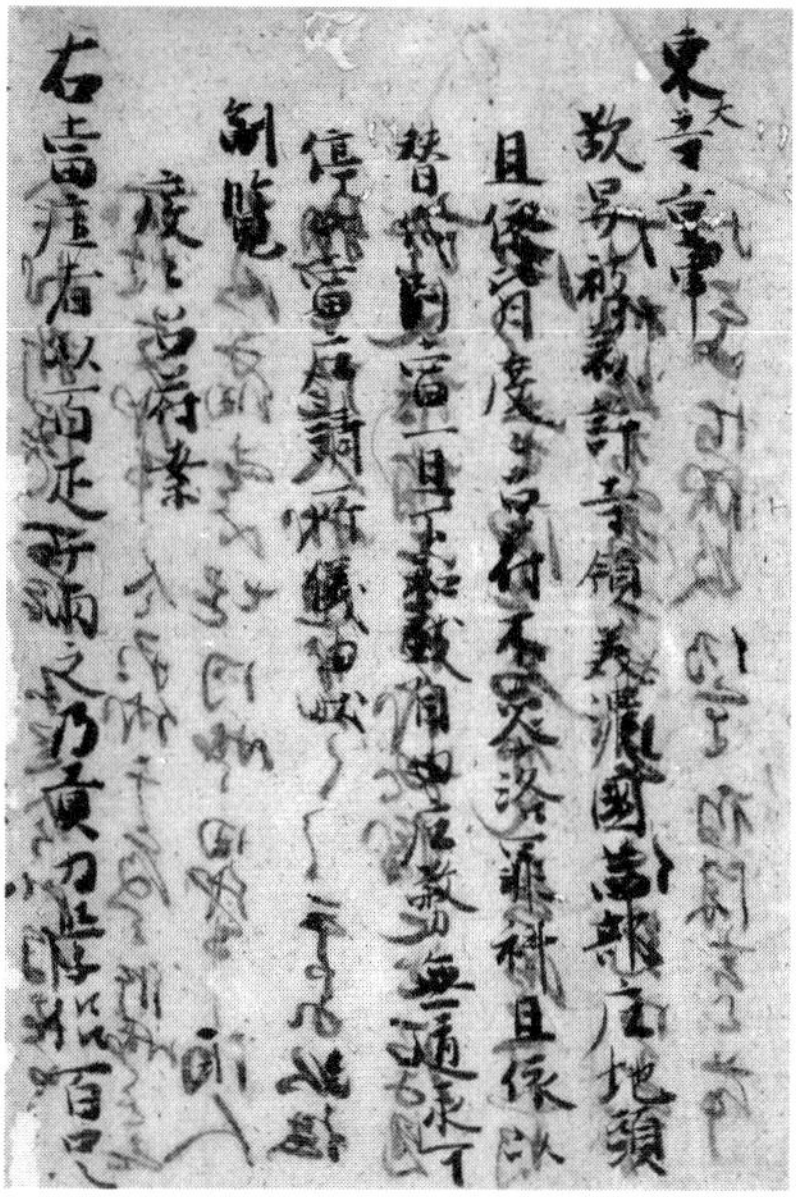

過去の召文を証拠として地頭の召文違背を告発する東大寺の訴状（「〈文永四年ヵ〉東大寺重申状案」、東大寺文書、東大寺図書館所蔵）

遺文』一〇二三七号)、翌六年にふたたび使節を通じて出頭命令が下された。このときはじめて行村が出頭し、本格的な審理が行われたようである(同文書『鎌倉遺文』一〇五一六号)。ただし、行村自身は文永七年(一二七〇)に「不法」を理由として地頭代を解任されている(同文書、『鎌倉遺文』一〇六九九号)。あるいは、東大寺による式目三十五条の適用要求が少なからず影響したのではないだろうか。

召文違背と和与

訴訟自体は、弘安元年(一二七八)に六波羅探題が地頭請の停止要求の棄却と絹綿の納付方法を裁許し、いったん結審した(内閣文庫所蔵文書、『鎌倉遺文』一三三一六号)。その際、紛争当事者に対する問注・対決は、先例や慣例を検証する場として機能し、そこで双方の合意を形成・調達したうえで裁許がなされている。しかし、翌年にはその合意が崩れ、東大寺が越訴(再審請求)するという事態に発展した。そこで地頭代から和与《わよ》(→第Ⅲ部コラム)が提案され、六波羅評定衆の長井頼重の仲介によって、弘安三年(一二七九)に和与が成立し(東大寺文書、『鎌倉遺文』一四二一四号。東京大学所蔵文書、『同』一四二六〇号、六波羅探題はその和与を認可したのである(ただし、和与の履行はされなかった。東大寺文書、『鎌倉遺文』一四二五四号)。

茜部荘の紛争では、召文に応じず問注・対決から遁避していた地頭代が最終的に出頭し、結果として問注・対決が成立したことによって召文違背自体は不問とされた。ここから、対話の場として機能する問注・対決の成立を六波羅探題が志向していたことは明らかである。ただ、問注・対決において所務の先例・慣例を検証し、合意形成したにもかかわらず、その合意はすぐに破綻してしまった。問注・対決を実施し、双方が先例・慣例を検証・合意したうえで裁許する、という幕府裁判のあり方は、本件に限っていえば行き詰まってしまい、別の方法で合意を形成・調達する必要にせまられていた。

一方、紛争当事者の側からすると、地頭代にとっては、三回以上召文を発行されており、幕府が事実上適用を停止していたものの、式目三十五条に違反したとして敗訴となる可能性は排除できなかった。そして、東大寺側にとっては、自己に有利な裁定を実現するため、地頭代の召文違背に対する制裁を要求していた。六波羅探題に対して式目三十五条の適用が要求されているこの状況は、地頭代にとって敗訴の可能性をさらに増大させるものであった。この意味では、非幕府関係者にとって、式目三十五条の適用要求は、部分的であっても利益の確保・拡大につながるため、有効な訴訟戦術と認識されていたのである。問注・対決においては、地頭代は自己に不利な先例・慣例で合意せざるを得ず、だからこそすぐにそれを反故にしたのであった。

つまり、当事者間における和与の締結と六波羅探題によるその認可は、先例・慣例にかかわるあらたな合意形成・調達のあり方であった。訴人から召文違背に対する制裁措置の要求がなされ、それは結果的に和与締結・認可の呼び水となったと考えられる。

なお、鎌倉後期において式目三十五条の適用事例と和与裁許の検出件数の増加が正の相関を示し、さらにそれらを含めた裁許総数が増大していること、その背景には、幕府が関与する領域が広がり、さまざまな訴訟が幕府に提起されて保障が求められるようになった反面、広範な幕府裁判の無視行為が引き起こされたことが指摘されている（古澤一九九一）。

たしかに、蒙古襲来以後、幕府が関わる領域は際限なくひろがり、幕府権力は強大化していったように見える。たとえば、安達泰盛が推進した弘安徳政の一環として九州では神領興行が実施され、寺社領の回復が行われたこと（海津一九九四、村井二〇〇一など）や、荘園制の動揺・再編のなかで、その枠組みから排除された「悪党」の出現に対応して、公家政権と連携しながら彼らを取り締まる「悪党召し取りの構造」が開発されたこと（近藤一九九三、西田二〇一七）などがあげられる。しかし、これらもまた、荘園領主側からの要請に幕府が応えていった結果であり、幕府権力の強大化という側面だけではなく、社会の側の変化やそれに対応する幕府の動きを示しているのである。

このような幕府のあり方を踏まえると、式目三十五条は、幕府権力を背景とする欠席裁判の強行を推進するものではなかったことは明らかであろう。むしろ、幕府がいかにみずからの法廷に当事者を出頭させることができるのか、試行錯誤の連続だったといってよい。そして、この法の運用や適用の実態を分析することで、幕府裁判の歴史的展開や、その背後に存在する訴訟当事者の動向、社会の変化に対する幕府の対応にも迫ることができるのである。

【参考文献】

石井良助『中世武家不動産訴訟法の研究』（弘文堂書房、一九三八年。二〇一八年に『新版　中世武家不動産訴訟法の

研究』として高志書院から再刊）
植田信廣「鎌倉幕府の裁判における「不論理非」の論理をめぐって」（『法制史研究』二八、一九七八年）
海津一朗『中世の変革と徳政』（吉川弘文館、一九九四年）
木村英一『鎌倉時代公武関係と六波羅探題』（清文堂出版、二〇一六年）
工藤祐一「六波羅探題の成立と「西国成敗」」（『鎌倉遺文研究』三七、二〇一六年）
熊谷隆之「六波羅における裁許と評定」（『史林』八五―六、二〇〇二年）
近藤成一「悪党召し捕りの構造」（『鎌倉時代政治構造の研究』校倉書房、二〇一六年。初出一九九三年）
佐藤進一『鎌倉幕府訴訟制度の研究』（畝傍書房、一九四三年。一九九三年に岩波書店から再刊）
出口雄一・神野潔・十川陽一・山本英貴編『概説日本法制史（第二版）』（弘文堂、二〇二三年）
長又高夫『御成敗式目編纂の基礎的研究』（汲古書院、二〇一七年）
長又高夫「召文違背、下知違背に対する泰時執政期の処分をめぐって」（『法史学研究会会報』二二、二〇一八年）
西田友広『悪党召し捕りの中世』（吉川弘文館、二〇一七年）
西村安博「鎌倉幕府の裁判における問状・召文に関する覚え書き」（『同志社法学』六〇―七、二〇〇九年）
西村安博「鎌倉幕府の裁判における召文違背について」（『同志社法学』六九―二、二〇一七年）
新田一郎『日本中世の社会と法』（東京大学出版会、一九九五年）
古澤直人『鎌倉幕府と中世国家』（校倉書房、一九九一年）
古澤直人「北条泰時執政期における鎌倉幕府法効力の再検討」（『経済志林』八六―一、二〇一八年）
細川重男『鎌倉政権得宗専制論』（吉川弘文館、二〇〇〇年）
村井章介『北条時宗と蒙古襲来』（日本放送出版協会、二〇〇一年。二〇二二年に講談社学術文庫として再刊）
村上一博・西村安博編『新版　史料で読む日本法史』（法律文化社、二〇一六年）

森幸夫『六波羅探題の研究』（続群書類従完成会、二〇〇五年）
森幸男『六波羅探題』（吉川弘文館、二〇二一年）
山本幸司「裁許状・問状から見た鎌倉幕府初期訴訟制度」（『史学雑誌』九四―四、一九八五年）

【註】

＊1　**『沙汰未練書』**　一三二〇年代初頭（北条高時期）に成立し、原形は十四世紀初頭に遡ると推定される法律書。執権北条時宗の述作と仮託されているが、実際は鎌倉幕府政所執事だった二階堂氏周辺で著され、相伝されたと見られている。書名にある沙汰は、この場合は訴訟手続を意味し、未練は習熟していないことを指す。つまり、『沙汰未練書』とは、「鎌倉幕府の訴訟手続に習熟せざる者に対する手ほどきのための手引書」という意味になる。本書は、鎌倉幕府関係の法律用語や訴訟制度、関係文書について総合的に解説したもので、鎌倉後期の幕府裁判のあり方を知るうえで、もっとも基本となる史料とされている。その内容は、①幕府関係の法律用語や訴訟手続についての説明、②公家関係の用語解説、③訴訟関係文書の文例とその説明の三部に分けることができる。

＊2　**雑務沙汰**　所務沙汰と呼ばれる不動産訴訟を除き、現代でいうところの民事訴訟全般のことを指した。『沙汰未練書』によれば、利銭（銭貨の利子付き消費貸借）・出挙（稲などの利子付き消費貸借）・替銭や替米（どちらも為替制度）・沽却田畠（売却した土地）・奴婢（売買可能な下人・所従などの隷属民）などが対象としてあげられており、債権・債務や土地売買、奴婢関係の訴訟を扱うものであったとされている。雑務沙汰は、東国では問注所で受理され、審理のうえで判決が下った。鎌倉中については政所が担当し、鎮西を除く西国については六波羅探題の引付方、鎮西では守護がそれぞれ管掌した。おおむね所務沙汰と同じような手続が踏まれたと見られているが、雑務沙汰に関する史料は少なく、幕府裁判上の位置づけも低いものだったと考えられている。

＊3　**検断沙汰**　検断とは、犯罪の糾明や処罰、犯人の財産の没収や配分を指し、検断沙汰は、その検断の執行の可否を判断する審理手続のことである。現在の刑事訴訟に相当し、『沙汰未練書』には、謀叛・夜討・強盗などの重大犯罪が対象としてあげられている。鎌倉では侍所、六波羅探題では検断方が担当部局となり、九州では守護がこれを管掌した。また、諸国の守護も部分的に関与している。具体的な犯罪が発生した場合、訴人（原告）は論人（被告＝犯人）を特定したうえで、侍所所司や検断頭人に訴状を提出した。また、守護の役所である守護所で審理が行われ、その結果が守護注進状として鎌倉や六波羅探題に提出されることもあった。そののち、所司・頭人や担当奉行人、合奉行らで審理を進めた。その結果は勘録事書としてまとめられて評定に送られ、そこで問題がなければ検断の執行が命令された。執行は御家人（一般には二人）が使節として赴いた。なお、本文中で触れた「悪党召し捕りの構造」は、この手続によって執行された。

＊4　**六波羅探題**　承久の乱後、京都に設置された鎌倉幕府の広域行政機関。長官である探題は北条氏によって独占され、通常は北方探題と南方探題の二人体制であった。主な機能として、①朝廷との交渉、②京都やその周辺の治安維持、③西国関係の訴訟審理などがあげられる。①について、皇位継承などの重大事を除き、②の治安維持や③の裁判に関して、朝廷側に設置された「関東申次」（幕府との窓口となり、主に西園寺家によって世襲された役職）などとの交渉や調整を、個別の案件ごとに行った。なお、一般的には「朝廷の監視」も担ったとされるが、そのような活動が見られるのは承久の乱の終結直後のみであり、一時的な業務であったことに注意が必要である。次に②について、特に「篝屋《かがりや》」（京都の主要道路の交差点に置かれた警固施設）の設置以降、在京人や探題被官を統率して治安維持を担うとともに、興福寺や延暦寺などの権門寺社の強訴を防御する役割を負った。③については本文でも述べたが、西国所領に関する紛争が持ち込まれ、訴訟当事者に対する問注・対決などを行った。また、十三世紀後半から、悪党問題に対する対応も要求されるようになった。六波羅探題の実務の中心は、発足後しばらくは探題被官だったが、六波羅評定衆や引付衆、そして奉行人などが拡充されていった。このように、六波羅

探題は鎌倉幕府の西国統治にとって必要不可欠な機関としての地位を占めた。ゆえに後醍醐天皇の討幕運動でも標的となり、足利高氏（尊氏）らによって攻撃され、滅亡したのである。

二

式目五十一条

問状と裁判手続

木下竜馬

《読み下し》

一　問状の御教書を帯び、狼籍を致す事

右、訴状に就き、問状を下さるるは、定例なり。しかるに問状をもって狼籍をいたす事、姦濫《かんらん》の企て、罪科遁《のが》れ難し。申すところもし顕然《けんぜん》の僻事《ひがごと》たらば、問状を給う事一切停止せらるべきなり。

1　問状、問状狼藉とはなにか

問　状

式目の掉尾をかざる第五十一条（以下、本条）は、「問状」に乗じた不法行為（狼藉）を禁じ、その対策のため、訴状の内容があきらかに不適格ならば「問状」を発給しないと規定したものである。それでは「問状」、ひいては本条で禁じられる「問状狼藉」とはなにか。

まずは、問状についての説明を兼ねて、所務沙汰《しょむざた》（現代の不動産訴訟に対応。審理機関は引付《ひきつけ》を例にして、円熟期である鎌倉末期の幕府裁判手続を概観したい。はじめに、訴人《そにん》（原告）は自らの主張をまとめた訴状《そじょう》および具書《ぐしょ》（証拠書類）を問注所《もんちゅうじょ》に提出する。訴が受理され、所定の部局（この場合はいくつかある引付のひとつ）に係属すると、論人《ろんにん》（被告）に対して反論をうながす文書が発給される。これが問状（といじょう・もんじょう）である。論人は訴状に対して反論する陳状《ちんじょう》を提出する。引付はさらに訴人に対して書面の提出を求める。こうしたやりとりを「訴陳に番《つが》う」といい、交わされた文書を訴陳状という。通常は三問三答を限度とする。

次に、この訴陳状をもとにして対決（口頭弁論）に移る。引付から出頭を促す召文《めしぶみ》が出され、引付の座において両当事者が対決し、担当奉行人による問答（尋問）を受ける。訴陳状とこれらの問答の結果を受け、引付での審議がなされる。この審議結果が評定《ひょうじょう》に上程され、裁決がなされれば一件落着であり、裁許状《さいきょじょう》（判決書）が発給される。これが一連の流れである（→第Ⅲ部第一章）。裁許状には両当事者の主張と根拠、そして幕府としての判断が載せられ、長文化した。

このように、問状とは、訴状および具書を論人に送達し、応訴を求める手続文書である。本条冒頭では、「訴状にもとづいて問状を発給することは、通例のことである」と述べられている。一例をあげておこう。これは嘉元三年（一三〇五）九月十二日鎮西御教書《ちんぜいみぎょうしょ》（「薩摩二階堂文書」、『鎌倉遺文』二二三二三号）をもとにしたが、便宜のため固有名詞は記号に置き換えた。鎮西探題《ちんぜいたんだい》（北条政顕）が裁判所の代表として論人（B）にあてた問状である。

■例1

A（訴人）申す、X（係争物）の事、重訴状〈具書を副う〉かくのごとし。来月五日以前に明《あき》らめ申さるべし。違期《いご》せしめば、ことにその沙汰あるべきなり。よって執達件のごとし。

嘉元三年九月十二日　上総介（北条政顕）（花押）

B（論人）

《大意》係争物Xについて、訴人Aの重訴状（二度目以降に訴人から提出される訴状）と証拠書類を送達する。来月五日までに弁明せよ。

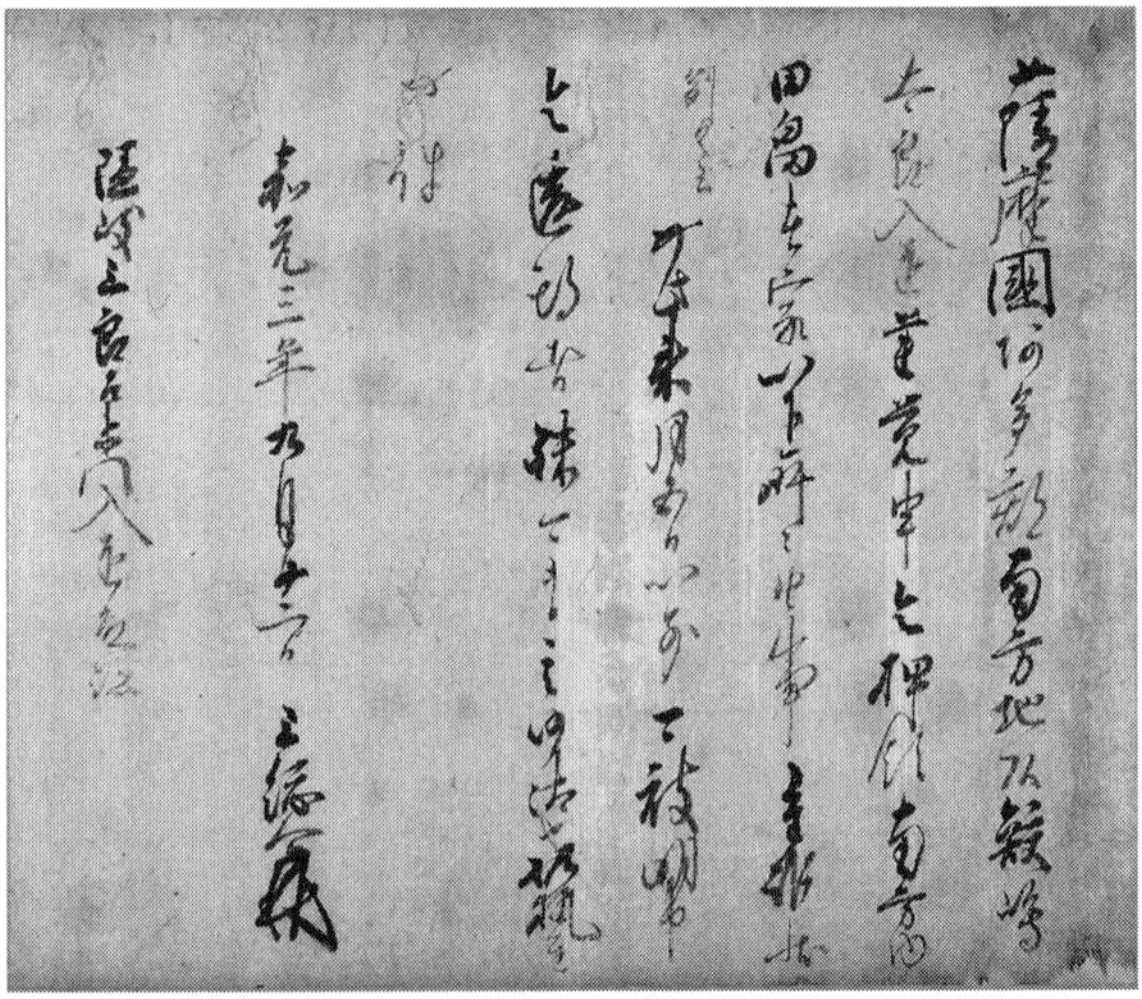

嘉元三年九月十二日鎮西御教書
（二階堂文書、東京大学史料編纂所所蔵）

問状狼藉

それでは、本条で禁じられている問状狼藉とはなにか。

式目の古注釈では、この「狼藉」の主体について解釈が揺れている（池内編一九七八）。たとえば「岩崎本　御成敗式目抄」（東洋文庫所蔵。おそらくは古河公方家臣の佐々木氏による注釈）では、「問状として御教書が発給されると、「私の訴に理があるのだ」として狼藉する者があったことを指す。（中略）これは訴人のことである」と解釈している。ところが、「蘆雪本　御成敗式目抄」（天文二十二年〈一五五三〉、古河公方家臣の一色直朝の書写）では、岩崎本と同じ解釈を引きつつ、異説として、問状に対して論人が狼藉することを禁止したという解釈もあわせて載せている。つまり、「狼藉」を行うのが、訴人か論人かの二説があったのである。

それでは、式目古注の決定版というべき清原宣賢《きよはらののぶかた》の「式目抄」（天文三年〈一五三四〉作）ではどうか。「この条は見当違いをしやすい。狼藉とあるのを論人の狼藉と解釈するのは誤りである」と明快に否定し、「問状を自分が賜った安堵《あんど》のようにして、狼藉することを指すのである。論人は（係争地を）現に知行しているのであるから、狼藉をするはずがない」という理路を展開している。さすが天下の大学者だけあって、現代の研究に照らしてみても、宣賢の解釈が正しい。

ポイントは、「自分が賜った安堵」、すなわち権利認定文書のようにして、という点である。訴状に応じて問状が下されることは、裁判所が訴人の主張を認めたのとイコールではないわけだが、それを悪用した訴人による狼藉（具体的には、係争地占有のための実力行使など）を戒めるのが、本条の法意である。そして、このように禁止されている以上、少なからずこのような狼藉（研究上「問状狼藉」と呼ぶ）は発生していたと考えられる。

それではなぜ、訴人はこのような〝どんでもない〟挙に出るのであろうか。

2 当事者主義

問状の送達

これを解く鍵のひとつは、問状の送達のあり方にある。

現代日本では、訴訟書類の当事者への送達は、裁判所の職権で行われるという原則があり（民事訴訟法第九十八条第一項)、郵便ないし執行官によって行われる(同九十九条第一項)。しかし、鎌倉幕府の訴訟ではそうではなかった。

鎌倉幕府の訴訟制度を解き明かしつくした石井良助《いしいりょうすけ》*1は、「問状は当事者すなわち訴人が自ら、あるいは使者をもって論人のもとに送達する制であった」として、当事者送達主義であったと指摘している(石井一九三八)。問状の宛所は論人なのだが、まず問状を受け取るのは、訴人側なのである。もちろん郵便制度などない時代であるから、幕府から問状を受け取ったのちは、訴人ないし代理人はこれを携え、直接論人のもとに赴いたのである。中世の使者は、気を抜いていたら相手領内で襲撃・殺害されることとすらありうる。まさに命がけであった。現代人のわれわれにとっては、当事者送達主義は、とても重たい負担のように思える。

現代の目から見ると、中世の裁判所はずいぶん不親切である。審理手続の進行や、証拠の収集、立証など鎌倉幕府の裁判手続は当事者によって遂行される面が非常に大きかった(当事者主義。その対概念は、職権主義)。はなはだしいものでは、一方の当事者が提出した鎌倉幕府法の真贋が争点になりながら、当の幕府側はなんの判断も示さないという事例もある。問状の送達の責任を訴人に負わせるというあり方も、当事者主義のひとつのあらわれといえよう。

ともかく、問状の送達は訴人の責任によるものであった。そして、ここで当事者同士が接触することが、問状狼藉の発生する素地としてあった。使者が命がけであるのと同様に、使者を迎える側も、なんらかの実力行使を受ける可能性があったのである。

裁許の執行方法

またもうひとつの背景として、裁許の執行（判決の内容の実現）のあり方がある。驚くべきことに、鎌倉中期までは、幕府裁許の強制執行の仕組みは不明確で、裁許状を受け取った勝訴者は、自力で自分の権利を実現しなくてはならなかった。問状による狼藉も、裁許状にもとづく正当な執行も、いずれも当事者による実力行使であり、少なくともそこに外形的な差はなかったのである。

3 問状と裁許状とのあいだ

笠松宏至説

しかしこれでも、問状狼藉が発生した説明は十分ではない。たんなる手続文書にすぎない問状がなぜ、裁許や安堵のような権利文書として用いられたのであろうか。そのギャップが問題の核心にある。このギャップがもつ〝おもしろさ〟にいち早く気づいたのが、笠松宏至《かさまつひろし》*2である。笠松は、中世における多様な法の併存、とくに急速に発達した鎌倉幕府の法・制度と、武士・民衆の意識とのはなはだしい乖離の一例として、この問状狼藉を取り上げた（笠松一九八三）。要するに、訴人も論人も、問状の役割をよくわかってなかったというのが、笠松の見立てである。笠松はいう――「彼自身てっきりこれは「我カ安堵」として下された「理運」の「御下知」と思い込んだが故の「狼藉」人が少なからずいたのである。執権連署、あるいは両探題の花押が据えられた関東、六波羅の堂々たる御教書は、その外形だけで、訴人を有頂天にし論人を震え上がらせる権威と威嚇力をそなえていたのである」。

山本幸司説

しかし、このような〝誤解〟は、当事者たちだけに原因があるのだろうか。この問状狼藉を、初期鎌倉幕府訴訟制度の特色から取り上げたのが、山本幸司《やまもとこうじ》である。問状狼藉を禁じる前提として、裁判で弁明をうながす手続文書でしかない問状と、審理を得て裁判の結果として出される権利文書としての裁許状とが判然と分かれている必要がある。しかし、山本によれば、初期鎌倉幕府裁判においては、実はその二つは未分化であった（山本一九八五）（↓第Ⅲ部第一章）。

まず、初期鎌倉幕府の裁許状には、幕府側の言明として、しばしば「もしこれが事実であれば（事、実《じち》たらば）」という文言が入っている。つまり、論人の言い分を聞かず、訴人側の訴を受け、その主張が事実かどうかの判断を保留したままで出された裁許が、一定数あったのである。

一方、初期の問状は、以下に掲げるようなものが主流であった。さきほどと同じく、固有名詞を記号に置き換えているが、元久二年（一二〇五）五月十九日関東御教書案《かんとうみぎょうしょ》（「大和大東家文書」、『鎌倉遺文』一五四二号）をもとにしている。端裏書《はしうらがき》は省略した。

■例2

A（訴人）の案一通これを遣わす。状のごとくんば、X（係争地）に乱入し無道を張行せらると云々。子細その状に見え候か。新議の非法たらば、よろしくその妨げを止めらるべし。もしまた子細あらば、陳状を進らしめたまうべし、てえれば鎌倉殿の仰によって、執達件のごとし。

元久二年五月十九日　遠江守（北条時政）在判

B（論人）殿

《大意》訴人Aの訴状を送達する。それによれば、係争地Xに乱入して不法行為をはたらいているとある。詳細は訴状にあるとおり。前例のない不法行為であれば、停止せよ。もしそちらにも言い分があるのであれば、陳状を提出せよ。

「陳状を提出せよ」という問状特有の文言（傍線部）のまえに、不法行為を停止せよという幕府の判断が載っている（波線部）。例1として掲げた、ニュートラルで比較的簡潔な問状と比べるとわかりやすいが、例2のような初期の問状は、訴人の訴のみにもとづいた幕府の判断も載せられており、その意味で裁許状としての側面ももっていたのである。つまり、初期幕府裁判においては、「事実者《ことじちたらば》」型裁許状と問状は非常に似かよっており、当事者らの〝誤解〟の種も、ここにあった。

確認される問状狼藉の実例は十三世紀前半に集中しており、むしろ問状狼藉を禁じた本条によって、裁許状と問状の分化が進められていったといえよう。たとえば弘長二年（一二六二）に幕府は、証拠として提出された「事実者」型裁許状を、「問状」であるとして効力を認めない判断をしている（「尊経閣文庫所蔵文書」、『鎌倉遺文』八七七五号）。「事実者」型裁許状がほぼ見えなくなるのは仁治元年（一二四〇）ごろ、ニュートラルな問状が定着するのが文永年間（一二六四―一二七五）ごろであり、十三世紀中ごろに至って、裁許状と問状の分化が完成したといえる。

4 双面性、片面性

古澤直人説

かくして、問状狼藉の背景として、問状と類似する「事実者」型裁許状に注目が及んだ。ここにあるのは、相論における両当事者の言い分を聞こうとする双面的な訴訟手続とは対照をなす、一方当事者のみの主張をもとに上部権力がなんらかの判断をなす片面的な訴訟手続である。初期幕府の訴訟制度の片面性は、どのように位置づけられるのか。

研究史とはおもしろいもので、山本幸司の論文とまったく同年に、同様の素材を少し違う視角で扱った研究が出ている。それが古澤直人《ふるさわなおと》の論文（古澤一九八五）である。その所論を追いながら、初期幕府訴訟の片面性について考えよう。

鎌倉幕府は、当事者に地頭御家人が含まれない訴訟は基本的に受けつけない。古澤は幕府の訴訟を、当事者の性格から、①地頭御家人の間で展開される御家人間相論と、②本所《ほんじょ》（貴族や寺社など）と地頭御家人との間で展開される本所関係相論とのふたつに区別する。そして、鎌倉初期には、問答対決のような双面的な審理は御家人間相論でしか行われておらず、本所関係相論では、本所の訴のみに応じて「事実者」型裁許状などの一方的裁許が下されていたと指摘した。当然、当時はほとんどが地頭御家人側の敗訴であった。しかし、式目制定など訴訟制度が整備された鎌倉中期以降、本所関係相論でも問答対決が行われるようになり、地頭御家人側の勝訴率も上昇していった。本所と地頭御家人が幕府訴訟手続上対等に据えられていることをもって、私的権力を超えた「第三権力」「公権力」に幕府は成長したと、古澤は評価する。本所との力関係の変化という点に着目したのが、古澤説独自の視角である。

そもそも初期における本所関係訴訟は、裁判の名前に値するのかはかなり微妙である。本所関係訴訟の典型例は、荘園における本所と地頭のトラブルである。地頭は本所に荘園経営上のさまざまな義務を負っているが、地頭の任命権は鎌倉幕府が握っている。ある荘園の地頭が非法をはたらき本所の命令にも耳を貸さない場合、本所は幕府にその地頭の取り締まりを求めざるをえない。本所は幕府に訴え出るというより、幕府と同格の存在として、地頭の懲戒を交渉しているといったほうがよい。そして初期の幕府は、地頭の言い分は聞かず、まずは本所の主張どおり地頭を罰し非法を停止させる文書——「事実者」型裁許状——を出すのである。

片面的な訴訟手続の起源

このあり方の原形は、治承・寿永の内乱後の源頼朝による武士狼藉停止にある。内乱時、敵方の所領没官（実際は軍事占領）や兵粮米徴収が戦争遂行のための行為としておおっぴらに行われた。しかし、内乱終結後、焼け太りした鎌倉方の武士と旧秩序とのあいだの利害調整を行うことが、朝廷・本所、そして頼朝の大きな課題となった。そこで、地頭職などのかたちで鎌倉方の武士の権益を確保する一方で、行き過ぎた戦争行為を「狼藉」として停止・規律する武士狼藉停止がひろく行われた（武末一九八〇、川合二〇〇四、菱沼二〇一二）。武士狼藉停止の要請は基本的に後白河上皇の院宣《いんぜん》で頼朝に伝えられ、頼朝は問答対決などの審理を基本的に行わず、狼藉停止の命令を下していた。当然これは、片面的な訴訟手続きに通じる。

そして、訴人だけでなく、もう一方の当事者の主張も聞くための手続文書である問状こそ、双面的な訴訟手続を象徴するものであろう。裁許状と問状の分離、そして問状狼藉の停止という課題は、幕府成立時の武士狼藉停止に由来する片面的なあり方を払拭し、双面的な訴訟手続が整備されていく大きな過程の中で生じてきたものであった。

裁判とはなにか

以上で式目五十一条に引きつけたかたちでの問状と裁判手続の説明について、当面の責を果たしたものと考えるが、難しいのは、なぜ幕府が問状に象徴される双面的手続を推進したのかという点である。

かつての研究では、「裁判とはそういうものだから」ということでこの点はとくに疑問とされていなかった。しかし、近年の中世法制史の研究では、近代的な裁判をモデルとしていたことを批判し、片面的訴訟手続など従来の常識では裁判とみなしがたいものまで視野に入れ、豊饒な成果を生みだしている（木下二〇二二）。一方で、括弧つきの「裁判」の概念になんでも入れてしまう、本末軽重をわきまえない混乱した議論も発生している。近代的裁判像を相対化したことで、あたりまえだと思われてきた鎌倉幕府の双面的裁判手続の整備があらたな謎として浮上していると筆者は考える。この点は今後の研究の課題であると述べ、この小文を閉じたい。

【参考文献】

池内義資編『中世法制史料集別巻　御成敗式目註釈書集要』（岩波書店、一九七八年）
石井良助『新版　中世武家不動産訴訟の研究』（高志書院、二〇一八、初出一九三八年）
笠松宏至「中世の法意識」（『法と言葉の中世史』平凡社ライブラリー、一九九三年、初出一九八三年）
川合康『鎌倉幕府成立史の研究』（校倉書房、二〇〇四年）
木下竜馬「鎌倉幕府の法と裁判へのまなざし」（秋山哲雄・田中大喜・野口華世編『増補改訂新版 日本中世史入門』勉誠出版、二〇二一年）
武末泰雄「鎌倉幕府庄郷地頭職補任権の成立」（竹内理三編『荘園制社会と身分構造』校倉書房、一九八〇年）

菱沼一憲「武士狼藉停止と安堵」（『中世地域社会と将軍権力』汲古書院、二〇一一年）
古澤直人「鎌倉幕府法の成立」（『鎌倉幕府と中世国家』校倉書房、初出一九八五年）
山本幸司「裁許状・問状から見た鎌倉幕府初期訴訟制度」（『史学雑誌』九四―四、一九八五年）

【註】

＊1　**石井良助**　一九〇七―一九九三。東京帝国大学法学部の中田薫に師事し、その後継者として日本法制史講座を継承する。その業績は、日本の古代から近代まで幅広く及ぶが、最初に取り組んだのが中世法である。満三十一歳の若さで出版した『中世武家不動産訴訟法の研究』は、鎌倉・室町幕府の訴訟制度について網羅的に解明した大著で、現在でもその価値を失わない。また、東大文学部でも佐藤進一などが石井の教えを受けており、日本史学への影響も甚大である。

＊2　**笠松宏至**　一九三一―。東京大学史料編纂所に長く勤めながら、近代の常識にとらわれない中世法の様態を解明し、法科派の法制史学とは一線を画する研究の新生面を開く。網野善彦、石井進、勝俣鎮夫らとともに社会史ブームを担った。主著に『日本中世法史論』、『法と言葉の中世史』など。

コラム

和与をめぐる理解の現状

西村安博

和与の源流と法史的展開

和与という言葉の源流は、養老律の名例律三二条に記載される「取り与ふるが和《あまな》はざる「和へりと雖も、与へたる者は罪無きをいふ」若しくは乞ひ索《もと》めたる贓《ざう》は、並《ならび》に主《しゅ》に還せ。」から得られる一つの理解に遡ることになる。すなわち、取った者と与えた者との間に合意がない時（財物の持主が与える意思がないのに相手方が持主を騙して財物を受け取った場合）、あるいは権勢を利用して財貨を要求する際には、偏に財物を受け取った者に罪があるのであり、当該贓物は持主に返還されなければならない（『日本思想大系新装版　律令』岩波書店、一九九四年）。このことから「和」は当事者間の合意を意味することが分かる。それ以来、「自身の主体的意味が明瞭でない言葉」に止まっていた和与は、十二世紀前半頃に公家法における贈与の造語として現れることになったが、鎌倉時代初期にかけて新たに「与える人の積極的意思と、不悔還《くいかえさず》という強い法律的効果を伴う、贈与を意味する用語として出現する」にいたったのである。かような理解を確認するならば、当初の和与と時代を経る中で新たに贈与の意味を付与されることにより誕生した和与は同義のものではないことが分かる（平山行三『和与の研究』）。

このように「不悔返という法律効果を伴う贈与行為」としての法理を継承した鎌倉幕府は、「贈与者の好意によって無償で与えられるもの（「芳心物」）である以上、一旦与えたものを悔い返す事は出来ない」（『吾妻鏡』元久二年〈一二〇五〉十一月二十日条）という公式な理解を示す一方、非血縁者に対して悔い返すことが出来ない動産・不動産を贈与する行為を他人和与として定義するが、幕府は徐々に他人の範囲を狭めていくこと（「追加法」七四四・七四五条など参照）により、他人和与そのものを禁止する政策（「追加法」四六一条など）を打ち出すことにもなった。他方では、十三世紀初頭以降、紛争の解決が試みられる際の和解のことを称する言葉として和与が使われるようになっていった。ここでは、鎌倉幕府の裁判手続を通じて紛争解決が行われる際にみられる和与をめぐる理解の現状に関して少しく紹介を試みることにしたい。

わが国の和解制度の源流として理解されてきた和与

平山行三によれば、「鎌倉武家訴訟の和与の制度の中核である「和与状の交換」は、南北朝時代より戦国時代までは、武家訴訟のみならず本所訴訟においても殆どそのまま行われ、又近世の幕藩体制下の幕府および藩の訴訟においては、交換文書の名称が「曖《あつかい》証文」或は「内済《ないさい》証文」とかわっただけで交換の事実は全然同一であることが判ってきた。要するに日本の和解制度は、鎌倉時代の和与の制度が原型となって後世にひきつがれ大綱において変らなかったと云うことができる」(平山「和与続考」『日本歴史』第三七四号、一九七九年)という。

このように江戸幕府の司法制度における内済の源流を中世の和与に求める同氏は、「契約としての手続の核心は証文の交換であって、和与の制度における和与状の交換(の精神=「好意の交換」、筆者註)と揆を一にするものであった」(「同」)と説く。しかしながら、この理解に対しては説得力のある一つの反論が寄せられている。すなわち、平山氏が和解の成立に関して論じる中では、紛争両当事者間の「相互的譲歩という些か超歴史的な側面に力点」がおかれるあまり、「日本の和解制度の歴史的特質の解明という点において今ひとつ迫力に欠ける」のであり、このことが原因となって、同氏が強調する「『和与状の交換』の精神」なるものの内容」が「いかにも抽象的で漠然としたもの」になっているのだという(植田信廣「書評」『法制史研究』三〇、一九八一年)。

鎌倉幕府の司法制度下における和与の奨励

これまでの学説のうえでは、鎌倉幕府が和与を奨励したこと、江戸幕府が内済を半ば強制的に奨励したことなどが主張されているが、和与および内済をわが国の和解制度のうえでどのように位置づけ、またどのように評価すべきなのかという、一つの重要な追究課題が存在する。鎌倉後期に幕府裁判所が和与を認可する事例が急増するという史料上の統計的事実と『沙汰未練書《さたみれんしょ》』の奥書(『中世法制史料集 第二巻・室町幕府法』岩波書店、一九五七年)において、先例に通暁しておりそれを実状に照らし合わせてその適用可否の判断が出来る優れた奉行人は和与を紛争解決の基本方針に据えているという趣旨が記述されていることが有力な根拠の一つにされる中で、得宗貞時の治世には訴訟を速やかに終結せしめようとする意図の下に、訴訟を裁許（判決）によって決着させるのではなく、訴訟当事者間おいて和与を成立させ紛争の解決を図るという方法が勧奨されていたとする理解が強調されて来たのである（佐藤進一『鎌倉幕府訴訟制度の研究』、同『日本の中世国家』岩波文庫、二〇二〇年）。

このような理解と江戸幕府において内済が奨励されたという理解が接合することにより、わが国の和解制度をめぐる法史的理解が形成されてきたものといえるが、このことについてはさらに多方面からの研究により再検討が試みられるべき余地が残されているといえよう。

和与の成立過程における中人の役割と和与の性格

和与が成立する過程において、訴訟両当事者は第三者（＝中人《ちゅうにん》）に紛争の解決を委ねていたことは、たとえば東大寺領美濃国茜部荘をめぐる相論においても見出される（「東京大学文学部所蔵文書」弘安四年（一二八一）二月日東大寺学侶等申状案、『鎌倉遺文』一四二六〇号）。この事例では、正地頭長井泰茂の甥因幡守頼重が中人として口入《くにゅう》している。

これまでに、中世後期における紛争解決の実態が明らかにされる中で中人の存在がすでに指摘されているが（勝俣鎮夫「戦国法」『戦国法成立史論』東京大学出版会、一九七九年、初出一九七六年）、紛争解決における「中人制」は高権力の裁判を排除しうるものではなく、むしろ高権力による利用の対象であったことが鋭く指摘されている（小柳春一郎「中世日本の法と国制をめぐる話題作」『創文』一七六号、一九七八年）。とはいえ、成立した和与の法的性格を単純に和解として理解したり、あるいは調停・仲裁を基準に安易に断じることはできないのであり、さらなる検討が求められている。

和与の定義

『沙汰未練書』には、「一、私和与事」（前掲『中世法制史料集』）として和与に関する間接的な定義が記される。これによれば、当事者間にすでに成立していた和与をめぐって紛争が再発した場合、当事者が主張の根拠とする和与状に裁判所からこれを認可する裁許状が下付されていないならば「私和与《わたくしわよ》」として取り上げないが、認可裁許状が下付されているものはその限りではないという。そもそも裁判所は訴訟提起後に成立した和与を取り扱いの対象としており、訴訟提起以前に成立したもの、訴訟として係属していない事案において成立した和与は、かりに両当事者が裁判所に和与の認可申請を行ったとしても、裁判所は認可の対象外として対応した可能性が考えられる。かような和与を果たして私和与と呼んだ事例はあるのだろうか。その一方で、訴訟係属中に和与状を交換した当事者が、認可申請を行わないまま認可裁許状を得ていない状況においては、後に当該和与が紛争の対象になった際に、裁判所はこれを私和与と認定していたことが考えられる。だが、広く裁判所の認可を受けていない和与（状）であっても、和与の事実を示す有効な証拠文書として取り扱われる可能性は果たしてなかったのであろうか。和与が認可されることの法史的意義はどのように説明され得るのであろうか。依然として検討の余地が残されているのである。

【参考文献】

石井良助『新版　中世武家不動産訴訟法の研究』（高志書院、二〇一八年、初刊一九三八年）
大木雅夫『日本人の法観念―西洋的法観念との比較―』（東京大学出版会、一九八三年）
小柳春一郎「日本中世における在地の紛争解決」（『国家学会雑誌』九二―一・二、一九七九年）
佐藤進一『鎌倉幕府訴訟制度の研究』（岩波書店、一九九三年、初刊一九四三年）
佐藤進一『新版　古文書学入門』（法政大学出版局、（新装版）二〇〇三年、初刊一九七一年）
谷口安平「いま日本のADRを考える」（仲裁ADR法学会編『仲裁とADR』vol.8、商事法務、二〇一三年）
西村安博「鎌倉幕府の裁判における和与について―和与の理解をめぐって―」（一）（二・完）（『法政理論』三三―二・四、二〇〇〇年・二〇〇一年）
西村安博「日本中世における裁判手続に関する理解をめぐって―その理解の現状と課題―」（一）（二・完）（『同志社法学』六四―七・六五―三、二〇一三年）
平山行三『和与の研究―鎌倉幕府司法制度の一節―』（吉川弘文館、一九六四年）

附録

「御成敗式目」現代語訳

第一条

一　神社を修理して祭祀を大事にするべきことについて

神は人が敬うことによって威力を増し、人は神の威徳によって運を増す。なので、恒例の祭祀が次第に衰えないように努め、神前に捧げる供物をおろそかにしてはならない。このようなわけで、東国の国衙領と庄園では、地頭・神主はそれぞれその旨を承知して、誠実に務めるべきである。また、朝廷から認められてきた神社については、代々の朝廷の法令にしたがって、小破のときはとりあえず修理をくわえ、もし大破したならば、事情を（幕府に）報告して、（幕府の）指示に従って取り計らえ。

（神野　潔・佐藤雄基）

第二条

一　寺院を修造して仏事を勤めるべきことについて

寺院と神社は異なるが、崇敬の対象であることは同じである。したがって修造の功を積み、恒例の勤めを果たすべきことは前の条文に准じる。（それを怠って）後日咎められるようなことがあってはならない。ただし、勝手に寺のために用いるべき財物を着用し、その務めを果たさない者は、速やかにその職を改易する。

（神野　潔・佐藤雄基）

第三条

一　諸国守護人の職務について

右大将家（源頼朝）の時代に定め置かれたのは、大番催促・謀叛・殺害人〈付けたり、夜討・強盗・山賊・海賊〉である。しかし、近年では（守護が）代官を郡や郷にそれぞれ任命し、公事（年貢以外の租税）を荘園や保に賦課し、国司でもないのに国司の支配を妨げ、地頭でもないのに所領の収益を貪っているという。その所行は大変な非道である。そもそも代々の御家人であっても、実際に支配している所領がなければ、（大番役を）催促してかり集めることはしてはいけない。このことに関連して、各所領の下司・庄官たちが、御家人の名をかたって、国司や領家の命令に従わないという。そのような者たちが守護に仕えて所役を勤めたいとたとえ望んだとしても、彼らに（大番役を）催促するようなことは一切してはならない。早く「右大将家の例」（源頼朝時代の先例）にしたがって、大番役と謀叛・殺害以外は、守護の関与を停止する。もしこの条文に背いて、三箇条以外のことに関与したならば、国司・領家の訴えによって、あるいは地頭・土民の訴えによって、非法が明らかであるならば、所持する守護職を解任して、穏便な人物をかわりに任命する。また代官に関しては、一人までと定める。（佐藤雄基）

第四条

一　守護人が理由を（幕府に）報告せず、犯罪者の財産を没収することについて

右、重罪の者があらわれたときは、当然事情を（幕府に）報告して、その指示に従うべきなのに、事実か否かを究明せず、軽いか重いかを判別することなく、犯罪者の財産であると勝手に称して、（守護が）私に没収することは、理不尽な行いである。非常に身勝手な企み（姦謀）である。早くそのことを（幕府に）報告し、判断を仰ぎなさい。それでも違反すれば処罰する。

次に、犯罪者のもつ田畠・在家や妻子・資財について、重罪の者の身柄は（国内の各所領の領主が）守護所に引き渡すものの、田宅・妻子・雑具は（守護に）引き渡す必要はない。また、共犯者については、たとえ自白書に載せられていても、（共犯の証拠となる）盗品がなければ、処罰の対象としない。（佐藤雄基）

第五条

一　諸国地頭が年貢所当を差し押さえて手元にとどめていることについて

（地頭が）年貢を差し押さえて手元にとどめているという本所（荘園領主）の訴えがあれば、（地頭は）すぐに決算を終え、勘定（本所の監査）を申請すべきである。押領がもし否定できないのであれば、（押領した分の）数字のとおりに弁償しなさい。ただし（押領分が）少額であれば、すぐに弁償しなさい。過大であれば、三年以内に弁済しなさい。それでもなおこの規定に背いて難渋するならば、地頭職を解任する。

（佐藤雄基）

第六条

一　国司・領家の成敗については、関東は口出ししないこと

国衙領・荘園・社寺領は、本所の進止するものである。（そうであるから、）沙汰が生じた場合でも、いまさら（鎌倉幕府より）御口入することはない。もし（本所の成敗に対する）不満を訴えたとしても、（幕府は）けっして取り合わない。

次に、本所の吹挙状なしに越訴することについて。諸国の荘園公領ならびに社寺領（からの訴え）は、本所の挙状をもって（幕府への）訴訟手続を履むべきところ、挙状を添えないのは、道理に外れるものであろう。今後は（そうしたケースにつき、幕府として）成敗することはない。

（黒瀬にな）

第七条

一　源頼朝以降の歴代将軍と北条政子の時代に給与した所領を、本主（元の領主、旧知行者）の訴えによって（現知行者への給与を取り消し旧知行者に）改めて与えるか否かについて

あるときには戦功をあげたことへの恩賞として、またあるときには日常の功労に対する報いとして、（御家人が将軍から）所領を与えていただくことは、謂れのないことではない。しかし、（その所領の旧知行者である御家人が）先祖から領有してきた所領だと主張して、（返還が）認められるようなことになれば、訴えた本人だけは非常に喜ぶけれども、周囲の仲間たち（所領を召し上げられることになるかもしれない他の御家人たち）は決して安心した気持ちでいられないだろう。むやみやたらと訴えを起こす者に関しては、（訴えを起こすことを）止めさせる。ただし、当給人（現在の領主、現知行者）が罪を犯した場合に、本主がその機会をとらえて訴えを起こそうとすることは禁止できない。

次に、歴代の将軍において判決が下された後に、あれこれ訴えて混乱を起こそうとすることについて。主張に正当性がないことから訴えが棄却されていた者が、年月が経過してから、改めて提訴を試みることに関して、正当性がないと分かっていながら一か八かで訴えを起こそうとすることの罪は決して軽くない。今後、歴代の判決を深く思慮することもなく、むやみやたらと自分勝手な訴えを起こすことがあれば、（二度と訴えを起こすことができないようにするための）当然の対応として、不当であることの詳細を所持している証拠文書に書き加える（そうすることで証拠能力を否定する）こととする。（下村周太郎）

第八条

一　御下文（幕府からの権利付与文書）を所持しているとしても、実際に支配せずに歳月を経た所領について

実際に支配してから（当知行の後）、二十年が過ぎていれば、「右大将家の例」（源頼朝の先例）にしたがって、あらためて審査することはせず、（知行者を）改めることはしない。しかし、実際に支配していると偽って御下文を賜った者は、文書を所持していた（まま二十年過ぎた）としても（その権利を）認めない。

（神野　潔・佐藤雄基）

第九条

一　謀叛人の事

法の具体的な内容をあらかじめ定め難い。一方では先例に則り、一方では時議に拠って事にあたるべし。

（渡邉　俊）

第十条

一　殺害・刃傷罪科の事〈付けたり。父子の咎について、父または子の咎が一方にも及ぶのか否かの事〉

あるいはその場で偶然にも生じた争いによって、あるいは酒宴での酔いによって、思いもかけずに、もし殺害を犯してしまったのならばその身は死刑もしくは流刑に処され、所帯は没収されるのであるが、父と子とが共謀していないのならば、父または子の咎を一方に懸けてはならない。

次に刃傷の科の事については、殺害の処置に准じる。

次に、子や孫が父祖の敵を殺害してしまった場合は、父祖がたとえその事情を知らないといっても、父祖も殺害の罪に処す。父祖の私憤を晴らすために、子や孫が俄に父祖の敵を討ち、かねてからの望みを叶えるからである（したがって、事情を知らないとはいえ、結果的には父祖の意と子・孫の意とが通じるので、共謀とみなせるからである）。

次に、他者の所職を奪おうとしたり、あるいは他者の財宝を取ろうとしたりするために、殺害を企てたとしても、その父が事情を知らないことが明らかならば縁坐に処してはならない。

（渡邉　俊）

第十一条

一　夫の罪によって、妻の所領までもが没収されるのか否かの事謀叛・殺害ならびに山賊・海賊・夜討・強盗等の重罪においては、夫の咎を妻にも懸ける。ただし、その場で偶然にも生じた口論により、もしも刃傷・殺害に及んでしまったならば夫の咎を妻に懸けてはならない。

（渡邉　俊）

第十二条

一　悪口の咎の事

喧嘩から生じる殺人というのは、そもそも悪口から起こるものである。重い悪口については流刑に処し、軽い悪口については召籠めに処す。問注のとき、悪口を吐いたならば、たとえ勝訴したとしても論所は敵人にわたす。また、敗訴の場合は自身のもつ他の所領を没収する。もし、所領をもっていないのであれば身柄を流罪に処す。

（渡邉　俊）

第十三条

一　殴人の咎の事

打擲された輩は、その恥を雪ごうとしてきっと相手を殺害しようとするだろう。殴人の科というのは、まったくもって軽いものではない。よって侍であれば所領を没収する。所領が無い場合は、身柄を流罪に処す。郎従以下であれば、身柄を拘禁する。

（渡邉　俊）

第十四条

一　代官の罪科を主人に懸けるか否かの事

代官の輩が殺害以下の重罪を犯したとき、その主人が代官の身柄を差し出せば、主人に科を懸けてはならない。ただし、代官を助けるために、無実であると主人が虚偽の陳情を行ったものの、犯罪の事実が露見してしまった場合は、主人も代官と同じ罪から逃れられない。よって所領を没収する。代官については拘禁する。さらにまた、代官が、本所の年貢を抑留したり、先例の率法に背いたりしたならば、代官の所行であったとしても主人にも同じ科を懸ける。くわえて代官が、本所からの訴えによって、あるいは訴人からの解状によって、関東から召されたり、六波羅から呼び寄せられたとき、出廷せずに、なおも不法行為を強行するならば、同じくまた主人の所領を没収する。ただし、事情に応じて罪の軽重を定める。

（渡邉　俊）

第十五条

一　謀書の罪科の事

侍においては所領を没収する。所領が無ければ遠流に処す。凡下の者たちについては、火印をその顔に捺す。謀書を執筆した者たちも与同した罪とする。

次に、論人が所持する証文を謀書であると主張することが多くある。披見したところ、もし謀書であることが間違いないならば、当然のことながら先に記したとおりの罪に処す。また、文書に誤謬がないならば、謀書であると詐称した者たちに神社・仏寺の修理を仰せつける。ただし無力の者たちについては、その身柄を追放に処す。

（渡邉　俊）

第十六条

一　承久兵乱のときの没収地について

京方について合戦に加わったということを（鎌倉殿が）お聞き及びになったので、所領を没収なさった（された）者が、無罪だという証拠が明らかであれば、現在の給人に替地をあてがって、（没収された所領を）元の持ち主に返還する。これはつまり、現在の給人には、勲功の奉公があるためである。

次に、関東御恩の者たちで、京方について合戦に加わることは、罪科が特に重い。そのために、（鎌倉殿は）すぐにその身を処刑し、所領を没収なさったのだが、万一運よく関東の追及を逃れてきたものについて、近年になって（鎌倉殿が）お聞き及びになれば、物事はすでに時期を逸しているので、とりわけ寛宥のはからいにより、所領を分割して、五分一を没収する（にとどめる）。但し御家人以外で、下司・庄官であるものが、京方についた罪がたとえ露顕したとしても、いまさら解任するようなことはできないと、去年議定した。なので、敢えて反対するに及ばない。

次に、同じく（承久の乱のときに）没収した地を、元の領主（承久の乱のときの知行者よりもさらに前の領主）であると主張して（返してくれと）訴えることについて。（承久の乱の時点で）実際に知行している人に罪があるために、その所領を没収し、勲功のある者に宛がった。「承久の乱で没収された者の知行は正当な権利にもとづくものではない。それ以前に相伝の知行をしていた自分こそ正当な権利者であるから返してほしい」と訴える者が多いと聞く。すでに承久の乱のときの知行によって、あまねく没収したのである。どうして現在の知行者をさしおいて、過去の由緒を問題にすることがあろうか（いや、ない）。今後はこうしたよこしまな望みをすることを禁止する。

（神野　潔・佐藤雄基）

第十七条

一　同じく承久の乱の罪を父子で別々とすることについて

父が京方に加わったとしてもその子が幕府方に参上していたり、あるいは子が京方に加わったとしてもその父が幕府方に参上していたりする者たちは、父子の一方を賞してもう一方を罰しおえており、どうして一緒に罰する（縁坐によって父子一方の罪をもう一方に及ぼすこと）ことがあるだろうか（いや、ない）。また、西国の住人が、父であっても、子であっても、どちらか一方が京方に参上すれば、西国の本拠に残ったままの父あるいは子の側も、縁坐の罪を逃れることができない。一緒に京方に参上しなかったとしても、同心していると考えられるからである。ただし、父子のいた場所がはるかに隔たっていて、連絡を取りあうのが難しく、どちらも相手の事情をしらなかったならば、片方の罪でもう片方を罰することは難しいだろう。

（神野　潔・佐藤雄基）

第十八条

一　所領を女子に譲与した後、親子の関係が悪くなって、親が譲与の悔い返しをして良いかどうかについて

男女の違いがあるとしても、父母の恩は同じである。明法家の説があるとしても、そこに書かれている女子への譲与は悔い返しができないという内容を根拠として、親不孝という悪い行いに対してためらうべきではない。父母はまた、女子が悔い返しを拒否し、敵対して紛争となることを恐れて、最初から所領を女子に譲らないべきであろうか。これは親子の義絶に繋がり、親の教えに背く元となる。女子がもし親に対して反抗するのであれば、父母が自身の意志で悔い返しをするかどうかを決めるべきである。これにより、女子は譲与された財産を保持しようと父母に対して忠孝を尽くし、父母は男女の区別なく子を可愛がって育て、所領を公平に譲与するであろう。

（神野　潔）

第十九条

一　親しいか疎遠かにかかわらず、目をかけて養われていたものが、元の主人の子や孫に背くことについて

他人に保護をうける者は、可愛がられていれば子息のようだし、そうでなければ従者のようであろう。

そこで、そうした者（今は主人の子や孫に背いている人）が誠実に奉仕していたとき、元の主人がその思いに感歎するあまり、所領の宛てがい状を渡したり、譲状を与えたりするのだが、（保護されていた側が）（主人からの）「和与」（贈与）の物である（から悔い返すことはできない）と主張して、元の主人の子孫と争っている。そのたくらみは、非常によろしくない。恩顧（いつくしみ）にありつこうとするときは、子息のようにふるまったり、郎従としての礼を尽くしたりするが、背いた後には、（主人のことを）「他人」であると称し（だから他人からの贈与を悔い返すことはできないとし）、敵対の意思を示したりする。すぐさま先人（元の主人）の恩顧を忘れて、元の主人の子孫に背くのであれば、譲られた所領については、元の主人の子孫に返すべきである。

（神野　潔・佐藤雄基）

第二十条

一　譲状を受け取った子が、父母より先に亡くなった後のその所領について

子が存命だとしても、父母の悔い返しについては一切問題がない。まして、子孫が死去した後なのであれば、ただ父祖の意志に任せるべきである。

（神野　潔）

第二十一条

一　妻が夫の譲りを得ていた場合、離別された後も、その所領を知行することができるか否かについて

重い罪があって離別された妻は、たとえ離別以前の契状があるとしても、前夫から譲られていた所領を知行するのは難しい。もしまたその妻に功があって過失がなく、（前夫が）新しい妻をめとるために元の妻を捨てるのであれば、妻に譲った所領を、（前夫は）悔い返すことはできない。

（神野　潔・佐藤雄基）

第二十二条

一 父母が所領を配分するとき、義絶していないにもかかわらず、成人の子息に譲与しないことについて

その親が成人した子を（幕府に）推挙するので、（子が幕府に）忠実に勤めようと励み、奉公の実績を重ねていたが、継母が讒言したり、（父母が）庶子を溺愛したりするために、（幕府に奉仕していた成人の）子は義絶されていないにもかかわらず、突然父母の所領配分から除かれてしまう。そうした困窮は大変道理にもとる。そこで現在の譲状によって嫡子とされた子の分を削り、その五分の一を知行する所領のない兄に（幕府から）宛がう。ただし、少分であっても、（兄の側も）譲与をうけていれば、嫡子か庶子かにかかわらず、譲状の文面によるべきである。そもそも長子であっても、たいした幕府への奉公もない者や親から義絶されている者については、対象としない。

（神野　潔・佐藤雄基）

第二十三条

一 女性が養子をとることについて

公家法では、このことを許していないが、「右大将家」（源頼朝）の時代以来、現在にいたるまで、子のいない女性が、所領を養子に譲与することについて、変わりはなく、数多く行われてきた。それだけではなく、京都でも関東でも先例は多い。「評議」したところ、こうした方針を採用するのに十分だろう。

（神野　潔・佐藤雄基）

第二十四条

一 夫の所領を譲られた後家が再婚することについて

夫の所領を譲られた後家であれば、必ずや他事をなげうって、亡夫の菩提をとぶらうべきなのであり、

法に背けば咎めがないはずがないだろう。それなのに、（後家が）すぐに貞心を忘れて再婚すれば、（幕府は）譲られた領地を（没収して）亡夫の子どもに宛がう。もし子どもがいなければ、別に取り計らう。

（神野　潔・佐藤雄基）

第二十五条

一　関東御家人が公卿や殿上人を婿君として、所領を譲ることによって、公事を勤める所領が減少することについて

所領をその女子に譲り、独立させたとしても、公事についてはその所領の大小に応じて、（女子に）宛て課すべきである。たとえ親父が存命のときは免除して、充て課さなかったとしても、親父が逝去した後は、とうぜん催されて勤めるべきである。もし権威をかさにきて勤仕しなければ、今後はその所領を辞退させるべきであろう。そもそも関東祗候の女房であっても、女房として当然課される公事（または女房にも賦課される公事）を怠ってはならない。それでも難渋したならば、所領を知行してはならない。

（神野　潔・佐藤雄基）

第二十六条

一　所領を子息に譲与して、幕府から安堵の下文を給付された後で、その所領を悔い返して他の子息に譲与することについて

悔い返しは父母の意志にもとづくということを、前の規定に詳細に載せている。よって、古い日付を持つ譲状によって安堵の下文を給付されたとしても、親が悔い返しをして他の子息に譲与し直したのであれば、訴訟においては、新しい日付を持つ譲状を根拠にして判断されるべきである。

（神野　潔）

第二十七条

一　未処分の所領について

将軍への奉公の浅い・深いにもとづき、また能力のあるなしを確認して、その時々の将軍の判断によって、分け当てるべきである。

（神野　潔）

第二十八条

一　虚言をいって讒訴をすることについて

いい顔をして上手いことをいって、主君を騙して人に害をなすような者は、漢籍に載せるところでも、その罪はとても重い。世のため人のため、戒めないわけには行かない、所領を望んだために讒言をして訴えようとするのであれば、讒言した者の所領を他の人に宛がうべきである。所領がなければ、遠流に処すべきである。他人の昇進を防ごうとして、讒言をするのであれば、今後はその讒言をした者を（幕府が）召し使うことはしない。

（神野　潔・佐藤雄基）

第二十九条

一　本来の担当奉行人をさしおいて、別の奉行人を通して訴訟を企てることについて

本来の担当奉行人をさしおいて、別の奉行人を通して、内々に訴訟をしようとするために、思いがけない齟齬が出てくるだろう。そこでそのような訴人については、しばらく裁決を保留するべきである。取り次いだ別の奉行人については、懲戒を行う。担当奉行人がもし（訴訟の取次ぎを）怠って、空しく二十ヵ日が経ったのであれば、評定の庭中において直訴しなさい。

（神野　潔・佐藤雄基）

第三十条

一　問注の手続を経た／審理を受けた者が、御成敗を待たずに、権門（権勢者）の書状を得て提出すること（こうした行為により、）勝訴者は有力者との縁故の効き目だと有難がり、敗訴者は権門の威力のせいだと嘆く。そうして、勝訴者側は権門がご助力下さったと吹聴し、敗訴者側は（実際には）公正になされた裁断（であるにもかかわらず、これ）を内々に疑い恨むことになる。政道に傷がつくのは、もっぱらこうしたことに起因するのである。今後は、（権門書状の執進は）必ずやめさせること。（なお申すべきことがある当事者は）奉行人を通して、または、庭中において申すように。

（黒瀬にな）

第三十一条

一　訴えに道理がないために敗訴した者が、奉行人が依怙贔屓していると訴えることについて

訴えに道理がないので、裁決にあずからないものが、奉行人が依怙贔屓しているとむやみに主張することは、非常にけしからんことである。今後は、不実を申して濫訴しようとするのであれば、所領の三分一を没収する。所領がなければ追放する。もしまた奉行人に誤りがあれば、今後は（幕府はその奉行人を）召し仕うことはしない。

（神野　潔・佐藤雄基）

第三十二条

一　盗賊・悪党を所領内に隠し置く事

この輩については、たとえ風聞があるとはいっても、犯罪の事実が露見しないから断罪することができない。誡めることもできない。そうしたところ在国の武士たちが、犯人の者どもを幕府に訴え、彼らを幕府側に召し上げたときはその国は平穏になる。ところが、犯人の者どもが在国のときは、国に狼藉

が生じるという。したがって国境付近の辺境地域にあらわれた凶賊については、召し上げられたときは、国が平穏になり、国に戻ると狼藉が生じるという事実にもとづいて、彼ら凶賊を幕府のもとに拘禁する。また、地頭等が賊徒を隠し置く場合は、その地頭等も同罪に処す。まずは嫌疑がある段階で地頭を鎌倉に召し置き、その国が落ち着かないあいだは地頭を帰国させてはならない。

次に、守護使の入部が停止されている所の事について、同じく悪党等があらわれたときはすぐに守護所に彼らを召し渡すように。もし、かくまったならば、一方では守護使を入部させ、他方では地頭代を改易に処せ。もし地頭代を改易しないのなら、地頭職を没収のうえ、守護使を入部させる。（渡邉　俊）

第三十三条

一　強・窃盗の罪科の事〈付けたり。放火人の事〉

すでに断罪の先例がある。どうして先例に背いて断罪をためらい、刑を執行しないという新儀に及ぶことがあろうか。

次に放火人の事について、盗賊に準じて扱い、禁止するように。（渡邉　俊）

第三十四条

一　他人の妻と密通する罪科の事

強姦・和姦を問わず他人の妻と密通した輩については、所領の半分を召し上げ、出仕を止める。所領が無い場合は遠流に処す。密通した妻のもつ所領も同じく召し上げる。所領が無い場合は同じく配流に処す。

次に道路の辻において女捕（めとり）を犯す事について、御家人ならば百箇日のあいだ出仕を止める。郎従以下の者どもについては、「右大将家の例」（源頼朝時代の先例）に則り、方鬢剃りに処す。ただし法師が犯した場合は、そのときの事情を勘案して罪に処す。

（渡邉　俊）

第三十五条

一（論人が幕府から）何度も召文を送付されても（対決に）参上しない罪科について

（訴人から幕府に提出された）訴状について、召文の送達が三度に及び、それでもなお対決に参上しない場合には、訴人に道理があれば、ただちに（論所を訴人に与えるという）裁許を（鎌倉殿が）下す。訴人に道理がなければ、（論人が当知行している論所を没収し）第三者へ給付せよ。ただし、（論所に付属し、論人が抑留している）所従や牛馬、農具などの動産については、元来の数量を計算して糺し返し（没収し）、寺社の修理費用に充てよ。※「ただし、…」以下は係争の物件が動産の場合を指す（雑務沙汰）可能性もある。（工藤祐一）

第三十六条

一 古い境を改めて相論をすることについて

昔からの堺を越えて、新しい事柄を持ち出して横領を企み、近年の例を無視して、古い文書をとりだして訴訟をしたりする。勝訴しなかったとしても、たいした損がないために、猛悪の者たちが、なにかにつけて謀訴を企む。（その都度）幕府が裁判をするのは煩わしい。今後は、実検使を派遣して、本来の境を明らかにして、不当な訴えであれば、堺を越えて不当に領有を主張した分の所領を計測して、訴人の領地の内を分割して、論人の方につけるべきである。

（神野　潔・佐藤雄基）

第三十七条

一 鎌倉幕府の御家人が京都（の朝廷や荘園領主）に申して、他の御家人の所領の上司に任じられようと

望むことについて

源頼朝の時代には、（そのような望みは）すべて停止されていた。しかし近年になってから、（御家人たちは）勝手な望みを企てている。ただ禁制に背いているというだけではなく、きっと喧嘩に発展してしまうだろう。今後は、濫りに（上司の地位を）望む者たちは、所領一箇所を召し上げる。

（神野　潔・佐藤雄基）

第三十八条

一　惣地頭が所領内の名主職を不当に妨げることについて

惣地頭をたまわった人が、所領の内であると称して、（惣地頭の支配下になく、小地頭が支配する）各別の村を奪いとって自分の領地にしようと企てて行動することは、処罰を逃れることは難しい。（独立した御家人として）個別に幕府の御下文をたまわったものは、（そのもつ所職が）名主職であったとしても、惣地頭がもし（小地頭側の）弱みに付け込んで、正当な権限以外にも、非法を企んでみだりに妨げをなすのであれば、（惣地頭を介さず、直接幕府に年貢公事を上納することを認可した幕府の）別納の御下文を名主（小地頭）に与える。名主の側がまたあれこれと理由をつけて、先例を無視して、惣地頭に背くのであれば、名主職を改易する。

（神野　潔・佐藤雄基）

第三十九条

一　朝廷の官位を所望する者が幕府の推挙状を申請することについて

（朝廷が）売位売官に応じる者を募るとき、希望者を（幕府から朝廷に）報告することは不正ではない。だから（幕府の推挙状の発行は）問題はない。（しかし、）昇進のために推挙状を望むことは、身分の低い高いにかかわらず、すべて禁止する。ただし、受領・検非違使を望む者は、道理にかなっていれば、推挙状は発行しないが、お許しにはなるという旨を（幕府が希望者に）ただ伝えるべきだろう。

また、新たに（五位の）位階を与えられる者は、一定の年月を勤めたという功労を積んで、朝廷からのご恩をいただくのであれば、禁止の範囲には入らない。

（神野　潔・佐藤雄基）

第四十条

一　鎌倉中の僧徒が好き放題に官位を望んで争うことについて

僧綱の位（僧正・僧都・律師など）によって、出家得度以降の年次による序列を乱すために、（僧たちが）みだりに勝手な昇進を求めて、ますます僧綱の人数を増やしてしまう。宿老で学識のある高僧であったとしても、若くて才のない後輩に追い越されてしまう。このことによって、寺院の財政を傾けてしまったり、経典の教えに背いてしまったりする。今後は、免許を得ずに昇進する者は、（幕府が人事権をもつ鎌倉中の）寺社の供僧であれば、その職を停止する。（将軍などの）御帰依する僧であったとしても、同じく（職を）停止する。それ以外の僧侶は、ただ（その僧侶を）保護する者に命じて、諫めてもらうようにしなさい。

（神野　潔・佐藤雄基）

第四十一条

一　奴婢である雑人について

「右大将家の例」（源頼朝の先例）にしたがって、（奴婢の所有をめぐって）訴えがないまま十年が過ぎれば、その是非をあらためて審査することはせず、（現在の奴婢の）所有者を改めるには及ばない。

つづいて奴婢の生んだ男女について、公家法とは異なるが、同じく「右大将家の例」（源頼朝時代の先

例）にしたがって、男子は父（の所有者）に、女子は母（の所有者）に帰属させる。（神野　潔・佐藤雄基）

第四十二条

一　百姓が逃散した時、逃毀（にげこぼち・じょうき）と称して百姓に損害を与えることについて

諸国の住人（百姓）が逃散した時、領主（地頭）がこれを逃毀（年貢等を未納のまま逃散すること）であると決め付け、逃散した百姓の妻子を抑留したり、家財を奪い取ったりする行為は、あるべき良い政治に反する（から禁止する）。もし、このような理由で領主の裁きにあった時、百姓は年貢等の未納があれば納入すれば良いし、未納がない時は当然、領主は取り立てた年貢等を百姓に返却しなさい。（このように、百姓の逃散は法的に認められているので逃散を口実に百姓に損害を与えてはならない。）

改めて、百姓には（百姓のイエの不可侵性は幕府の法で認められているので、イエへの介入や理由のない逮捕、さらに領内からの追放などという）領主の恣意的な非法に拘束されない自由な権利（「去留」の自由）が認められていることを確認しておこう。（木村茂光）

第四十三条

一　実際に知行していると称して、他人の所領を奪いとって、年貢を貪りとることについて

偽りを述べて、（他人の所領を）奪いとって（自分の）領地とすることについて、法から考えて処罰を免れがたい。そこで押領した年貢は、早く調べて（元の持ち主に）返却するべきである。（押領者の）所領については没収する。所領がなければ、遠流に処す。

次に、実際に知行している所領を、たいした事情がなく、安堵の御下文を申請して給わることは、おそらくはその機会をとらえて不正行為を始めようとしているのだろう。今後は禁止する。

（神野　潔・佐藤雄基）

第四十四条

一　処罰の決まる前に傍輩の所領を拝領したいと希望することについて

多くの奉公を積んできた者が所領を欲しがることは、常の習いである。しかし、（傍輩が）罪を犯したという噂があるとき、その罪状がまだ定まらないにもかかわらず、その所領を欲しがって、その人を陥れようとする行いは、決して正しいやりかたではない。所領を欲しがる者の申状にしたがって、（幕府が）処分を行うのであれば、罪のない者を罪に陥れる讒言が盛んに言い立てられて、終わることがないだろう。たとえ道理にかなった訴訟であったとしても、罪状が定まる以前にその人の所領を拝領したいという希望は受け付けない。

（神野　潔・佐藤雄基）

第四十五条

一　罪を犯したと（評定に）報告されたとき、きちんと取り調べて罪の有無を明らかにすることなく、所領を改易してしまうことについて

（罪があると訴えられた者を）きちんと取り調べて、その罪の有無を明らかにすることのないままに（幕府の）ご裁断があれば、犯行が事実か否かにかかわらず、きっと（訴えられた者の）鬱憤をのこすだろう。したがって、すみやかに充分な審理を経たうえで裁断を下すべきである。

（神野　潔・佐藤雄基）

第四十六条

一　所領の交替のとき、前の知行者と新しい知行者について

（知行者が交替する年の）所当年貢は、新しい知行者が納めるべきである。（前の知行者のもつ）私物の雑具ならびに従者と馬牛については、新しい知行者が（前の知行者が年貢を支払うべきであり、その未納分と称して）差し押さえてはならない。ましてや恥辱を前の知行者に与えるならば、（新しい知行者を）重く処罰する。ただし（前の知行者が）重罪により（所領を）没収されたのであれば構わない。

（神野　潔・佐藤雄基）

第四十七条

一　当知行できていない所領の証文を他人に寄附（寄贈）すること〈付けたり：名主職を本所に知らせず権門に寄進すること〉

今後寄附した輩は、本人を追放処分とすることとする。寄附を受けた人については、寺社の修理を命じるものとする。次に、名主職を本所に無断で権門に寄附するといったことが、ときとして起きている。そのような族については、当該名主職を没収して地頭に給付することとする。地頭不設置の地であれば、（名主職は）本所に返付するものとする。

（黒瀬にな）

第四十八条

一　所領を売買することについて

支出の必要があるときに、代々相続してきた私領を売却するのは、世の常である。しかし、勲功や勤労により、格別の御恩をうけた者が、（幕府から与えられた御恩の所領を）勝手に売買する行いは咎められるべきである。今後はこれを厳しく禁止する。もしこの規定に背いて売却すれば、売人も買人もともに処罰する。

（神野　潔・佐藤雄基）

第四十九条

一　訴訟当事者両方の証文の優劣が明らかであるとき、（不利な側の当事者が）対決（法廷で面と向かいあって決着をつけること）をしようとすることについて

（幕府が）さまざまな証拠文書を確認して、どちらが正しくて、どちらが間違っているのかが明確なときは、対決をしなくても、すぐに幕府の裁断が下されるべきだろう。（神野　潔・佐藤雄基）

第五十条

一　狼藉事件が起きたとき、事情を知らず、狼藉の現場に出向く者について

一方に加担する者に罪があり、刑罰を課されるのは当然であるが、刑罰の軽重については、あらかじめ式目で定めておくことは難しい。その時々の状況によって判断するのがよいだろう。狼藉の実否を確かめるために、事情を知らずにその現場に赴いたならば、罪には問わない。（神野　潔・佐藤雄基）

第五十一条

一　問状（答弁書提出を促す裁判所の命令）の御教書を手にし、それに乗じて不法行為をすること

訴状にもとづいて問状を発給することは、通例のことである。ところが、問状を根拠に不法行為をするのは、悪しき行いであり、罪は免れえない。訴状の内容があきらかに不適格なものであれば、問状の発給は一切しないこととする。（木下竜馬）

あとがき

本書の企画は、二〇一九年に始まった。日本史史料研究会の生駒哲郎氏が編者の神野に「何か面白そうな本のアイディアはないか」と尋ねてくれて、神野が「御成敗式目はとても有名な法なのに、各条文をわかりやすく説明したような書籍がないので、学生・一般向けのコンメンタールのようなものを作りたい」と答えたところ、生駒氏はすぐに吉川弘文館を紹介してくださったのである。

こうして本書の企画はすぐに始まったものの、なかなか進まなかった。当初は神野が単独の編者であったが、佐藤を新たに共編者に加えて再スタートし、執筆者の陣容も現在のかたちに落ち着いたのは二〇二〇年であった。しかし、同年中からのコロナ禍に加えて、編者たちの力不足もあって、原稿がなかなか揃わず、刊行は大きく遅れてしまった。早々に原稿を出してくださった執筆者の方々には深くお詫び申し上げる。

本書は主要条文について充実した研究史整理・文献リストを揃えている。学部生が式目でレポートを書くようなとき、あるいは社会人の方がしっかり専門的な勉強したいというとき、最初に手にとってもらえる本になったと自負している。執筆者の皆様に厚くお礼申し上げたい。

この企画が難航する中、佐藤が別に依頼を受けていた単著『御成敗式目』（中公新書）が、二〇二三年に先行して刊行された。面目のない限りである。新書は式目自体の研究入門というよりは、佐藤自身の研究上の関心にかなり引きつけたかたちで式目を扱い、式目を導入にして一般読者にとっての中世史入門になることを意図したものである。

巻末の現代語訳は、各執筆者に自分の担当条文の訳文作成をお願いし、それ以外の条文の訳文は、佐藤が作成した下訳をもとにして編者二人で議論しながらつくったが、とても楽しい経験だった。序で述べたように、式日本文が確定しない中での暫定的な訳である。直訳調のもの、噛み砕いて解説調としたものなど、訳し方はそれぞれであるが、敢えて統一はしなかった。直訳調では伝わりにくいし、意訳しすぎると、原文から離れていく。正解は一つではない世界である。読者の皆さんがもし式目自体に興味をもったならば、ぜひ自分なりの訳注をつくってみてほしい。

法学部法制史学出身の神野と、文学部出身の佐藤とが一緒になって本書で目指したのは、文学部系の歴史学と法学部系の法制史学との「対話」を進めていくことだった。本書をきっかけにして、新しい研究者がその輪に加わってくれることを願っている。

二〇二三年十一月十四日

佐藤雄基

執筆者紹介（生年／現職）──執筆順

神野　潔（じんの　きよし）　別　掲
佐藤雄基（さとう　ゆうき）　別　掲
黒瀬にな（くろせ　にな）　一九八八年／日本学術振興会特別研究員・立命館大学専門研究員
下村周太郎（しもむら　しゅうたろう）　一九八一年／早稲田大学文学学術院准教授
木村茂光（きむら　しげみつ）　一九四六年／東京学芸大学名誉教授
生駒哲郎（いこま　てつろう）　一九六七年／東京大学史料編纂所史料情報管理チーム
渡邉　俊（わたなべ　すぐる）　一九七七年／福岡女子大学国際文理学部准教授
野村育世（のむら　いくよ）　一九六〇年／女子美術大学付属高等学校・中学校教諭
工藤祐一（くどう　ゆういち）　一九八九年／駒場東邦中学校・高等学校教諭
木下竜馬（きのした　りょうま）　一九八七年／東京大学史料編纂所助教
西村安博（にしむら　やすひろ）　一九六五年／同志社大学法学部教授

著者略歴

神野　潔
一九七六年、神奈川県に生まれる
二〇〇五年、慶應義塾大学大学院法学研究科後期博士課程単位取得退学
現在、東京理科大学教養教育研究院教授
〔主要編著書〕
『概説日本法制史（第二版）』（共編、弘文堂、二〇二三年）

佐藤雄基
一九八一年、神奈川県に生まれる
二〇一一年、東京大学大学院人文社会系研究科博士課程修了、文学（博士）
現在、立教大学文学部教授
〔主要著書〕
『日本中世初期の文書と訴訟』（山川出版社、二〇一二年）

御成敗式目ハンドブック

二〇二四年（令和六）三月十日　第一刷発行

監　修　日本史史料研究会
編　者　神《じん》野《の》　潔《きよし》
　　　　佐《さ》藤《とう》雄《ゆう》基《き》
発行者　吉川道郎
発行所　株式会社 吉川弘文館
郵便番号一一三―〇〇三三
東京都文京区本郷七丁目二番八号
電話〇三―三八一三―九一五一〈代表〉
振替口座〇〇一〇〇―五―二四四番
https://www.yoshikawa-k.co.jp/
組版＝文選工房
印刷＝亜細亜印刷株式会社
製本＝ナショナル製本協同組合
装幀＝渡邊雄哉

ISBN978-4-642-08447-5

鎌倉将軍・執権・連署列伝

日本史史料研究会監修／細川重男編　A5判／二五〇〇円

鎌倉幕府政治の中心にあった将軍、そしてその補佐・後見役であった執権・連署、三五人の人物そのものに焦点を絞り、それぞれの立場での行動や事績を解説する。巻末には詳細な経歴表を付し、履歴を具体的に示す。　二七二頁

北条泰時（人物叢書）

上横手雅敬著　四六判／一九〇〇円

日本最初の武家法、御成敗式目の制定者として、また稀代の名執権として古来その誉れが高い。広く関係史料を渉猟し、承久の乱の動揺と武家政権の確立をはかるその時代を背景に、人間泰時の誠実と苦悩の生涯を描く。　二五六頁

現代語訳　吾妻鏡　⑩御成敗式目

五味文彦・本郷和人・西田友広編　四六判／二四〇〇円

寛喜の大飢饉。疫病・地震・洪水。『関東御成敗式目』の制定。評定衆による合議制の確立。執権北条泰時の主導のもとに花開く執権政治。そして泰時の孫経時・時頼、甥金沢実時ら、次代をになう若者たちが元服を迎える。　二八八頁

中世初期の〈謀叛〉と平治の乱

古澤直人著　A5判／一二〇〇〇円

律令では天皇・朝廷への反逆とされた「謀叛」は、中世初期にはいかなる法概念に変わったのか。謀叛の代表的事例だが古記録に欠ける平治の乱を綿密に検証。「謀叛」呼称の意味・思想等を考察し、御成敗式目の法構造に迫る。　四〇〇頁

（価格は税別）

吉川弘文館